303 BOOKS

ctor

SV-6449

（SV-6449 B）

JASRAC

風の中で

筑美京平作・編曲

宏美

ARE FORBIDDEN. MANUFACTURED BY VICTOR MUSICAL INDUSTRIES, INC., TOKYO, JAPAN.

音楽が昭和を創り上げた。

子どもの頃の
「ジュークボックス」への
憧憬を実現させた
5000枚を残したくて

今はほとんど見掛けなくなったが、昭和の時代には「ジュークボックス」というものが街のいたるところに設置されていた。中にレコードが何十枚（機種によっては何百枚）も入っていて、硬貨を入れてボタンで曲を選ぶと、そのレコードを自動演奏してくれるのだ。当時、好きな曲を聴くにはレコードを買うしか方法がなく、1回きりとはいえ、安価でフルコーラス聴けるジュークボックスはとてもありがたい存在だった。

　小学生のとき、私は思った。「大人になって、まとまったお金が入ったら、この中に入っているレコードを全部買おう」。約20年後、大人になった私は、その計画を実行に移した。その頃、高円寺に住んでおり、近所にやたらと品揃えが充実している（特に50円、100円の廉価盤コーナーが）中古盤店があったのだ。調子に乗って買っていたら、いつしか所有枚数は1000枚を突破し、気付けば5000枚に達していた。

　随時行っている出張歌謡DJ以外にも、この5000枚をもっと有効利用する手立てはないかと思っていたところへ、以前、将棋関連本のプロデュース・編集をしてくださった石黒謙吾氏から「今度はレコード1000枚掲載の本を出しませんか？」というありがたいお話をいただいた。5000枚の中から1000枚を選び、ジャケッ

トをすべて撮影。1000枚分の解説を書くのはかなりの荒行だった
が、レコード愛が詰まった素敵な本が完成したと自負している。
私の本業は構成作家だが、かつて担当していたテリー伊藤氏・林
家たい平師匠の「のってけラジオ」、現在担当している八木亜希子
さんの「LOVE & MELODY」(いずれもニッポン放送)には、歌
謡曲の誕生秘話を関係者に取材する企画があり、その際に知った
貴重な話もたくさん盛り込ませてもらった。

　なお、1000枚の並べ方については、石黒氏の考えで、あえてジ
ャンルや時系列などは無視してバラバラに。タイトル右の数字は
発売順で、番号が若いほど昔に出たもの。どのページを見ても、
誰でも何かしら引っ掛かる1枚がある、そんな作りになっている。
私が並べるとどうしても関連付けて並べてしまうので、ほど良い
感じになるよう石黒氏にお任せした。随所にニヤリとする絶妙な
配置に感謝!　9枚1組のページは小ネタに近いものもあるが、さ
らなる音楽的な深堀り解説が読みたい方は、今回寄稿していただ
いたスージー鈴木氏の本をどうぞ(笑)。

1000曲を写真

昭和レコード堪能にコクを

下井草 秀　　　　　スージー鈴木

＆解説で紹介

出す7つの香ばしいネタ

この本の掲載レコードの枠組みと凡例的な事柄

掲載全1000枚の内訳

60年代 ＝ 156枚 （59年の「黒い花びら」含む）
70年代 ＝ 459枚
80年代 ＝ 385枚

◎ 1000曲の、「アーティスト名50音順」「曲名50音順」「年代順」の全リストがネットで見られます。右ページ参照。

扱いの大きさと順番について

1ページに写真1点が15枚 （15ページ）
1ページに写真2点が42枚 （21ページ）
1ページに写真4点が88枚 （22ページ）
1ページに写真9点が855枚 （95ページ）

◎ 扱いの大きさの割り振りは、著者・チャッピー加藤が、重要度や書きたいネタの濃さなどから総合判断してセレクトしています。

◎ 書籍上の並び順とページ内配置は、企画・プロデュース・編集の石黒謙吾の視点で、年代順50音順、ジャンル別、などはあえていっさい考慮せず、本が楽しく読み進められるように指定しています。

発売順と通し番号について

◎ 各写真右下にある数字は、発売日の時系列通し番号です。発売が古いほど若い番号になっています。発売日は主に以下の日付を参考にしました。『1968-1997 オリコン チャート・ブック』（オリジナル・コンフィデンス）

◎ 資料によっては発売日に揺らぎがある曲は、最大公約数的な日付に。発売月までしか判明しなかったものは、月末に出た扱いに。同じ日に発売されたものは、アーティスト名の50音順を優先させました。正確を期しましたが、若干の細かい前後があるかもしれず、ご容赦ください。

◎ 1000枚中の最後の6枚だけ、89年1月8日以降（平成に改元後）の発売です。キーとなる曲だったので、制作中だったという考え方で、昭和64年の延長として入れることとしました。

名前と用語の表記について

◎ レコード発売当時と、現在のアーティスト名 or グループ名が異なる場合は、発売時の名前で表記。作詞家、作曲家も同様。文中は敬称略ですが、一部例外あり。

◎ ザ・フォーク・クルセダーズは、デビュー時のジャケット表記が「クルセ"イ"ダーズ」になっていますが、のちの表記に合わせて、本書ではすべて「クルセダーズ」で統一しました。

◎ 大瀧詠一氏は、自分が歌うときのアーティスト名は大「滝」で、作詞・作曲・プロデュースのときは 大「瀧」で、と使い分けているので、本書でも準じています。

◎ なかにし礼氏は、歌詞を「歌詩」と記し、作詞家ではなく「作詩家」と名乗っていましたが、本書では便宜上「歌詞」「作詞家」で統一しました（同じ方針の作曲家も同様）。

◎ 文字数が少ないため、以下のように省略して記しています。
プロデューサー→P　ディレクター→D　ジャケット→ジャケ

名前変更と変名のアーティスト

名前変更の主な例

松任谷由実→荒井由実
ラッツ＆スター→シャネルズ
世良公則＆ツイスト→ツイスト
ザ・チューブ→チューブ
ザ・モップス→モップス
丸山明宏→美輪明宏
つのだひろ→つのだ☆ひろ

変名の主な例

あんみつ姫（小泉今日子）
MINAKO with WILD CATS （本田美奈子）
JUNKO & CHEER LEADERS （三原順子）
Toshi & Naoko （田原俊彦＆研ナオコ）
アポジー＆ペリジー（戸川純＆三宅裕司）
アミダばばあ＆タケちゃんマン（明石家さんま＆ビートたけし）
YOU AN' ME ORGASMUS ORCHESTRA
　（小林克也＆伊武雅刀）
よしだたくろう（吉田拓郎）
柏原よしえ（柏原芳恵）
なぎらけんいち（なぎら健壱）

全1000曲リスト

「アーティスト名50音順」
「曲名50音順」
「年代順」を
このQRコードで ☞

恋のフーガ　70
ザ・ピーナッツ
詞／なかにし礼　曲／すぎやまこういち　1967

双子の魅力とは左右対称＝シンメトリーにあるが、このジャケットは典型例。配色もいいし額に入れて飾りたい1枚だ。間奏の2人の掛け合い「♪バヤ バヤバヤ」と、宮川泰の緊張感あふれるアレンジが秀逸。

いとしのエリー　574
サザンオールスターズ
詞・曲／桑田佳祐　1979

サザンがデビュー第3弾にこれを選んでいなければ、こんなに息の長いバンドになったか疑問である。消費されるのではなく、今、自分たちが聴かせたい曲をと、あえてバラードを持ってきた彼らは賭けに勝った。

好きよキャプテン　388
ザ・リリーズ
詞／松本隆　曲／森田公一　1975

70年代双子デュオを代表するリリーズ。こちらは左右対称ではないが、テニスを思わせる「部活感」がいい。てか、こんなカワイイ双子にWで「好きよキャプテン」と言い寄られるのは、男子の夢だよなあ。

カリフォルニア・コネクション　577
水谷豊
詞／阿木燿子　曲／平尾昌晃　1979

ドラマ「熱中時代・刑事編」主題歌。カリフォルニアに直接関係する詞がないのに、西海岸の気分になるから不思議だ。水谷は共演した外国人女優と劇中同様、本当に結婚したが離婚した。なお現夫人は右隣りにいます。

春一番　408
キャンディーズ
詞・曲／穂口雄右　1976

もとはアルバム曲で、発表翌年に異例のシングルカット。実現したのはファンの熱烈な後押しがあったから。穂口が作曲のとき付けた仮の詞が評価され、詞も書くことに。新鮮な言葉選びもファンに刺さった理由だ。

旅の宿　249
よしだたくろう
詞／岡本おさみ　曲／吉田拓郎　1972

作詞・岡本に取材した際、この宿のモデルを訊ねると、青森・十和田湖の「蔦温泉旅館」で、岡本の新婚旅行先だった。「上弦の月」は、そこで夜空を見ながら新妻に教わった言葉。俳句はひねらなかったそうだが。

花の首飾り　90
ザ・タイガース
詞／菅原房子　補作詞／なかにし礼
曲／すぎやまこういち　1968

GS屈指の名曲。クラシカルな曲に、加橋かつみの澄んだハイトーンが絶妙にマッチ。一方、両A面の「銀河のロマンス」は、ジュリーの甘い美声が聴ける超お得な1枚だ。

イン・ザ・スペース　609
スペクトラム
詞／宮下康仁　曲／スペクトラム　1979

キャンディーズのバックを務めたMMPが発展独立したバンド。甲冑コスとホーンやギターをグルグル回すパフォーマンス、新田一郎のファルセットが強いインパクトを。アミューズの第1号アーティストだ。

タイム・トラベル　517
原田真二
詞／松本隆　曲／原田真二　1978

原田は、旅先の温泉に浸かっていたらメロディが浮かび、すぐに曲を仕上げたという。松本のSF仕立ての詞も素敵。カヴァーしたスピッツ・草野マサムネは、少年時代に聴いて時間旅行をした気になったとか。わかる。

涙を浮かべた鬼気迫る熱唱は急逝した人を想って

喝采

256

ちあきなおみ

詞／吉田旺　曲／中村泰士　1972

　ちあきなおみの代表曲にして、72年のレコード大賞受賞曲。驚くのはこの曲、発売が9月なのだ。わずか3ヵ月で最有力候補の「瀬戸の花嫁」（P48）を押しのけレコ大に輝いたのだから、いかに本曲のインパクトが強烈だったかがわかる。幼稚園児だった私も、ちあきが熱唱する姿を鮮明に覚えているほどだ（コロッケのものまねではなく）。

　この曲はよく「ちあきの実体験をもとにした」と言われる。が、実際はどうなのか、作詞の吉田旺に訊ねたことがある。

　ちあきのデビューから3作連続でA面曲の作詞を手掛けた吉田。その後遠ざかり、72年、久々に新曲の依頼を受けた。

　当時、セールスが落ち込んでいたちあき。低迷脱出を託された吉田は意気に感じ、中村泰士と組んで意欲作「禁じられた恋の島」を書いたが、売れなかった。「ヒット曲を書こうと思えば思うほど、いい詞が書けなかった」と吉田。開き直って書いたのが、歌手を主人公にした本作だった。

　この詞には、吉田の若い頃の体験が込められている。吉田は北九州市の出身で、若い頃絵描きになろうと上京。小倉駅から夜汽車に「ひとり飛び乗った」経験がある。止める恋人を駅に残し、動き始めた汽車に飛び乗った主人公は、男女が逆転しているけれども、吉田自身の分身でもあった。だが、ステージの幕が上がる直前、歌手のもとにかつての恋人の訃報が届くというストーリーは、吉田がこしらえたまったくの創作である。

　吉田にとっては渾身の一作だったが、ちあきに見せると意外な反応を示した。なんと「歌いたくない」。実は下積み時代のちあきには、心の支えになってくれた男性がいた。ところがその人が急逝。ちあきはとてもつらい思いをしたことがあった。だから、その人のことを思い出すので歌えない、と言うのだ。吉田は驚いたが、その偶然が曲に迫真のリアリティを与えることになった。

　ちあきは「喝采」を歌うとき、いつも目に涙を浮かべていた。失った人を想いながら「今日も恋の歌うたってる」歌手はちあき自身でもあり、その二重性が、あの鬼気迫る熱唱を生み出したのだ。

お嫁サンバ 697
郷ひろみ

詞／三浦徳子 曲／小杉保夫 1981

斬新なタイトルを次々と発案した酒井政利Pの
極めつけ。郷もさすがに「歌えませんよ」と渋った
が、酒井は「ずっと歌える曲になるから」と押し切
った。この曲があったから「ジャパ～ン!」「アチ
チ」がある。

ガラスの林檎 821
松田聖子

詞／松本隆 曲／細野晴臣 1983

前2作「秘密の花園」「天国のキッス」と合わせ
「天国3部作」と呼ばれる荘重な1曲。聖子の声
はもはや賛美歌にさえ聴こえる。B面「SWEET
MEMORIES」の作曲も手掛けた大村雅朗のア
レンジも実にいい。

いつでも夢を 10
橋幸夫・吉永小百合

詞／佐伯孝夫 曲／吉田正 1962

第4回レコ大を受賞した、昭和を代表する名曲
中の名曲。橋も吉永も超多忙のため、別々に歌
ってあとで重ねた。にしては息がぴったりで驚く。
「あまちゃん」で、宮本信子が憧れの橋とデュエッ
トした場面は最高。

ぼくの好きな先生 226
RCサクセション

詞／忌野清志郎 曲／肝沢幅一 1972

RC初のヒット曲。モデルは都立日野高校の先生。
清志郎は、職員室が嫌いでいつも美術室でタバ
コを吸っていた美術教師・小林晴雄さんを慕い、
卒業後「先生のこと歌にしたんだ」とレコード持
参で美術室を訪ねたそうだ。

わたしの青い鳥 291
桜田淳子

詞／阿久悠 曲／中村泰士 1973

15歳の淳子が新人賞を総ナメにした本曲は、
「♪クックックッ～」という鳴き声のインパクトに
尽きる。発案は阿久ではなく作曲の中村。「青い
鳥の鳴き声はこうだ」と強引に決め、それが淳子
に幸せを運んだ。

青春の影 331
チューリップ

詞・曲／財津和夫 1974

最後のフレーズ「ただの女、ただの男」から先に
作った、純粋な愛の賛歌だ。よく別れの歌と誤解
されるが、財津に取材した際に聞くと「2人でつ
つましく生きていこう、という歌」。彼の理想のカ
ップル像だった。

非情のライセンス 98
野際陽子

詞／佐藤純彌 曲／菊池俊輔 1968

自身も出演したドラマ「キイハンター」の主題歌。
冒頭の囁き「ラ・ムール(愛)」と「ラ・モール(死)」
にまずシビれる。歌はけっして上手くはないが、
これは野際が歌ってこその1曲だ。ジャケの美脚も
素敵。千葉ちゃんも惚れるわ。

君に、胸キュン。 799
YMO

詞／松本隆
曲／細野晴臣・坂本龍一・高橋幸宏 1983

「THE MANZAI」でトリオ漫才をやるなど、カリ
スマ性を自ら壊すYMOの行動が好きだった。ア
イドルに挑戦した本曲は悪ノリにもほどがある。
ユキヒロの目が最高。

時の流れに身をまかせ 931
テレサ・テン

詞／荒木とよひさ 曲／三木たかし 1986

「つぐない」(P105)、「愛人」に次ぐ3部作のラス
トを飾る名曲。大好きなあなたのためなら、一度
きりの人生、捨てることも構わないという詞は、歌
に一生を捧げた彼女の人生にも重なる。「テレサ
版マイ・ウェイ」だ。

小唄の影響を受けた節回しを直さなかった中村八大

上を向いて歩こう　　5
坂本九
詞／永六輔　曲／中村八大　1961

誰もが知る超スタンダード曲。NHK「夢であいましょう」の「今月のうた」に選ばれ、TVが生んだヒット曲でもある。

タダで歌を聴かせたくない、とTVを敬遠した大物歌手たちと違い、積極的にブラウン管に登場して歌った坂本九は、TVから出てきた新時代のスターだった。そしてTVに出て歌うことでレコードが売れることにみんな気付いたのである。

坂本が幸運だったのは、東芝レコードが新興の会社ゆえ、型にはめられなかったことだ。

プレスリーと、母親由来の小唄の影響を受けた「♪ウウェホホムーヒテ アールコホォオ」という独特の歌い回しを、曲の中村八大はあえて直さなかった。そんなフリーの作曲家と組めたのも、東芝だからだ。

海外でも日本語のまま「スキヤキ」というタイトルで発売され、63年、米『ビルボード』誌で日本人歌手初にして唯一の全米1位に輝いた。坂本の和洋折衷歌唱は外国人の耳にもなじみ、軽々と国境を越えたのだ。

大人すぎる詞でも本人が歌いやすさでチョイス

ロマンス　　379
岩崎宏美
詞／阿久悠　曲／筒美京平　1975

初期の「スター誕生！」(日テレ)の功績は中3トリオを生んだことと、抜群の歌唱力を誇る岩崎宏美を発掘したことだ。

それにしても、スタ誕審査員でもあった阿久悠はやりたい放題だ。「♪あなたお願いよ　席を立たないで　息がかかるほどそばにいてほしい」って、16歳に何歌わせてんねん！

しかもタイトルが「ロマンス」。阿久ワールド全開にもほどがある。

筒美京平は「この内容は彼女には大人すぎないか？」と、B面収録の「私たち」をA面に推した。だが阿久は「ロマンス」を推し、スタッフ間で投票を行ったら票は真っ二つに割れた。

「じゃ、本人に決めてもらおう」となり、岩崎が選んだのが本曲だった。岩崎は内容よりも楽曲自体の歌いやすさで決めたという。

大人すぎないか、という懸念には、「私が歌うと、そんなに艶っぽく聞こえないから大丈夫」……なんて"大人"な16歳なんだ！

空に太陽がある限り 191
にしきのあきら
詞・曲／浜口庫之助 1971

スターにしきの、最大のヒット曲にしてハマクラさんの会心作。ただ「愛してる」しか言ってないのに思いは伝わる。超余談として、ジャケは都心の空き地で撮ったが、現在、この場所には最高裁が建っている。

私の彼は左きき 284
麻丘めぐみ
詞／千家和也 曲／筒美京平 1973

マイノリティを主役にした、画期的なアイドルソング。かつて左利きは差別された時代もあったが、この曲のヒットで魅力的な個性だという認識に変わった。麻丘も当時、左手でサインを書く練習をしたそうだ。

あなたならどうする 159
いしだあゆみ
詞／なかにし礼 曲／筒美京平 1970

なかにしはさりげなく、生と死を歌詞にぶっ込んでくるから油断ならない。「あなたならどうする」の選択肢として、「泣くの」「歩くの」に続いて「死んじゃうの」ってどういう極端な3択だよ！ 僕は死にましぇん。

六本木心中 871
アン・ルイス
詞／湯川れい子 曲／NOBODY 1984

この頃のアンは、わが道を行く女性の象徴だった。湯川れい子が捧げたセリフが「女ですもの 泣きはしない」……かっけー。湯川によると、舞台のイメージは、飯倉界隈の、ちょっと湿り気のある裏通りとのこと。

ブルースカイ ブルー 542
西城秀樹
詞／阿久悠 曲／馬飼野康二 1978

阿久悠が書き下ろした、壮大なスケールのラブソング。「青」は空の青さであり、悲しみのブルーであり、「青春」の青だ。今は逢えない恋人に向け、思いを青空に託す詞は、ヒデキが熱唱するとより心に沁みる。

ラブユー東京 39
黒沢明とロス・プリモス
詞／上原尚 曲／中川博之 1966

オリコン週間チャートの記念すべき初代1位曲。67年はムード歌謡も全盛期だった。ちなみに、シュガー・ベイブ「DOWN TOWN」（EPOもヴァー）の冒頭「♪七色のたそがれ〜」は、本曲「♪七色の虹が〜」からのインスパイア。

リンダ リンダ 965
THE BLUE HEARTS
詞・曲／甲本ヒロト 1987

87年、私が大学の演劇サークルの部室に行くと、隣の部屋から毎日聴こえてきた曲。壁づたいの最初の出逢い。ヒロトが歌う第一声「ドブネズミみたいに美しくなりたい」は、ハリネズミみたいに尖っていた。

旅愁 343
西崎みどり
詞／片桐和子 曲／平尾昌晃 1974

中村主水シリーズ第2弾「暗闇仕留人」のエンドテーマで大ヒット。このドラマ、色欲の強い尼僧の「なりませぬ、なりませぬ、アッハーン！」が強烈で、この曲を聴くと彼女を思い出すのは私だけじゃないはず。

硝子坂 453
高田みづえ
詞／島武実 曲／宇崎竜童 1977

先に木之内みどりが歌ったが、高田のためにあるような曲だ。相撲部屋のおかみさんとなり引退したが、15年「思い出のメロディー」で見せた30年ぶりの熱唱は往時のままで感動した。ごっつぁんです！

小学生男子を惑わしたあの口パクの正体は

美・サイレント　571
山口百恵

詞／阿木燿子　曲／宇崎竜童　1979

山口百恵ほど、全国の男子を騒然とさせた歌手はいない。「ひと夏の経験」(P36)で「あなたに女の子のいちばん大切なものをあげるわ」と歌い、小2の私はそれが何かを同級生と熱く論議した。5年後に出た本曲はさらに過激化。「あなたの○○○○が欲しいのです」「燃えてる×××が好きだから」。しかも伏せ字部分は口パク。中1の私は同級生と「百恵はなんと歌っているのか？」を真剣に論議した。女子たちの「バカじゃない？」という冷たい視線は、5年前と同じだった。

トッポ突然脱退のあとをジュリーが背負い熱唱

美しき愛の掟　131
ザ・タイガース

詞／なかにし礼　曲／村井邦彦　1969

人気絶頂の69年、加橋かつみ(トッポ)が突然脱退したタイガース。新メンバーの岸部シローを迎えた最初のシングル。ジャケット写真は撮り直す暇がなかったのか「廃墟の鳩」(P158)の裏ジャケを反転して使用している。加橋が抜けたあとのタイガースは、必然的に、ジュリーにスポットが当たることがより多くなった。あくまで「バンドあっての自分」というポリシーを持つジュリーにとって、それはけっして望ましいことではなく、心中は複雑だったろう。渦中での絶唱が胸を打つ。

急逝した初代ヴォーカル・前野曜子の歌声が

別れの朝　216
ペドロ＆カプリシャス

詞／J.Fuchsberger　日本語詞／なかにし礼
曲／U.Jürgens　1971

彼らのメジャーデビュー曲。ヴォーカルは高橋真梨子ではなく、初代の前野曜子である。原曲はオーストリアの歌手、ウド・ユルゲンスの「夕映えのふたり」で、なかにしが訳詞を担当。オリコン1位の大ヒットとなった。前野の情感＆力感あふれる歌が素晴らしい。だが彼女は2年で脱退。79年にはソロで「蘇える金狼のテーマ」(P135)を歌ったが、88年に40歳で急逝。今なお根強いファンがいるだけに、早世は残念でならない。

「ヒデキがカヴァー」を認めた小田の懐の深さ

眠れぬ夜　396
オフコース

詞・曲／小田和正　1975

オフコースの最初のヒット曲で、当時は2人組のデュオだった。5年後に西城秀樹がカヴァー。当時、私のクラスでオフコースファンの女子が「なんでヒデキが歌うの？」と激怒していたのを覚えている。カヴァーは、5人編成になったオフコース内にも反対意見があったが、小田和正は認めた。自分の曲を他人がどう歌ってくれるのか、という作家的な興味もあったのだろう。ヒデキ版もヒットし、新境地を拓く1曲になった。どちらもそれぞれの良さがあるから、ぜひ聴き比べてほしい。

青いリンゴ 208
野口五郎

詞／橋本淳 曲／筒美京平 1971

少年時代から有名なのど自慢荒らしだった野口五郎。演歌でデビューするが売れず、橋本一筒美コンビのこの曲でポップスに路線変更、初のヒットに。以後、和製AORの歌い手として筒美とは長い付き合いに。

コーヒー・ルンバ 3
西田佐知子

詞・曲／J.M.Perroni 日本語詞／中沢清二 1961

有名ラテンソングを、西田佐知子が日本語でカヴァー。ザ・ピーナッツも別の歌詞で歌ったが、私は「♪昔アラブの偉いお坊さんが～」で始まるこっちが好き。92年に荻野目洋子が歌ってリバイバルヒットさせた。

カナダからの手紙 494
平尾昌晃・畑中葉子

詞／橋本淳 曲／平尾昌晃 1978

デュエットの定番。畑中は平尾主宰の音楽学校に通う生徒だった。平尾は40歳、畑中は18歳。色違いのお揃いのセーター、肩に手……今ならパワハラとセクハラの2段重ねで炎上しそうなジャケがいかにも昭和だ。

夜明けのスキャット 128
由紀さおり

詞／山上路夫 曲／いずみたく 1969

1番に歌詞がなく「♪ルールールルルー」だけでヒットした歴史的な曲。「サウンド・オブ・サイレンス」との類似も指摘されるが、ただのパクリならピンク・マルティーニは由紀とコラボしなかっただろう。

素敵なラブリーボーイ 759
小泉今日子

詞／千家和也 曲／穂口雄右 1982

第2弾シングルで、林寛子(P82)のカヴァー。ジャケットは2種類存在。どちらも水着だが、このビキニ版ジャケは人気が高く今でも高値が付く。やはりKyon²はなんてったってアイドル、「特別な女の子」だ。

長い夜 695
松山千春

詞・曲／松山千春 1981

「季節の中で」(P145)以来3年ぶりのオリコン1位曲。日比谷野音ライブで、飛んできたテニスボールをヒールキックするシーンはみんなマネしたものだ。このジャケ、若い世代に見せると間違いなく驚かれる(髪…)。

RIDE ON TIME 636
山下達郎

詞・曲／山下達郎 1980

達郎は「TVに出ない人」の代表だが、CMには出たことがある。マクセルカセットテープのCMで、ジャケ写のとおり海に入って気合いも入っていた。オリコン3位まで上昇も、「ザ・ベストテン」には出なかった。

グッド・ナイト・ベイビー 93
ザ・キング・トーンズ

詞／ひろ・まなみ 曲／むつ・ひろし 1968

「30歳の新人グループ」としてメジャーデビューした彼らの初ヒット曲。日本のドゥーワップグループの先駆けとして活躍。歌謡曲に黒人音楽を取り込んだ功績は大きく、80年代のシャネルズにも道を拓いた。

真夏の出来事 204
平山三紀

詞／橋本淳 曲／筒美京平 1971

平山の声は独特だ。筒美は歌声をテープで聴いただけで気に入り、秘蔵っ子として育てた。デビュー第2弾は、声の魅力を最大限引き出す仕掛けが随所に施され、ひたすらカッコいい。なお、歌詞の舞台設定は油壺だ。

フランスでも発売しヒットさせた国際的スター

巴里にひとり　　　　　　　371
沢田研二
詞／G.Sinoue　日本語詞／山上路夫　曲／G.Costa　1975

意外と知られていないが、ジュリーはかつてフランスでもデビューしている。海外進出を狙って欧州でも腰を据えて活動し、ヒット曲も生んだ。ジュリーは国際的スターなのだ。

日仏両方で発売された本曲はフランスで約20万枚のセールスを記録。チャート上位に入った（左：日本盤／右：フランス盤）。だから年配のフランス人はジュリーのことを知っていたりする。

仏題は「Mon Amour Je Viens Du Bout Du Monde」。訳すと「恋人よ、僕は世界の果てからやって来た」。「世界の果て」とは極東の日本のことだ。こちらはタイトルどおり「フランス人の彼女に逢いに、日本からはるばるやって来た」という内容。

一方、日本の「巴里にひとり」は真逆で、「失恋の痛手を癒やすため、パリにひとり傷心旅行にやって来た」という、やや女々しい内容だ。

日本人とフランス人、それぞれの好みの違いがわかって興味深いし、両方ヒットさせたジュリーは素敵すぎる。

13歳デビューの実力派は薬物で残念な末路に

ミッチー音頭　　　　　　　11
青山ミチ
詞／岩瀬ひろし　曲／伊部晴美　1963

「脳天気ソング」というジャンルがあるならば、真っ先に推したいのがこの曲だ。

米国人の父を持つ「ミッチー」こと青山ミチは、天性のパワフルボイスで注目され、62年に13歳でデビュー。本曲は翌年に出た快作だが、ジャケット写真は本当に14歳？

「♪歌って踊ってスタミナつけて」だの「♪恋は地球が出来てから　恋は地球が割れるまで」だのとにかくデタラメな歌詞が最高！　聴けばたいていの悩みは吹っ飛ぶはずだ。

そんなハッピーな歌を歌っていたミッチーだが、本人はいろいろと悩みを抱えていたようで、薬物に走ってしまう。66年、覚醒剤で逮捕。新曲「風吹く丘で」はお蔵入りとなった。その後も薬物を絶てず逮捕をくり返し、芸能界から追放されてしまったのは残念でならない。

なお、お蔵になった曲は、68年にヴィレッジ・シンガーズ「亜麻色の髪の乙女」となり大ヒット。ミッチー版が出ていたら……。

スローモーション　749
中森明菜

詞／来生えつこ　曲／来生たかお　1982

デビュー曲から海外録音で、来生姉弟作品。レコード会社の期待の大きさがわかる。海辺ですれ違った男性を見て一瞬で恋に落ちる……その画が浮かぶほど表現力豊かに歌った明菜は、やはりただ者ではなかった。

あなた　308
小坂明子

詞・曲／小坂明子　1973

小坂は高校の授業中ノートの切れ端に詞を書き、帰宅後ピアノで曲を付け完成させた。それがポプコングランプリとなり、ミリオンセラーに。壮大な夢オチの詞は16歳JKには書けても、プロの作詞家には書けない。

与作　512
北島三郎

詞・曲／七澤公典　1978

視聴者からオリジナル曲を募集。優秀作をプロが歌うNHK「あなたのメロディー」で生まれた優秀曲を、北島が歌い大ヒット。「ヘイヘイホー」も「トントントン」も、サブちゃんが歌えば血の通った詞になるのだ。

こんにちは赤ちゃん　14
梓みちよ

詞／永六輔　曲／中村八大　1963

NHK「夢であいましょう」で梓が歌い大ヒット。第5回レコ大を受賞した。もとは中村八大の第一子誕生を祝い、永が贈ったパパの歌だった。パパ版は永が自分で歌っていたが、なんか偉そうに聴こえるママ視点として大正解。

ランナウェイ　626
シャネルズ

詞／湯川れい子　曲／井上忠夫　1980

当時、顔を黒塗りして歌っていたシャネルズ。今ならその演出はアウトだが、鈴木雅之の黒人音楽への愛は彼らに同化したいほど強かった。湯川と井上がその情熱をみごとにアシストした、和製ドゥーワップの傑作。

絹の靴下　278
夏木マリ

詞／阿久悠　曲／川口真　1973

阿久は様々な歌手を再生させているが、清純派アイドルから転向した彼女もその1人。妖艶なフィンガーアクションで「♪ああ〜抱いて　獣のように」。私に大人の女を教えてくれたのはマリさん、貴女です。

ガラスの十代　975
光GENJI

詞・曲／飛鳥涼　1987

壊れそうなほど繊細な少年の心を、これだけリアルに描けたのは、飛鳥涼という人がそれだけピュアだからだ。ドラゴンズファンの私にとっては、10代にしてレギュラーで活躍した立浪和義の応援歌との意識も。

時をかける少女　804
原田知世

詞・曲／松任谷由実　1983

原田の歌声を聴いて、ユーミンは久しぶりに本気で歌唱指導したという。そのはかなげな線の細さが彼女の魅力だった。映画「時かけ」のエンドロールは完全にこの曲のPVだが、「映画全体がPV」と言えるかも。

さよならをするために　227
ビリー・バンバン

詞／石坂浩二　曲／坂田晃一　1972

「白いブランコ」以降低迷気味だったビリバンにとって久々のヒットに。浅丘ルリ子と石坂浩二が共演したドラマ「3丁目4番地」主題歌で、作詞は石坂が自ら担当。文学的な香りが漂うのは、さすが才人。

女言葉が入ってるから自分より合うと大瀧が

さらばシベリア鉄道　　　669
太田裕美

詞／松本隆　曲／大瀧詠一　1980

大瀧詠一「A LONG VACATION」にも収録されている名曲。ロンバケの
レコーディング中、大滝は女言葉が入ったこの曲がどうもしっくり来ず「これ、太田裕美に合うと思うんだよ」と担当の白川隆三Dに提案。白川は太田の担当Dでもあり、これは松本が思い描いたシナリオどおりの展開だった。そして発売は太田のほうが先になった。太田が自分の声がいちばん映える音域で歌いたいと、何度もキーを変えて録り直した「♪伝えておくれ〜」のフレーズは絶品！

切ない詞が大滝自らの歌声にベストマッチ

ブルー・ヴァレンタイン・デイ　　498
大滝詠一

詞・曲／大瀧詠一　1978

1年12ヵ月を、各月をテーマにした歌で綴った「NIAGARA CALENDAR」に2月の歌として収録された曲。当時、シングルカットもされた名曲だ。意気込みとは裏腹にアルバムは売れず、大滝はコロムビアとの契約を打ち切られてしまう。私はこの曲が大好きで、シングル盤を長年探していたので、入手したときは万歳だ。大滝の声には、こういう切ない詞が実によく似合う。余談だが、大滝が在籍した「はっぴいえんど」は結成当初「ヴァレンタイン・ブルー」という名前だった。

タイアップの先駆けは透明感のハーモニー

ケンとメリー 〜愛と風のように〜　　262
BUZZ

詞／山中弘光　補作詞・曲／高橋信之　1972

72年、日産「ケンとメリーのスカイライン」のCMソング。ケンとメリーはこの曲に乗って日本全国を旅した。車のCMが生んだヒット曲は多数あるが、この曲はタイアップヒットの先駆けとなった。詞・曲・プロデュースの高橋信之は、YMO・高橋幸宏の実兄。BUZZの2人の透明感あふれるハーモニーも最高で、ときどき無性に聴きたくなって針を落とす1枚だ。なおCMに登場した北海道・美瑛町に立つ「ケンメリの木」は観光名所となり、曲と同様、約半世紀経っても朽ちずに健在である。

ハワイの高校生が来日中に見いだされデビュー

白い色は恋人の色　　150
ベッツイ＆クリス

詞／北山修　曲／加藤和彦　1969

ベッツイ＆クリスは、ハワイ出身の女子高生デュオ。ハワイの高校生たちによる文化交流の一団として来日した際、2人で歌ったところプロモーターに気に入られ日本でのデビューが決定。2人は学校の長期休暇を利用して来日、芸能活動を行った。元ザ・フォーク・クルセダーズの北山＆加藤コンビが書き下ろしたこのデビュー曲は大ヒット。天使のような2人のハーモニーもさることながら、こういう名曲がポンポン書けた加藤和彦の才能には、舌を巻くほかない。

純潔 239
南沙織
詞／有馬三恵子　曲／筒美京平　1972

嵐の日も彼と一緒なら「お家が飛びそうでも楽しいのよ」ってブッ飛んでるなあ。紅白ではバックにデビュー前のキャンディーズとバンダ3体の着ぐるみが踊り、その中には天地真理、小柳ルミ子、谷啓。これ試験に出ます。

ユー・メイ・ドリーム 615
シーナ＆ザ・ロケット
詞／柴山俊之　補作詞／C. Mosdell
曲／鮎川誠・細野晴臣　1979

JALのCMでヒット。シーナの本名は悦子で、ROCK＋エツ＝「ロケッツ」だ。15年のシーナ逝去後も、鮎川誠はヴォーカル兼任でバンドを継続。夫婦のロック魂は不滅だ。

おふくろさん 203
森進一
詞／川内康範　曲／猪俣公章　1971

もとはアルバム曲だが、森の絶唱を聴いて涙する人が多く、シングル化され大ヒット。例の騒動で森は一時歌えなくなったが、解決して何より。母子家庭で育った森の鬼気迫る歌は、ジョン・レノン「マザー」に匹敵。

学生街の喫茶店 245
ガロ
詞／山上路夫　曲／すぎやまこういち　1972

歌謡曲じゃないかと非難されたが、大野真澄は、すぎやまから曲を渡されたとき、バロックに聴こえたという。3人のハーモニーも絶品。発売時はB面だったが大反響でA面に。TVにも積極的に出演し大ヒット。

哀愁でいと 645
田原俊彦
詞・曲／A.J.Ditaranto・G.Hemric
日本語詞／小林和子　1980

デビュー曲はL・ギャレットのカヴァー。「♪New York City nights」がなんで「♪バイバイ 哀愁でいと」になるのか？ 田原の歌はそんな疑問を吹き飛ばす破壊力。

NEW SEASON 968
森高千里
詞／HIRO　曲／斉藤英夫　1987

森高のデビューは昭和であり、レコード時代だ。主演映画の主題歌で、表情が初々しい。当時は自分で作詞を始める前で、詞はのちにSPEEDを手掛けるHIRO＝伊秋弘将が担当。彼の作詞家デビュー作でもある。

こまっちゃうナ 51
山本リンダ
詞・曲／遠藤実　1966

ミノルフォンレコード設立後、ヒットが出ず「困っちゃうな」だった遠藤実を救った曲。遠藤はリンダと初めて会った際に「君はBFはいるの？」と聞くと、「リンダ、困っちゃうな」。歴史的名曲はこうして生まれた。

十七歳の地図 847
尾崎豊
詞・曲／尾崎豊　1984

タイトルは中上健次「十九歳の地図」から。尾崎は青学高等部時代、学校帰りに現・渋谷クロスタワーのテラスで夕陽を眺め、曲のヒントを得た。テラスは聖地化。尾崎の顔と歌詞が刻まれた記念碑が設置された。

悪女 721
中島みゆき
詞・曲／中島みゆき　1981

中島は七色の声を持つ人だ。初めて彼女の「オールナイトニッポン」を聴いたとき、歌とトークのあまりのギャップに驚いた。でも本曲の吐息交じりのセリフ「行かないで……」にはキュンときてしまう。悪女だなぁ。

初見で歌いきった3人はもう「プロのミュージシャン」

微笑がえし

506

キャンディーズ

詞／阿木燿子　曲／穂口雄右　1978

　キャンディーズが解散前に出したラストシングルであり、初のオリコン1位獲得曲である。77年7月17日に飛び出した「普通の女の子に戻りたい」という突然の解散宣言にファンは混乱したが、解散までに彼女たちを1位にすべく一致団結。スタッフも最後を飾るにふさわしい曲づくりに全力を注いだ。

　作詞は阿木燿子が担当。作曲は、阿木の「最後はやっぱり穂口さんじゃないかしら」というひと声で、前作「わな」に続いて穂口雄右が手掛けることになった。

　キャンディーズがたんなるアイドルで終わらなかったのは、穂口の力が大きい。目先のヒットを狙うと、その曲は一過性のもので終わってしまう。ポップスの変革を目指した穂口は、3人に基礎から音楽理論を叩き込み、厳しく鍛えた。

　彼女たちも必死でついていった結果、3人がもともと持っていた音楽的な素養が引き出され、ラン・スー・ミキならではの絶妙なコーラスワークが完成したのである。

　だが、レコード会社は「売ること」を第一に考える。穂口との溝は深まっていき、76年、シングル「夏が来た！」を最後に穂口は一時、キャンディーズから離れることになった。

　解散が78年4月に決まったあと「もう一度3人のために曲を書いてほしい」と依頼された穂口は、過去のわだかまりを捨てて快諾。久々に再会したキャンディーズは音楽的にも成長し、復帰作「わな」では、もはや穂口が何もアドバイスすることがないほどだった。

　3人との最後の仕事になった「微笑がえし」のレコーディングで、穂口はあえてキャンディーズをスタジオミュージシャンと同じように扱った。コーラスのパート譜を当日渡し、初見で歌わせたのである。3人は完璧に歌いこなしてみせ、歌入れはあっという間に終了した。

　あんなに怒られていた子たちが、ここまで大きく成長するなんてと、スタッフは全員泣いていたという。穂口は回想録にこう記している。「今やキャンディーズはプロのミュージシャンです。アイドルのラン、スー、ミキはもう私の中にはいませんでした」

3年目の浮気 768
ヒロシ＆キーボー

詞・曲／佐々木勉 1982

「♪3年目の浮気ぐらい大目にみろよ～」という男の言い分は、当時は子どもたちまで歌い、大目に見てもらえたが、今だと炎上必至。ただしNHKだけは大目に見ず、あんなに売れたのに紅白には出ていない。

誰もいない海 183
トワ・エ・モワ

詞／山口洋子 曲／内藤法美 1970

越路吹雪の夫・内藤法美が作曲。同日発売の越路版と競作になり（どちらも東芝）、セールスはこちらが上回った。2年前にもシャンソン歌手の大木康子が歌ったがヒットせず。トワエ版は男女の掛け合いが絶妙。

時間よ止まれ 510
矢沢永吉

詞／山川啓介 曲／矢沢永吉 1978

77年、CM曲「サクセス」を宇崎竜童に依頼した資生堂は、翌年、矢沢を起用。キャロル時代から張り合ってきただけに、矢沢も燃えたのでは。レコーディングには、YMO結成前の高橋幸宏と坂本龍一も参加。

お早うございますの 359
帽子屋さん 谷山浩子

詞・曲／谷山浩子 1975

谷山は16歳のとき1度デビューしているが、本曲でポプコンに入選し18歳で再デビュー。「自称メルヘン歌手」の彼女らしい曲だ。私の中では、斉藤由貴に名曲「土曜日のタマネギ」「May」を書いてくれた人である。

あの時君は若かった 87
ザ・スパイダース

詞／菅原芙美恵 曲／かまやつひろし 1968

堺正章と井上順のツインヴォーカルが堪能できる快作。イントロのファズギターが鳴り響いた時点でもう楽しい！ 大野克夫のオルガンも最高。彼らはこんなポップな曲を半世紀以上も前に自前で作ってたんだぜ。

セクシー・バス・ストップ 413
浅野ゆう子

詞／橋本淳 曲／J.Diamond 1976

「セクシーなバス停ってどんなだよ？」だが、バスストップは列になって踏むステップの名称。もともとはインストナンバーで、作曲の「Jack Diamond」の正体はなんと筒美京平だ。覆面でもヒットさせたのはさすが！

雨の西麻布 909
とんねるず

詞／秋元康 曲／見岳章 1985

あらためて聴くと、よくできたムード歌謡だ。ただの悪ふざけで終わらなかったのは、木梨の抜群の音楽センスに負うところも大きい。途中のセリフ「紅白を目指します」はジョークだったのに、6年後、現実となる。

ジェニーはご機嫌ななめ 640
ジューシィ・フルーツ

詞／沖山優司 曲／近田春夫 1980

イリアは、憧れのお姉さんだった。ルックスもさることながら、裏声で最後まで歌いきる心意気に萌えた。地声がこれまたキュートなんだよね（P100）。Perfume、やくしまるえつこ、2つのカヴァーもカワイイのでおススメ。

酒と泪と男と女 429
河島英五

詞・曲／河島英五 1976

これは男のための歌ではなく、女性賛歌だ。女は泣くだけ泣いたらきれいに忘れて寝る。男は人前で泣くかと言いつつ、酒に溺れて寝る。「又ひとつ 女の方が偉く思えてきた」……この言葉が吐ける河島はカッコいい。

妹を亡くした松本隆を待ち続け生まれた「モノクローム」

君は天然色　　　　　　　　　687
大滝詠一
詞／松本隆　曲／大瀧詠一　1981

「A LONG VACATION」(通称ロンバケ、81年)が世に出るまで、大滝詠一は知る人ぞ知る存在だった。セールス不振でナイアガラレーベルが存続の危機に立たされた大滝は、「売れるアルバムを作ろう」と、はっぴいえんど以来の盟友でヒットメーカーとなった松本隆に作詞を依頼した。

松本は快諾したが、直後、心臓に持病を抱えていた妹が入院。降板を申し出た松本に大滝は言った。「気長に待つよ。今度のアルバムは松本の詞じゃなきゃ意味がないんだ」

だが妹は急逝。松本はショックで詞が書けなくなった。街の風景も白黒に見えたという。

それでも大滝は友を信じ、発売を延期して復帰を待った。立ち直った松本が、亡き妹への思いを綴ったフレーズが「想い出はモノクローム　色を点けてくれ」である。

大滝がほかの作詞家に頼んでいたら、ロンバケも、冒頭を飾る本曲も生まれなかった。深い友情が、この曲に特別な"色"を付けている。

一家離散の原因ニシン漁を書いたなかにし礼

石狩挽歌　　　　　　　　　376
北原ミレイ
詞／なかにし礼　曲／浜圭介　1975

つくづく、北原ミレイは幸せな歌手だと思う。阿久悠に屈指の名作「ざんげの値打ちもない」(P84)を書かせ、なかにし礼からは、最高傑作といわれる本曲をもらったのだから。

なかにしは生前、阿久への強烈なライバル意識を正直に告白している。北原に書くからには「ざんげの……」を超えるものを、という対抗心もあった。

さらに私が関わったTVの特集番組では、こんな話も披露してくれた。実兄が手を出し、一家離散の原因となった小樽のニシン漁(小説「兄弟」参照)のことを書こうと決めると、大枠はすぐに完成した。

だが、何かが足りない。聴く人の心の琴線に触れる何かが。数日悩み、フッと浮かんだ言葉が「オンボロロー　オンボロボロロー」だった。なかにしはその瞬間、「後世に残る曲ができた」と感じたそうだ。

「海猫(ゴメ)」「筒袖(ツッポ)」「やん衆」など聞き慣れない言葉が並んでいても、この曲が胸に響くのは、失われたものへの郷愁を音にした「オンボロロー」の魔力ゆえだ。

人形の家　　　140
弘田三枝子
詞／なかにし礼　曲／川口真　1969

歌手・弘田を再生させた曲。少年時代、満州で生き地獄を見たなかにし。日本に引き揚げたら邪魔者扱い。「顔もみたくないほど　あなたに嫌われるなんて」は、かつて国に見捨てられた悲しみが書かせたフレーズだ。

メリー・ジェーン　　　251
つのだ☆ひろ
詞／C. Lyn　曲／つのだ☆ひろ　1972

つのだに本曲のモデルを取材すると「留学生のマーガレット」だと。彼女に曲を贈ろうとしたが名前が曲に乗せにくく、その友人の名前を拝借。だが曲が完成したとき、彼女にはすでに彼氏が。恋は破れ、名曲が残った。

太陽がくれた季節　　　229
青い三角定規
詞／山川啓介　曲／いずみたく　1972

「飛び出せ!青春」は再放送で何度も観た。この曲のイントロを聴くと、オレンジの空と太陽の画が頭に浮かぶのは私だけじゃないだろう。村野武範が劇中で歌う「青春はどこに」もいずみたくの名曲。レッツビギン!

魅せられて　　　568
ジュディ・オング
詞／阿木燿子　曲／筒美京平　1979

21年4月の「筒美京平の世界 in コンサート」でトリを務めたジュディ。彼女が羽を広げた瞬間、生きてて良かったと心から思った。あのパフォーマンスは重要無形文化財、ジュディは人間国宝と認定すべきだ。

ギンギラギンにさりげなく　　　718
近藤真彦
詞／伊達歩　曲／筒美京平　1981

81年の新人賞は当確だったマッチ。が、前年の受賞曲、田原俊彦「ハッとして! Good」(P81)を超えるものを、小杉理宇造Dが考えたのがこのタイトル。そのギンギラギンな執念が実り大ヒットした。

春なのに　　　791
柏原芳恵
詞・曲／中島みゆき　1983

中島みゆきの書き下ろしで大ヒット。卒業式当日、大好きな先輩が自分に全然気がないと気付いた衝撃。記念のボタンを「青い空に捨てます」って、みゆき流のパンクな激情を感じる。バズーカ砲で飛ばしてそう。

あんたのバラード　　　488
世良公則&ツイスト
詞・曲／世良公則　1977

世良が大阪芸大4年のときに作った曲。これでポプコンと世界歌謡祭を制覇。大きく股を開き、低く構えて歌う世良は本当にカッコいい。ロックを一般に浸透させたのは「演歌ロック」と呼ばれた彼らだった。

ラストダンスは私に　　　6
越路吹雪
詞・曲／D.Pomus・M.Shuman
日本語詞／岩谷時子　1961

原曲の米・ドリフターズ版は主人公が男性だが、越路版は女性に変更。越路の凛とした歌いっぷりがいい。ショーケンはこの越路版を女性視点のままカヴァー(P57)。

冬の稲妻　　　480
アリス
詞／谷村新司　曲／堀内孝雄　1977

アリス初のトップ10ヒット。「あなたは稲妻のように　私の心を引き裂いた」という冒頭のフレーズが稲妻のように強烈。歌詞は女性視点なのに、曲自体は男っぽく、バンド名は女の子っぽい。どっちやねん。

超絶カッコいいサビの掛け合いは筒美ワールド

恋の弱味 　　　　　　　　404
郷ひろみ

詞／橋本淳　曲／筒美京平　1976

70年代の郷ひろみを代表する傑作。ギターのカッティングで始まるイントロ、サビの超絶カッコいい「♪Get down!(フフフー)」の掛け合いは、さすが筒美京平。橋本淳の詞も最高。いつも車で彼女を白いビルまで送っていくが、行き先は教えてくれない。最上階へ向かうエレベーターを見上げ、「僕は一人あせってしまう」。もしや、ほかの男のところへ……?「惚れた弱味」をみごとに表現した20歳の郷。今の郷なら、ヘリをチャーターして部屋に乗り込みそうだが。

都合のいい女をケレン味なく描くなかにし礼

恋泥棒 　　　　　　　　149
奥村チヨ

詞／なかにし礼　曲／鈴木邦彦　1969

黒の網タイツ&ブーツに、妙にデカい弓矢。ジャケットだけでも買う価値があるこの曲、「恋の奴隷」の次に出た続編である。男の誘いにちょっと乗ってみたらだんだんクセになり、「二度が三度にたび重なって」やがてメロメロ……という内容で「そんな都合のいい女がいるか!」とついツッコミたくなるが、そういう詞を堂々と書けるのは、そう、なかにし礼しかいない。ご本人にサインをいただく機会があって、私は迷わずこの1枚を差し出した。額に入れて飾りたい一生の宝である。

日常風景をたんたんと歌って10万枚のヒット

カレーライス 　　　　　　　　230
遠藤賢司

詞・曲／遠藤賢司　1972

エンケンは唯一無二のアーティストだった。家で「君」がカレーを作り、でき上がりを猫と一緒に待っている……そんな日常風景をたんたんと歌っただけのこの曲が、10万枚も売れたのである。誰かの真似ではなく、純粋に自分の内から湧き上がってくる叫びを歌にし、ギターをかき鳴らし歌ったエンケン。晩年「武道館とタイマン張る!」と無人の日本武道館で1人歌った記録映画「不滅の男　エンケン対日本武道館」は圧巻だった。今思うと、新型コロナ到来を予感した行動だったのか!?

途方にくれ原宿の歩道橋でメロディが浮かび

みずいろの雨 　　　　　　　　543
八神純子

詞／三浦徳子　曲／八神純子　1978

八神純子はわが故郷・名古屋が生んだ天才の1人。私にとっては「オシャレな曲を自分で作って歌う、オトナのお姉さん」だった。そんな天才にも悩める時期があった。プロデビュー曲「思い出は美しすぎて」がヒットしたあと、他人の曲「さよならの言葉」を歌って売れず、この先どうしようと原宿の歩道橋を上っているとき、ふとこの曲のメロディが浮かんだという。三浦徳子がぴったりな詞を書き大ヒット。「みずいろの雨」は悩みをきれいさっぱり洗い流してくれた。

神様お願い！ 88
ザ・テンプターズ

詞・曲／松崎由治　1968

第2弾もリーダー・松崎の作品だが、ヴォーカルが萩原に交代。発売後すぐオリコン10位内に。ショーケン人気も沸騰し、タイガースの対抗馬になっていく。KUWAND BANDのカヴァーもカッコいいんでぜひ。

恋はハートで 73
泉アキ＆ザ・レインジャーズ

詞／なかにし礼　曲／三木たかし　1967

この頃から、GSブームにあやかり、女性歌手がGS調の曲を歌うケースが激増。ダイナマイトバディが売り物の泉も、GSを従え歌った。「♪恋はハートでハートでハートで　するものョ〜ン♥」って4度も言わんでも。

京都慕情 185
渚ゆう子

詞／林春生　曲／ザ・ベンチャーズ　1970

「京都の恋」（P87）に次ぐベンチャーズ歌謡第2弾。大正琴を使ったアレンジも沁みる大傑作。しかし、彼らはなぜこんなにも日本人の琴線に触れる曲が書けるのだろう？　絶対、中に日本人が入ってると思う。

桃色吐息 855
高橋真梨子

詞／康珍化　曲／佐藤隆　1984

カメリアダイアモンドのCM用発注で何曲か書かれ、この曲はいったん没になったが、高橋のマネージャーが推して採用。オリコン4位まで上昇し、ソロ転向後初の大ヒットとなった。元スペクトラムの奥慶一も編曲でいい仕事。

シクラメンのかほり 368
布施明

詞・曲／小椋佳　1975

レコ大受賞曲だが、もともとはB面の穴埋め曲だった。布施はあまり気に入っていなかったが、事務所判断でA面となり大ヒット。布施にFNS歌謡大賞の賞金が入ると、小椋は「我が第一勧銀に預金して」と。愛社精神。

神田川 294
南こうせつとかぐや姫

詞／喜多條忠　曲／南こうせつ　1973

作詞・喜多條は早大時代、3畳一間で同棲していた。デモから帰ると、台所で食事を作る彼女。俺はいつかこういう日常に埋没していくのか……。「ただ貴方のやさしさが恐かった」のフレーズはそこから生まれた。

Hold On Me 958
小比類巻かほる

詞／麻生圭子　曲／大内義昭　1987

コッピーは85年にEPICソニーからデビュー。ドラマ「結婚物語」の主題歌となった本曲がヒットしブレイク。彼女は何より名前にインパクトがあった。最初耳にしたとき、「小比類・マキ・かほる」だと思ったのって、私だけ？

さよなら 613
オフコース

詞・曲／小田和正　1979

サポートの3人が正式メンバーに昇格、5人体制になって最初のシングル。ゆえに小田はこれまで以上に「売りたい」と気合いを入れて書き、オリコン2位の大ヒットに。サビで淀川長治を思い出すのって、私だけ？

UFO 490
ピンク・レディー

詞／阿久悠　曲／都倉俊一　1977

人気絶頂期に出た最大のヒット曲。2人に非日常な曲を歌わせ、やりたい放題の阿久＝都倉コンビは、彼氏を「宇宙人」に。「地球の男にあきたところよ」のフレーズで、歌謡曲はついに大気圏を突破した。

少年鑑別所で歌われていた曲をもとに18週連続1位

圭子の夢は夜ひらく　　　　　　　163
藤圭子
詞／石坂まさを　曲／曽根幸明　1970

宇多田ヒカルは、アルバム700万枚超えというとんでもない記録を作ったが、母も負けてはいない。デビュー第2弾「女のブルース」(70年)と第3弾の本曲で18週連続1位を独占。70年の時点で、藤圭子は時代のアイコンだった。

「夢は夜ひらく」には原曲がある。練馬少年鑑別所で歌われていた曲を、作曲の曽根幸明が採譜、補作した。中村泰士の採譜による園まり版も66年にヒットするなど、競作もたくさん出た。「圭子の」とタイトルの前に付くのはそのためだ。

先行の作品はムード歌謡に寄せていたが、藤圭子は直球と真ん中。「♪15、16、17と　私の人生暗かった」と18歳の美少女が歌うインパクトたるや絶大なものがあった。

なお新宿ゴールデン街には、30代なのに47歳と逆サバを読むママの「かおりノ夢ハ夜ヒラク」という店があり、すぐ横の花園神社には歌碑もある。「新宿の女」でデビューし新宿で逝った藤圭子は、永久に不滅です。

ガン闘病中ドラゴンズ日本一に励まされ武道館で復活

雨あがりの夜空に　　　　　　　617
RCサクセション
詞・曲／忌野清志郎・仲井戸麗市　1980

忌野清志郎は東京生まれの中日ドラゴンズファンであり、おかげで私は清志郎に逢えた。

99年9月、中日が神宮球場で11年ぶりにリーグ優勝を飾った日のこと。深夜、祝勝会場から生放送した優勝特番に清志郎が出てくれたのだ。番組解説者・川又米利氏と清志郎は親友であり、出演は「男の約束」だった。

その場にいた私は「清志郎さんはなぜドラゴンズファンなんですか?」と聞いてみた。清志郎の答えは「だって、頑張ってるじゃないですか」……私は泣きそうになった。

「COVERS」が発売中止になった88年、清志郎は巨人を倒して優勝したドラゴンズに勇気をもらい、別会社から発売。以来竜ファンに。

ガン闘病中の07年もドラゴンズ日本一に励まされ、翌年武道館で復活。また特番に出てほしかったが願いは叶わず09年に逝った。

翌日、試合前の球場で本曲が流れ、ドラゴンズが勝ったことは今も忘れない。

津軽海峡・冬景色　447
石川さゆり

詞／阿久悠　曲／三木たかし　**1977**

「さよならあなた 私は帰ります」は、耐えて忍ぶ演歌の女性像を変えた。自分の意思で男に別れを告げ、次に向かう主人公。阿久はアイドルをまた1人、大人の歌手にした。驚くのは、石川は発売時にまだ18歳！

愛のメモリー　475
松崎しげる

詞／たかたかし　曲／馬飼野康二　**1977**

ビクターの意向で、マジョルカ音楽祭に出場した松崎。この曲で最優秀歌唱賞に輝いたが日本では話題にならず、松崎は自分で各所に売り込み。その甲斐あってグリコのCMに採用され大ヒット。あの黒さは営業焼け？

ダンシング・ヒーロー　915
荻野目洋子

詞・曲／A.Kate・T.Baker
日本語詞／篠原仁志　**1985**

大阪・登美丘高校ダンス部のおかげでリバイバルヒットした。その前から盆踊りの曲として愛知県発祥で全国に広まり、今や定番曲に。日本人ってなんでも踊るよね。

夏色のナンシー　802
早見優

詞／三浦徳子　曲／筒美京平　**1983**

帰国子女アイドルの魅力を生かしたブレイク曲。歌詞の英語も、文法がおかしいところを自分で修正。私は彼女と大学が同じで、キャンパス内で何度かすれ違った。当時友人が「あ、ナンシーだ！」って、違うだろ。

恋人も濡れる街角　774
中村雅俊

詞・曲／桑田佳祐　**1982**

桑田佳祐が他人に書いた曲で、1、2を争う傑作。中村の独特なこもった歌声に、ちょっと淫靡な歌詞とムーディーな曲がみごとにハマった。B面「ナカムラ・エレキ・音頭」も桑田作で、遊び心満点のテケテケエレキ歌謡。

逢いたくて逢いたくて　34
園まり

詞／岩谷時子　曲／宮川泰　**1966**

園まりの歌、好きなんだよなぁ。普通に歌ってても艶っぽい。彼女の代表曲は、実はザ・ピーナッツの「手編みの靴下」を歌詞だけ変えたリメイク作であり、モト曲は売れず、こちらは大ヒット。歌謡曲って不条理。

知りすぎたのね　107
ロス・インディオス

詞・曲／なかにし礼　**1968**

才人・なかにし礼は、作詞だけでなく作曲もこなす。もとはロミ山田に書いた曲だが、こちらは男声ツインヴォーカルがたまらない。なかにしが訳詞を手掛けた菅原洋一「知りたくないの」（P56）と対をなす1曲。

冷たい雨　412
ハイ・ファイ・セット

詞・曲／荒井由実　**1976**

赤い鳥解散後、75年にユーミン作の「卒業写真」でデビューした3人。これもユーミン作品でヒットしたが、もとはバンバン「『いちご白書』をもう一度」（P40）のB面。彼女に捨て曲はないってことですな。

個人授業　292
フィンガー5

詞／阿久悠　曲／都倉俊一　**1973**

憧れの女性教師の部屋に行って、個人授業を受けてみたい……って、よく子どもに歌わせたよなぁ。阿久一都倉コンビの悪だくみ。ジャケは水島新司のイラスト。発売時、アキラはまだトンボメガネじゃなかったのだ。

あの「YMCA」の振りはヒデキ自身のアイデア

YOUNG MAN(Y.M.C.A.) 565
西城秀樹

詞／H.Belolo・V.Wills　日本語詞／あまがいりゅうじ
曲／J.Morali　1979

ヒデキ最大のヒット曲。ヴィレッジ・ピープル「Y.M.C.A.」のカヴァーだが、今やこの曲は完全にヒデキのものだ。日本語訳は訳詞経験のあったマネージャーの天下井隆二が担当。世界に広まった「YMCA」のハンドサインはヒデキのアイデアだ。コンサートでの反響がすごく、緊急発売が決定。その際、レコード製造工場にヒデキが出向き「残業させてごめんなさい」とミカン箱の上でこの曲を熱唱したエピソードは、人柄を表すいい話だ。

橋本－筒美作品中の私的評価で5指に入る

新宿マドモアゼル 148
チコとビーグルス

詞／橋本淳　曲／筒美京平　1969

大阪で橋幸夫にスカウトされ、68年、デビュー曲「帰り道は遠かった」をヒットさせたチコとビーグルス。しかしあとが続かず、翌年、一発逆転を狙って黄金コンビに発注したのがこの曲だ。唸るファズギターに「♪夕日のようなカクテル飲んで　ネオンの海をおよいで行くの」というフレーズが最高だが、なぜかまったく売れなかった。おかげで盤には超高値が付き入手に苦労したが、アナログで聴くこの曲は感涙モノ。個人的には、橋本－筒美作品の中で5本の指に入る大傑作。

「元祖アイドル声優」ではなくそもそも歌手

愛・おぼえていますか 860
飯島真理

詞／安井かずみ　曲／加藤和彦　1984

84年公開のアニメ映画「超時空要塞マクロス　愛・おぼえていますか」の主題歌で、劇中でアイドル歌手リン・ミンメイ(右のジャケットの絵)が歌った曲。実際の歌はミンメイの声を演じた飯島真理が歌ってヒット。彼女もアイドル的人気を博した。よく「元祖アイドル声優」と呼ばれるが、飯島の本業は歌手であり、彼女がちゃんと歌える人だったことが、アニメと歌、両方のヒットにつながったのだと思う。加藤和彦作品でもあり、ここでもいい曲書いてるなぁ……。

「荒井」～「松任谷」への節目はパイプオルガン

翳りゆく部屋 409
荒井由実

詞・曲／荒井由実　1976

ユーミンは中学生のとき、クラシックとロックを融合したプロコル・ハルムの「青い影」を聴いて衝撃を受けた。彼らに触発され試みたのが、教会音楽とポップスの融合だ。母校・立教女学院の礼拝堂で聴いたパイプオルガンの音色も、ユーミンの音楽の原点である。本曲中、目白・東京カテドラル教会のパイプオルガンを弾いているのは松任谷正隆。76年11月、ユーミンは松任谷と挙式、「松任谷由実」に。この曲は「荒井由実」時代に別れを告げる、節目の1曲となった。

赤い風船　274
浅田美代子

詞/安井かずみ　曲/筒美京平　1973

ドラマ「時間ですよ」の劇中でも歌われたデビュー曲。一瞬、「歌……大丈夫かな?」と思わせるところがヒットの秘密。仕事でお会いした際に持参すると「イヤだ〜! なんで持ってるの?」と言いつつサイン頂き感謝。

順子　641
長渕剛

詞・曲/長渕剛　1980

長渕はこの曲で「ザ・ベストテン」に初出演。中継だったライブ会場で手拍子が始まると「やめてもらえます?」と頭から歌い直し。実は彼のライブ恒例ネタだったが、そうとは知らずドキドキしながら観ていた中坊の私。

君たちキウイ・パパイア・　849
マンゴーだね。　　中原めいこ

詞/中原めいこ・森雪之丞
曲/中原めいこ　1984

カネボウ夏のキャンペーン曲で、タイトルは代理店の指定。トロピカル風味満載の快作。K-POP版で「君たちキムチ・カクテキ・ナムルだね。」も誰か作ってください。

贈る言葉　607
海援隊

詞/武田鉄矢　曲/千葉和臣　1979

「金八先生」の主題歌になったことで、卒業式の歌として定着してしまったが、本当は武田の体験をもとにした失恋ソングだ。そう思って聴くと、「もう届かない 贈る言葉」は、モテない男にはすんごく沁みる。

ファースト・デイト　851
岡田有希子

詞・曲/竹内まりや　1984

ユッコのデビュー曲。竹内まりやが書き下ろし。ちょっと不安げな表情がいい。名古屋育ちで、公立の進学校から芸能界入りし、スター松田聖子と同じ事務所。私にとって彼女は、同世代のまぶしい「郷土の星」だった。

ダンシング・セブンティーン　110
オックス

詞/橋本淳　曲/筒美京平　1968

68年の流行語は「昭和元禄」。高度経済成長真っ只中の当時を象徴する1枚がこれだ。ジャケを見れば、日本全体がいかに浮かれていたかがよくわかる。「♪サイケな恋〜」ってどんな恋だよ! オックス無敵。

さよならはダンスの後に　26
倍賞千恵子

詞/横井弘　曲/小川寛興　1965

女優・倍賞の原点は「歌」である。歌手として「下町の太陽」(63年)でレコ大新人賞、紅白にも4年連続出場。ヒット曲も多数で、これは100万枚超えとなった代表作。高音が澄んでて、キュートなんだよねぇ。

そして、神戸　260
内山田洋とクール・ファイブ

詞/千家和也　曲/浜圭介　1972

「♪こぉぉ〜べぇぇ〜、泣いてぇどうなるのかぁぁ〜」と、新幹線が新神戸に着くたびに、私はつい歌ってしまう。それよりこのジャケ、なぜ籐の椅子? 前川がエマニエル夫人に見えてしょうがないのだが。

異邦人 - シルクロードのテーマ -　602
久保田早紀

詞・曲/久保田早紀　1979

中近東をイメージしたアレンジで大ヒットした曲。海外で見た情景を歌にしたのかと思いきや、電車に乗っていたとき、国立市あたりの空き地で遊ぶ子どもたちを見て詞が浮かんだとか。中央線ソングだったのか!

中村八大・永六輔とのド新人3人が放った大ヒット

黒い花びら

1

水原弘

詞／永六輔　曲／中村八大　1959

　本書収録の1000枚の中で発売がもっとも古い曲であり、記念すべき「第1回レコード大賞受賞曲」である。

　当時、流行歌のレコードは蓄音機で聴くSP盤に代わって、塩ビ製でコンパクトなドーナツ盤が急速に普及し始めていた。

　新時代にふさわしい新しい日本の歌を創ろう、という趣旨でレコ大はスタート。ところが、保守的なレコード会社や大手メディアの多くは協力を拒否したという。

　そんな状況で始まっただけに、日本作曲家協会を中心とする主催者（実行委員長・古賀政男）は、既存の枠にハマらない斬新な曲を初代受賞曲にしようと考えた。

　「黒い花びら」は、その理想にぴったりの曲だった。作詞の永六輔は放送作家、作曲の中村八大はジャズピアニストで共に歌謡曲には縁がなく、水原弘は中村がオーディションで選んだ新人歌手。そんな3人によるロッカバラード調の本曲は、従来の流行歌とは一線を画すものに仕上がった。

　中村がこの曲を書いた理由は、"無茶振り"されたからだ。かつてのバンド仲間でナベプロ創始者、渡辺晋のツテで作曲家として東宝へ売り込みに行った際、プロデューサーから「じゃ、明日までに歌詞付きの曲を10曲作ってきて」と言われた中村。

　曲はともかく、作詞をどうするか途方に暮れて歩いていたところ、有楽町の日劇前でばったり遭遇したのが早大の後輩・永だった。中村は以前、ラジオのジャズ番組を担当したとき、放送作家として関わっていた永とは面識があった。

　中村に「作詞をする気はありますか？」と聞かれた永は、経験もないのに「やります！」と即答。2人は中村宅に移動し徹夜で10曲を作った。その中の1曲が本曲である。

　予想を超える大ヒットとなった「黒い花びら」は、2人のその後の人生も大きく変えた。1つ言えることは、永がもし「上を向いて」日劇前を歩いていたら、この曲も、坂本九との「六・八・九トリオ」も生まれなかったということだ。

マイ・ピュア・レディ 　448
尾崎亜美
詞・曲／尾崎亜美　1977
この曲を聴くと思い出すのは、小林麻美だ。資生
堂のCMに、ミニのワンピ姿で登場。陸上競技
場でヒールを脱ぎ捨てると、クラウチングスター
トで駆け出し、そこへ「♪たった今　恋をしそう
〜」。惚れてまうやろ！

雪 　254
猫
詞・曲／吉田拓郎　1972
バックを務めた縁から、猫は、拓郎のアルバム「青
春の詩」（70年）の1曲を本人プロデュースでカ
ヴァー。雪の中、年上の女性のあとをついて行こ
うとすると、振り向いたその目は「早くお帰り、坊
や」……泣ける！

恋の季節 　106
ピンキーとキラーズ
詞／岩谷時子　曲／いずみたく　1968
ヒゲの伊達男4人の中心には、16歳の今陽子。
ダービーハットにステッキ。この構図を思いつい
た時点で、いずみは勝利を確信したはず。イント
ロの高揚感は歌謡曲史上屈指。200万枚超の
ヒットは必然と言える。

舟唄 　581
八代亜紀
詞／阿久悠　曲／浜圭介　1979
シンプル・イズ・ベストとはこの曲を指す。「店に
は飾りがないがいい」……阿久はまさにこの精神
で詞を書いたのではないか。人生、本当に必要
なものってなんなのか？　そこを問うてくるから、
この歌は沁みるのだ。

チャコの海岸物語 　734
サザンオールスターズ
詞・曲／桑田佳祐　1982
GSサウンドに乗って、ありがちな歌詞を、アイド
ル風に歌う桑田。歌謡界への怒りすら感じるパ
ロディが久々のヒットとなった。ならば、とことん
やるまで。三波春夫に扮し紅白すらパロディにし
た桑田様は神様です。

ひなげしの花 　261
アグネス・チャン
詞／山上路夫　曲／森田公一　1972
アグネスのモノマネといえば「♪おっかのうえ〜
ひっなげしの〜」。それだけデビュー曲のインパ
クトが強かったということ。欧陽菲菲が開けたチ
ャイナ枠を広げ、テレサ来日の下地を作ったアグ
ネスの功績は大きい。

君といつまでも 　32
加山雄三
詞／岩谷時子　曲／弾厚作　1965
実は、岩谷が最初書いた詞に「幸せだなァ」はな
かった。レコーディング中、加山が間奏を聴いて
漏らした「幸せだなァ」にスタッフが「それいただ
き！」。本心から出た言葉だから、嘘くさく聴こえ
ないのだ。

コーヒーショップで 　277
あべ静江
詞／阿久悠　曲／三木たかし　1973
名古屋の人気DJだった、あべのデビュー曲。ラ
ジオゲストで会った際、このジャケはどこで撮影
したのか聞いてみた。答えは「放送局の近くの公
園」。つまり、ラジオの合間に撮ったわけ……し
かし美人だなぁ。

モーニングムーン 　928
チャゲ＆飛鳥
詞・曲／飛鳥涼　1986
グラサン姿に気合いを感じる、キャニオン移籍第
1弾。2人が売れることを明確に意識した1枚
だ。オリコン最高11位だったが、のちのビッグヒ
ット連発の布石になった。Jリーグのアビスパ福
岡もチャントで使用。

「これは君がずっと歌っていく曲だ」と阿久悠が

あの鐘を鳴らすのはあなた　　　232
和田アキ子
詞／阿久悠　曲／森田公一　1972

70年代の和田アキ子のシングル盤は若い世代にも人気があり、DJ需要も高いため総じて価格が高い。特に本曲はかなり出物が少なく、私もけっこう苦労して入手した。

「え、あんな有名曲なのに？」と意外に思うかもしれないが、オリコン最高位は53位で売上げは4万枚程度だった。発売時はさほどヒットせず、徐々に評価が高まった曲なのだ。

阿久悠は、これはと見込んだ歌手には、必ず"一生モノ"の詞を書き下ろす。21歳の和田に「これは君がずっと歌っていく曲だ」と言った阿久。和田はこの曲でレコ大の最優秀歌唱賞を受賞。本人と共にこの歌も成長していき、阿久の予言どおり、和田の代表曲になった。

このジャケットも大好きだ。異常に長いまつ毛にもグッとくるが、前しか見ていないこの表情はどうよ！　私はうまくいかないことがあると、いつもこのジャケを見ることにしている。あなたには希望の匂いがしますよ、アッコさん。

毎日夜10時から朝5時までスタジオに鍵かけ猛特訓

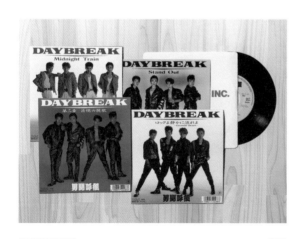

DAYBREAK　　　988
男闘呼組
詞／大津あきら　曲／Mark Davis（馬飼野康二）　1988

少年隊のデビュー時に実行された「B面違い3種売り」（P65）を受け継いだのが、ジャニーズ後輩の男闘呼組だ。こちらはなんと「4種売り」。しかも2枚ずつ2週に分けて発売。この商売上手！

ただ売上げを4倍にしようという魂胆ならどうかと思うが、B面4曲はどれもクオリティが高く、つい全部買ってしまった。イチオシはやっぱり「ロックよ、静かに流れよ」かな。

彼らの初期作品は、大半がMark Davisこと馬飼野康二の手によるもので、HM/HR要素をベースにしっかり歌謡曲なのがいい。

演奏について「エア疑惑」をささやく人もいたが、彼らはTVでもちゃんと弾いていた。

リーダーの前田耕陽によると、デビュー当時は夜10時から朝5時までスタジオに鍵を掛けられ、毎日猛特訓に励んだという。

アイドルでありつつ音楽的にもガチな姿勢は、後輩のTOKIOに継承された。もっと評価されるべき「バンド」だと思う。

およげ!たいやきくん 401
子門真人

詞/高田ひろお 曲/佐瀬寿一 1975

子ども向けのこの曲が、まさか約450万枚も売れるとは誰も思わなかっただろう。今なおシングル売上げでは歴代1位だ。便乗企画も多数生まれ、あの山本リンダも「私の恋人、たいやきくん!」という歌を出したほど。

大きな森の小さなお家 638
河合奈保子

詞/三浦徳子 曲/馬飼野康二 1980

「ヒデキの妹オーディション」を勝ち抜きデビュー。一見メルヘンチックだが「♪誰も見たことナーイナイ 誰もさわってナーイナイ」と無垢な表情で歌う大きな大きな胸の彼女は、小さな中坊には刺激的過ぎた。

ブランデーグラス 458
石原裕次郎

詞/山口洋子 曲/小谷充 1977

発売当初はさっぱり売れなかったが、有線で徐々に反響。「西部警察」で裕次郎がこの曲を歌う回を作ったら、4年後の81年にヒット。ジャケを見た知人が「あれ? グラス持ってないんだ?」……それはゆうろう!

世界は二人のために 63
佐良直美

詞/山上路夫 曲/いずみたく 1967

最初はチョコのCMソングとして書かれ、山上が詞を書き足し、佐良のデビュー曲に。ロングヒットになり、結婚式ソングの定番だったが、「♪二人のため世界はあるの」って、よく考えたらメッチャ自己中な歌だよね。

危険なふたり 275
沢田研二

詞/安井かずみ 曲/加瀬邦彦 1973

ソロ転向後初のオリコン1位曲。ギターソロで始まるイントロが強烈。ラジオゲストの際、井上堯之と話したら「あ、TVは俺なんだけどレコードのは俺じゃないんだ」。海外録音で別のギタリストだとかでガクッ。

白い蝶のサンバ 157
森山加代子

詞/阿久悠 曲/井上かつお 1970

「月影のナポリ」など、60年代前半に洋楽カヴァーで人気を集めた森山。その後ヒットに恵まれなかったが、サンバ調の軽快なこの曲でオリコン1位に輝き、みごと復活。「阿久悠再生工場」の先駆けとなった。

Mr. サマータイム 513
サーカス

詞/ P.Delanoe 日本語詞/竜真知子
曲/ M.Fugain 1978

フランスの曲を邦訳でカヴァー。「3人姉弟+いとこ」という編成も珍しく、息の合ったコーラスで大ヒット。男2人がよくやっていた、おすぎとピーコのモノマネも記憶に残る。

君のひとみは10000ボルト 537
堀内孝雄

詞/谷村新司 曲/堀内孝雄 1978

資生堂のCM曲。谷村・堀内の共作だが、谷村が入院したためアリスではなく堀内のソロになり大ヒット。ジャケのTシャツは私物だそう。語呂的にかよく「100万ボルト」と間違われるが、それじゃ感電死する。あ、1万でもするか。

Hey! ミスター・ポリスマン 797
石川秀美

詞・曲/松宮恭子 1983

河合奈保子と同じく「ヒデキの妹オーディション」合格者。自身初のオリコントップ10入り曲。待ち合わせに彼氏が来ないからポリスマン早く探して、って、今ならありえないよなぁ。現在は薬丸夫人で子供5人の母。

反発して１回しか歌わずその怒りが大ヒットに

少女A
764
中森明菜

詞／売野雅勇 曲／芹澤廣明 1982

来生姉弟の手による「スローモーション」(P16)でデビューした明菜。担当Dは明菜の陰の部分を引き出そうと、センセーショナルなこの曲を第2弾に選んだ。だが明菜は「こんな歌、絶対歌わない!」と強く反発。レコーディングには現れたが、テスト本番の1回しか歌わなかった。面白いもので、その怒りが明菜の内なる激しさを引き出し、曲は大ヒット。明菜の歌手としての幅を広げつつ、のちにチェッカーズを仕掛ける売野–芹澤コンビを有名にしたのもこの曲の功績だ。

「朝までに書いて」と缶詰にされタイトルに

朝まで待てない
79
ザ・モップス

詞／阿久悠 曲／村井邦彦 1967

GSの中でも、モップスは特異なバンドだった。揃いのスーツ系ではなく、衣裳はバラバラのヒッピー風。アイドル的な要素よりも音楽そのもので勝負しよう、という姿勢はジャケットを見れば一目瞭然である。これはデビュー曲で、詞は当時まだ駆け出しだった阿久悠が担当。ホテルに缶詰にされ「明日の朝までに書いて」とせきたてられたことが「朝まで待てない」というタイトルにつながった。途中、「I can't wait!」と叫ぶ鈴木ヒロミツの切迫感あふれるヴォーカルが聴きどころ。

15歳で全米１位の天才歌手に書き下ろし

忘れないわ
122
ペギー・マーチ

詞／山上路夫 曲／三木たかし 1968

63年に「I Will Follow Him」で、15歳にして全米1位に輝き当時の最年少記録を作った米国の天才歌手、ペギー・マーチ。日本にもファンが多く、親日家だったペギーのために日本語で書き下ろされたのがこの曲だ。よく勘違いされるが、英語の持ち歌を日本語でカヴァーしたのではなく、これがオリジナルである。それにしても驚くのは、彼女の発音の完璧さだ。彼女は日本語の曲を数多くレコーディングしており、「日本語で歌うペギー・マーチ」という30曲入りアルバムも出している。

清志郎の多彩なコラボへつながるきっかけに

い・け・な・いルージュマジック
738
忌野清志郎＋坂本龍一

詞・曲／忌野清志郎・坂本龍一 1982

清志郎が教授と組んでレコードを出す、というニュースは衝撃的だった。しかも、資生堂の口紅のCMソングだという。「い・け・な・い」が彼らしい。清志郎にとってはRCを離れた「他流試合」だったが、これが契機となり、後年の多彩なコラボへつながったと思う。20年後の2002年、清志郎は及川光博とのユニット「ミツキヨ」でもこの曲を熱唱した。一方、教授は翌83年に、YMOでカネボウのCM曲「君に、胸キュン。」(P10)をリリース。このへんの節操のなさも、いかにも80年代だ。

夢伝説　857
スターダスト・レビュー

詞／林紀勝・根本要　曲／根本要　1984

エンタメ度満点のライブでいつも会場を沸かせるスタレビ。17年の35周年ライブは6時間超！彼らの代表曲でカルピスのCM曲となりヒット。根本要の出身地、埼玉の行田駅では発車メロディになっている。

フランシーヌの場合　137
新谷のり子

詞／いまいずみあきら　曲／郷伍郎　1969

60年代末はプロテストソングもしっかりヒットした。ビアフラ戦争による飢餓に抗議し、パリで焼身自殺したフランス人女性を歌った曲。シャンソン歌手・古賀力による仏語ナレーションと歌の挿入も効果的。

出発(たびだち)の歌　219
上條恒彦＋六文銭

詞／及川恒平　曲／小室等　1971

ヤマハ主催「合歓ポピュラーフェスティバル」グランプリ受賞曲。小室の曲ができたのは本番前日。上條と六文銭が組んだのも急きょだったが、えてしてそういう曲が名曲になるもの。レコードも大ヒットした。

WAKU WAKU させて　952
中山美穂

詞／松本隆　曲／筒美京平　1986

前作「ツイてるね ノッてるね」に次いで松本一筒美コンビの作品。筒美は当時流行のユーロビートを取り込み、しっかり歌謡曲とミックス。中山もこのコンビの曲だとノリノリだ。モノクロのジャケ写もGood!

トランジスタ・ラジオ　666
RCサクセション

詞・曲／忌野清志郎、G.1,238,471　1980

チャボ正式加入後、怒濤のような快進撃を見せた80年のRC。これもライブに欠かせない曲だ。イントロの♪ジャカジャーンで気分は総立ち。内ポケットに入るトランジスタラジオ、私も授業中よく聴いていた。

狼なんか怖くない　511
石野真子

詞／阿久悠　曲／吉田拓郎　1978

「スタ誕」出身、石野のデビュー曲。ジャケ写は篠山紀信。この時点ですでに万人に愛される顔だ。曲の拓郎は、難しい曲を徹夜で歌唱指導、石野は8時間かけてなんとか歌いきった。歌唱時の"狼サイン"もキュート！

星くず兄弟の伝説　665
近田春夫

詞／近田春夫　曲／赤城忠治　1980

近田が「POPEYE」に連載していた「THE 歌謡曲」にはいろいろ影響を受けた。この曲は「架空の映画のサントラ盤を作る」という試みで作られた"主題歌"。85年、手塚眞監督が映画を実際に撮影。妄想が現実に。

北の宿から　395
都はるみ

詞／阿久悠　曲／小林亜星　1975

レコ大受賞曲。北の宿で1人、着る人のいないセーターを編む女。「あなた死んでもいいですか」って、怖いよ！なお、はるみ自身は「編み物なんかできないし、着てもらえないセーターなんか編めない」のだとか。

想い出の渚　53
ザ・ワイルドワンズ

詞／鳥塚繁樹　曲／加瀬邦彦　1966

彼らのデビューヒット。ドラマーの植田芳暁に聞くと、歌詞は全員で書き、出来のよかった鳥塚の詞が採用。当初B面の予定だったが、普段は温厚な加瀬が強硬に主張してA面になった。湘南サウンドの原点。

映画「アメリカン・グラフィティ」の世界を下敷きに

涙のリクエスト　　　　　　　　838
チェッカーズ
詞／売野雅勇　曲／芹澤廣明　1984

チェッカーズの代表曲にして、彼らをトップスターにした第2弾シングル。

デビュー曲「ギザギザハートの子守唄」のセールスが、大宣伝をかけたわりに伸びず、ショックを受けたメンバーは「次もダメなら、久留米に帰ろうか」とまで思い詰めていたそうだ。

だが、映画「アメリカン・グラフィティ」の世界を下敷きにした本曲は、チェッカーズの魅力にぴったりハマり爆発的にヒットした。波及効果で「ギザギザハートの子守唄」も再びチャートを上昇し、彼らは田舎に帰らなくて済んだ。

80年代から見た60年代を歌った曲だが、当時はまだ通じた「ダイヤル回す」「トランジスタのヴォリューム上げて」という歌詞は、今のデジタル世代にはなんのこっちゃだろう。

そういえば、以前この曲をDJでかけたら、20代の客に「昔って、彼女にロケットをプレゼントしたんですか？　豪快ですね！」と驚かれたことがある。前澤社長かよ！

シモンズに書き下ろしたら当人2人が歌うことに

あの素晴しい愛をもう一度　　　199
加藤和彦と北山修
詞／北山修　曲／加藤和彦　1971

本曲はもともと、女性デュオ・シモンズ（P128）のデビュー曲として書き下ろされた。

ところが……諸事情あってシモンズは「恋人もいないのに」でデビュー。宙に浮いたこの曲は結局、書いた2人が歌うことになった。

その「出戻り曲」が半世紀経っても聴き継がれるスタンダード曲になるのだから面白い。

ところで、北山の詞には「花」がよく出てくる。数年前に番組のインタビューで、北山に本曲の「花」はなんの象徴なのか聞いてみると……。

答えは「花は散るから美しい、と言うけれど、来年もまた咲くからきれいなんだと思う」

つまり、花は「生きる」ことの象徴であり、「あの素晴しい愛をもう一度」という歌詞には、愛を求める心があれば人は生きていける、という激励の意味が込められているのだ。

加藤の躍動感あふれる曲がそれをあと押ししている。加藤は自ら逝ってしまったが、曲は生き続け、花を咲かせる。これからもずっと。

待つわ 761
あみん
詞・曲／岡村孝子 1982

名古屋の女子大生だった2人はポプコンでグランプリを獲得。デビュー曲が年間売り上げ1位に。ソロ転向後、岡村はこの曲を封印。20周年ライブに加藤晴子を招き一緒に歌った。この歌は2人だけのものだから。

港のヨーコ・ヨコハマ・ヨコスカ 369
ダウン・タウン・ブギウギ・バンド
詞／阿木燿子 曲／宇崎竜童 1975

阿木燿子の作詞家デビュー作。ギターをバックにセリフで押す構成で大ヒット。その理由は宇崎によると、「ちょっと前なら…」に曲を付けると、どうしても「スーダラ節」(P45)になる……字数的にたしかに！

真夜中のギター 146
千賀かほる
詞／吉岡治 曲／河村利夫 1969

世の流行をなんでも取り込むのが歌謡曲。これはフォークブームを反映した1曲。失恋した女性が1人寂しく夜中にギターをつまびく歌だが、曲調は明るく、ハスキーな歌声もウケてヒット。ギター教則本の定番曲だ。

よこはま・たそがれ 194
五木ひろし
詞／山口洋子 曲／平尾昌晃 1971

前半は名詞の羅列なのに、何があったか情景がちゃんとわかる、作詞の傑作。「全日本歌謡選手権」で10週勝ち抜いた五木に、審査員の山口と平尾が書き下ろしヒット。右手で拳を握り歌う五木スタイルはここが原点。

ひと夏の経験 329
山口百恵
詞／千家和也 曲／都倉俊一 1974

「あなたに女の子の一番大切なものをあげるわ」のフレーズが話題になり、オリコン3位のヒットに。「百恵ちゃん、それってなんなの?」と訊ねる記者に「真心です」と毅然として答えた15歳。そんな百恵だから歌えた曲だ。

モンキー・マジック 559
ゴダイゴ
詞／奈良橋陽子 曲／タケカワユキヒデ 1978

ドラマ「西遊記」のオープニング曲。歌詞が全部英語で、何を歌ってるのかがわからないところが斬新だった。タケカワが両手で投げるクモの巣、ビニール紐で作ってマネしたなぁ。歌詞はムニュムニュで押し通して……。

かもめが翔んだ日 519
渡辺真知子
詞／伊藤アキラ 曲／渡辺真知子 1978

デビュー第2弾。冒頭から息をもつかせぬ展開の曲を、圧倒的な声量で歌いきる力業に震えた。渡辺は、カモメが球団マークの千葉ロッテに招かれ、今でもこの曲をよく球場で熱唱している。生で聴いたが、やっぱ震えた。

星のフラメンコ 46
西郷輝彦
詞・曲／浜口庫之助 1966

スペインでフラメンコを観た西郷が、その感動を浜口に伝え完成したのが本曲で、西郷の代表曲に。郷ひろみ「誘われてフラメンコ」、オックス「真夏のフラメンコ」(P67)とで、日本三大フラメンコ歌謡だ。♪オーレ！

春咲小紅 680
矢野顕子
詞／糸井重里 曲／矢野顕子 1981

カネボウ81年春のキャンペーンソング。「小紅」＝ミニ口紅のCMソングだから「♪ミニミニ 見に来てね」なのだ。糸井の詞も、YMOのアレンジもポップだが、何よりいちばんポップなのは、アッコちゃんの歌声だ。

「時間ですよ」演出の久世光彦が作詞

ひとりじゃないの 238
天地真理

詞／小谷夏　曲／森田公一　1972

天地真理の3枚目のシングル。真理ちゃん人気を不動にした最大のヒット曲で、私はこの曲がいちばん好きだ。作詞の小谷夏は、天地を有名にした「時間ですよ」(TBS)の演出家・久世光彦の変名。「ひとりじゃないの」と歌いながら、本人は爆発的人気で周囲と話す時間すらなくなり、孤独が深まっていったのは皮肉だ。そういえば、12年公開の「ヱヴァンゲリヲン新劇場版Q」で、マリがアスカと共に戦う際に本曲を口ずさむシーンがあり、私は庵野監督と握手したくなった。

なんで「低く」なのかと引っ掛かる阿久悠節

街の灯り 281
堺正章

詞／阿久悠　曲／浜圭介　1973

ドラマ「時間ですよ」は、ザ・スパイダース解散後の堺正章にとって重要な作品になった。役者としての才能を開花させると同時に、劇中でも歌い、本曲は特に反響が大きかった。「♪好きな唄を耳のそばで　君のために低く歌い」の「低く」は、なんで「低く」歌うのか？　と引っ掛かる、これこそまさに阿久悠節。浜圭介の情感あふれる曲と、堺の声の魅力、ドラマの効果などが一体となって後世に残る名曲となった。堺はこの曲で紅白初出場を果たしている。

19歳の北公次に詞を書かせたジャニーさん

オリビアの調べ 111
フォーリーブス

詞／北公次　曲／鈴木邦彦　1968

フォーリーブスのデビュー曲であり、CBSソニーが68年に設立された際の記念すべき邦楽第1号シングル。彼らがいかに期待されていたかがわかる。驚くのは、作詞がメンバーの北公次なのだ。当時まだ19歳。ジャニー喜多川の信頼はこの時点ですでに厚かった。当時ちょうど映画「ロミオとジュリエット」が日本公開直前で、北は女優オリビア・ハッセーをイメージして書いた。ミュージカル風の構成が、デビューする時点で本格エンターテイナーを目指した彼ららしい。

堂々「要注意歌謡曲」指定と最強「お万の方」

金太の大冒険 385
つボイノリオ

詞・曲／つボイノリオ　1975

私が今、ラジオの構成作家をやっているのは、名古屋が誇るラジオスター・つボイノリオの影響が大きい。コミックソングの名手でもあり代表作がこれ。「金太負けるな」「金太守って」「金太待つ、神田」など、放送では憚られる言葉もこの形なら言える！……わけはなく、発売後すぐに要注意歌謡曲に指定。レコードを買わないと聴けない曲となった。最近は解禁されてきたが、つボイによる同じ手法の「極付け！お万の方」は絶対ムリ。なおバックの演奏には、「四人囃子」の森園勝敏と岡井大二も参加している。

BOYのテーマ　　　895
菊池桃子

詞／秋元康　曲／林哲司　1985

主演映画「テラ戦士☆BOY」の主題歌。菊池桃子の歌声は、聴く人の心をふんわりと包み、彼方まで運んでくれる。まるで無重力空間に誘うようにふわふわと……ほら、ジャケでも宇宙を飛んでるじゃないですか！

俺はぜったい！プレスリー　　　486
吉幾三

詞・曲／吉幾三　1977

ラジオから「♪アイヤ〜！」とこの曲が流れてきたときは、衝撃で椅子から転げ落ちた（マジで）。この年に逝ったプレスリーへの追悼的ソング。吉の初ヒットになったが、このあと苦悩が待って……（P153）へ。

ひまわり娘　　　323
伊藤咲子

詞／阿久悠　曲／シュキ・レヴィ　1974

「スタ誕」出身、伊藤のデビュー曲。阿久は彼女の実力を見込んで、あえて曲を外国人に依頼。タイトルどおり明るさ全開だが「♪涙なんかからない〜」でマイナーに転調するとこが好き。でも力強いんだよね。

気絶するほど悩ましい　　　469
Char

詞／阿久悠　曲／梅垣達志　1977

天才Charにも"アイドル期"があった。デビュー曲が売れず、「やりたいことをやるには売れるしかない」と第2弾は阿久の詞を歌い、TVにも出てヒット。でも手は抜かない。生き方も気絶するほどカッコいい。

四つのお願い　　　162
ちあきなおみ

詞／白鳥朝詠　曲／鈴木淳　1970

この頃のちあきは「お色気系歌謡」をよく歌わされていた。ジャケットもそんな雰囲気だ。彼女はこの路線は苦手だったが、皮肉にも本曲はヒットしてしまう……。B面はこのタイトルゆえ、レコードでしか聴けない。

Oh! SUSHI　　　938
（スシ食いねェ！英語ヴァージョン）
シブがき隊

詞／岡田冨美子・S.I.S.　曲／後藤次利　1986

初期の「国産ラップ」。「寿司の注文をラップにしたら？」というのは画期的な発明だ。NHK「みんなのうた」に採用。紅白でも歌われ、レコードになり英語版も！

蜃気楼　　　631
クリスタルキング

詞／天野滋　曲／山下三智夫　1980

「大都会」（P113）は大傑作だが、第2弾もツインヴォーカルが堪能できるかなりの名曲だ。特にサビの「♪あふれだす情熱を〜」からの田中のハイトーンは絶品。吉崎も低音でしっかりキメて、絡みも最高。

昭和枯れすゝき　　　339
さくらと一郎

詞／山田孝雄　曲／むつひろし　1974

ドラマ「時間ですよ昭和元年」の挿入歌。なんでこんなに暗い歌が100万枚も売れたのか不思議だ。大ヒットで2人は枯れすゝきどころじゃなくなり、やがてコンビ解消。一郎は現在、2代目さくらと歌っている。

走れコウタロー　　　171
ソルティー・シュガー

詞・曲／池田謙吉　補作詞・曲／前田伸夫　1970

山本コウタローの名前が馬名になったのは、遅刻魔で「走れ！」と言われていたから。途中のモノマネは当時の美濃部都知事で、公営ギャンブル廃止を推進しながら競馬予想するというギャグ。ジャケのイラストは針すなお。

予選会のテープの声だけで"発掘"した若松宗雄P

青い珊瑚礁

松田聖子

詞／三浦徳子　曲／小田裕一郎　1980

647

　私が初めて松田聖子の歌を聴いたのは、資生堂「エクボ洗顔フォーム」のCMだった。画面にはいかにも健康的な女の子が登場。顔を洗ったあと、エクボを見せてニコッと笑う内容だ。

　ヒネていた中2の私は、そんな作為的なさわやかさよりも、バックに流れていた「♪エクボのぉ〜」という爽快な歌声のほうが、なぜかすごく気になった。いい声してるなあ、と。

　歌っているのは当然、画面に出ている子だと思っていたが「夜のヒットスタジオ」を観て私は驚いた。まったく違う顔のアイドルがその曲をパワフルな声で歌い始めたからだ。

　エクボができない聖子は、このCMのオーディションに落ち出演を逃しはしたものの、その圧倒的な声の力でデビュー曲「裸足の季節」のタイアップを勝ち取っていた。

　天性の歌声に惹かれ聖子をスカウトしたのが、CBSソニーのプロデューサー・若松宗雄である。

　若松は新たな原石を発掘するため、集英社と組んだ「ミス・セブンティーンコンテスト」の決勝大会に臨んだが、ピンとくる子がいなかった。そこで地方予選のテープを聴き直し、福岡予選出場者の中から、聖子の突き抜けるようなハイトーンを"発掘"する。

　聴いた瞬間「この声だ！」と直感した若松は、すぐに聖子が住む久留米へ飛んだ。聖子は優勝者だったが、父親が芸能界入りに強く反対したため、決勝大会を辞退していたのだ。

　若松は粘り強く父親を説得、上京の許しを得た。そこまでしたのは「この声を絶対世に出す」という使命感からだった。

　世間にさらなるインパクトを与えようと、若松が用意した第2弾が本曲だ。いきなりサビの「♪あ〜　私の恋は」から始まるところに、聖子の声に対する若松の深い愛を感じる。

　この曲で聖子はブレイク。以後、彼女を支え数々のヒット曲を世に送り出した若松に、いちばん思い入れのある曲はどれか聞いてみた。小考の末、若松は答えた。

　「やっぱり『青い珊瑚礁』かな。私はこの声に惚れたんです」

星空のディスタンス 837
ALFEE
詞／高見沢俊彦・高橋研　曲／高見沢俊彦　1984
高見沢は「メリーアン」(P106)のヒットを無にしたくない、という一心で新曲を何度も書き直した。その「売れ線」の曲をTVで歌うことで、彼らは確実にロックの敷居を下げた。この曲は彼らの金字塔である。

「いちご白書」をもう一度 380
バンバン
詞・曲／荒井由実　1975
オリコン1位に輝いた待望のヒット曲。ばんばんは、初対面のユーミンに頭を下げ曲を依頼、願いは叶った。ユーミンが学生運動を題材に選んだのは興味深い。「君に言い訳」してる団塊世代に物申したかったのか……。

同棲時代 268
大信田礼子
詞／上村一夫　曲／都倉俊一　1973
上村一夫の漫画を原作にした映画版「同棲時代」の主題歌で、大信田が出演。都倉が音楽を担当した縁で2人は結婚した。曲もヒットし、彼女の代表作に。冒頭のナレーションがなんとも昭和っぽくていい。

おもいで酒 563
小林幸子
詞／高田直和　曲／梅谷忠洋　1979
今や「ラスボス」として君臨、多彩な活動を展開する小林。紅白の巨大衣裳も含め、本曲の大ヒットがすべての原点だ。今ジャケを見て驚くのは、このときすでに後光が差していることだ……つい拝んだりしたくなる。

好きさ好きさ好きさ 64
ザ・カーナビーツ
詞・曲／C.White　日本語詞／漣健児　1967
ゾンビーズ「I Love You」のカヴァーでデビューした彼ら。はっきり言うが、本家より1000倍いい。ドラムスのアイ高野が「♪お前のすべてぇぇぇ〜」とスティックを突き出すポーズは、私の中で歌謡殿堂入りだ。

センチメンタル 391
岩崎宏美
詞／阿久悠　曲／筒美京平　1975
彼女の初期作品の中で私がいちばん好きなのがこの曲だ。前作「ロマンス」(P11)の大ヒットを受けて、楽曲もより洗練され、岩崎の歌にも余裕が感じられる。連続でオリコン1位獲得。17歳のみずみずしさが満載。

なのにあなたは京都へゆくの 212
チェリッシュ
詞／脇田なおみ　曲／藤田哲朗　1971
ジャケを見て「あれ?」と思うかも。そう、チェリッシュはデビュー時5人組だった。69年の結成当時は男4人。70年にエッちゃんが加入した。デビュー曲は翌72年にヒット。デュオになったのはその年から。

すみれ September Love 762
一風堂
詞／竜真知子　曲／土屋昌巳　1982
カネボウCM曲でオリコン2位のヒット。CMにはブルック・シールズが登場。「ザ・ベストテン」出演の際、バンド「ジャパン」のツアー同行中の土屋昌巳だけロンドンから中継で出演。よく音ズレしなかったなあ。

王将 8
村田英雄
詞／西條八十　曲／船村徹　1961
伝説の棋士・坂田三吉をモデルにした曲で、村田にとっても代表曲に。この歌は聴くだけで気分がアガる。「♪明日は東京に出て行くからは なにがなんでも勝たねばならぬ」……中日ナインにも遠征前に聴かせたい曲だ。

原田真二が去ったアミューズ大里洋吉との縁には…

青山学院大の学生バンドだったサザンオールスターズには、幸運な出逢いがあった。

当時サザンの面倒を見ていたビクターのD高垣健が、まずは彼らの所属事務所を決めなければと、テープ持参でアミューズの社長・大里洋吉（現会長）を訪問。

興味を惹かれビクターのスタジオを訪れた大里は、桑田佳祐が歌う本曲を聴いて衝撃を受け「この男をTVに出そう」とすぐ契約を結んだ。

アミューズは創立当初、原田真二を抱えていた。そして、キャンディーズの元マネージャーだった大里に、古巣のナベプロが後楽園解散コンサートの演出を依頼。大里がそちらにかかりっきりになったことも原因となり、原田はアミューズを辞めてしまう。看板アーティストに去られ、会社に危機が訪れた。

大里がサザンに出逢ったのは、ちょうどその直後だった。もし原田がいたら、サザンを手掛ける余裕はなかったという。キャンディーズ解散は、思わぬ良縁も生んだのだ。

勝手にシンドバッド　　　　　　526
サザンオールスターズ
詞・曲／桑田佳祐　1978

専属作家制度崩しへのきっかけは「純国産洋楽」!?

かつて日本のレコード会社には「専属作家制度」という鉄の掟があった。たとえば、コロムビアに所属している歌手は、原則としてコロムビア所属の作詞家・作曲家センセイが書いた曲しかレコーディングできなかったのだ。

この古くさい制度を打ち破ろうと、奥の手を使ったのが、コロムビア洋楽部の面々だ。

彼らは、英国生まれ・横浜育ちのエミー・ジャクソンに「日本人が書いた全編英語の曲」を歌わせ、傘下の洋盤レーベルから「洋楽」として出す作戦を考えた。このやり方なら専属作家に頼む必要がなく、外部の作家を自由に起用できる。

作詞には、「R.H.Rivers」こと音楽評論家の湯川れい子を起用（湯川＝Hot Rivers）。作曲の中島安敏もフリーの作家だ。

この「純国産洋楽」は大ヒットし、洋楽部は外部作家の起用にまんまと成功した。この続きがブルコメの「青い瞳」(P63)であり、専属作家制度が崩れることで、歌謡曲はずっと面白くなっていくのである。

涙の太陽　　　　　　27
エミー・ジャクソン
詞／R.H.Rivers　曲／中島安敏　1965

ルビーの指環　　681
寺尾聰

詞／松本隆　曲／寺尾聰　1981

「ザ・ベストテン」ではなんと、12週連続1位を記録し、レコ大も受賞。「問わず語り」という言葉を教えてくれたのはこの曲だ。翌82年に建てられた東芝EMIの本社ビルは、別名「寺尾ビル」と呼ばれた。

追いかけてヨコハマ　　507
桜田淳子

詞・曲／中島みゆき　1978

前作「しあわせ芝居」に次いで中島作品に挑戦。展開がスピーディーで息つく暇もないが、しっかりこなす淳子はさすが。中島はセルフカヴァーした際、息継ぎの間を作り忘れたことに気付いたそうで。オイオイ。

バス・ストップ　　255
平浩二

詞／千家和也　曲／葵まさひこ　1972

カラオケで歌うと超気持ちイイんだよなー。平に取材時の質問で、歌っていたときのイメージを訊ねると、「渋谷駅のロータリー」で、バスを待ち涙を拭く女性はなぜか「ダイアナ妃」だと！……じゃあ、バスは2階建て!?

時の河を越えて　　966
うしろ髪ひかれ隊

詞／秋元康　曲／後藤次利　1987

おニャン子クラブのグループ内ユニット。左から工藤静香、生稲晃子、斉藤満喜子。うしろ指さされ組（P120）に続き「ハイスクール奇面組」のオープニング曲を担当。ソロデビュー前から工藤は1人オーラが違う。

我が良き友よ　　358
かまやつひろし

詞・曲／吉田拓郎　1975

盟友・拓郎が書いたかまやつの代表作であり、オリコン1位曲。イントロのギターは高中正義が弾いている。B面「ゴロワーズを吸ったことがあるかい」は来日中のタワー・オブ・パワーと共演。DJ人気も高い。

せんせい　　248
森昌子

詞／阿久悠　曲／遠藤実　1972

「スタ誕」は、まだ13歳だった森の登場によって歴史的番組になった。「桟橋」がわからず「♪傘にかくれてサンバして〜」だと空耳した小学生は多数（私も）。今はワンオク＆マイファスのヴォーカルの母。

失恋レストラン　　442
清水健太郎

詞・曲／つのだ☆ひろ　1976

つのだに取材した話で、事務所社長・田辺昭知にデビュー曲を依頼され、21回書き直しさせられて完成したと。田辺は、「ぎんざNOW!」登場時にリーゼントだった清水に、曲に合わせて断髪させて「健太郎カット」が誕生。

シルエット・ロマンス　　727
大橋純子

詞／来生えつこ　曲／来生たかお　1981

来生姉弟作品の中でも屈指の名曲。かつてサンリオが発行していた恋愛小説シリーズ「シルエットロマンス」のイメージソングとして作られた。ジャケも大橋の顔にかぶせる形で「重なり合うシルエット」の画像が。

伊勢佐木町ブルース　　84
青江三奈

詞／川内康範　曲／鈴木庸一　1968

「あ〜ッ、あ〜ッ」の吐息は川内の発案。「♪あなた知ってる〜マスプロアンテナ〜　見えすぎちゃって〜困るのォ〜ン」のCMも強烈だった。ミニスカゴルフウェアの青江が登場し、パットが入ると旗竿がアンテナに変身！

筒美京平が最多提供の歌手として108曲！

グッド・ラック 544
野口五郎
詞／山川啓介 曲／筒美京平 1978

21年4月に行われた「筒美京平の世界 in コンサート」、豪華メンバーの生歌に大満足。野口五郎はMCでこう語った。「京平先生がもっとも多く曲を書いた男性歌手は僕で、108曲なんです」。どんな曲を書いても、野口は必ず期待以上のレベルで返してくれたからだろう。「先生はなぜか僕にキツい曲が多くて……でもこの曲は "グッと楽" なんですよ」と和製AORの傑作であるこの曲を熱唱。ダジャレの水準は相変わらずだったが、やっぱ歌がメチャうま！

2月になると聴こえてくる定番曲の座に

バレンタイン・キッス 924
国生さゆり
詞／秋元康 曲／瀬井広明 1986

おニャン子クラブで新田恵利と人気を二分した、国生さゆりのデビュー曲は、今や2月の定番曲に。写真は初回盤で、盤面は透明イエローに。右側は予約特典のソノシートで、国生とメンバーのトークが収録されている。バレンタインデー当日によくこの曲を耳にするが、♪明日は特別スペシャル・デー、なので、本当は2月13日の歌だ。また♪バレンタイン "デー"・キッスと歌っているがタイトルに「デー」はナシ。ここ、試験に出るので要注意だ。ついでに、国生の会員番号は「8」だ。

北海道の詩人による詞ですぐにメロディが

虹と雪のバラード 210
トワ・エ・モワ
詞／河邨文一郎 曲／村井邦彦 1971

72年、札幌五輪のテーマ曲としてNHKが制作。村井邦彦は札幌のNHKに呼ばれ、スタジオにこもってこの曲を書き上げた。地元の詩人・河邨文一郎の「ぼくらは呼ぶ あふれる夢に あの星たちのあいだに」という詞を見た瞬間、すぐサビのメロディが浮かんできたという。札幌市民の心情が伝わってくる練り上げられた詞のおかげでイメージが湧き、曲は4時間ほどで完成。結局、河邨とは会わずに札幌をあとにした。村井は北海道出身の旧友に、「いい曲をありがとう」と感謝されたそうだ。

桑田佳祐少年の心を揺さぶった力みなぎる歌

ヨイトマケの唄 31
丸山明宏
詞・曲／丸山明宏 1965

12年の紅白歌合戦に初出場。全身黒ずくめの衣裳でこの曲を熱唱した美輪(発売当時は丸山)明宏の姿は世間に強烈なインパクトを与えた。建設現場で泥にまみれ働く母を讃えたこの曲。歌詞に「土方」という言葉があり、民放では長く流れない時期が続いた。だがこの曲は、何十万枚も売れたヒット曲なのだ。発売当時まだ少年だった桑田佳祐が自身のTV番組で歌ったのも、それだけ曲に力があり、後世に伝えるべき歌だからだ。未聴の方はぜひ！ ♪父ちゃんのためならエンヤコラ〜。

小指の想い出　　　57
伊東ゆかり

詞／有馬三恵子　曲／鈴木淳　1967

この男はなんで、彼女の指を翌日まで痛むほど
噛んだのだろう？　2番では「♪あなたがかんだ　小
指がもえる」と大変なことになってるが（化膿？）、
3番は「♪小指が好きよ」。はじめズキズキ、最
後はスキスキ。

ダンシング・オールナイト　　　633
もんた＆ブラザーズ

詞／水谷啓二　曲／もんたよしのり　1980

もんたは歌手デビュー後なかなか売れず、1度
神戸の実家に帰っている。だが一念発起して再
上京。何百曲も書き貯めた中から厳選、風呂で
冷水を浴びてからレコーディングに臨んで大ヒッ
ト。水垢離って効くのね。

男のコになりたい　　　956
酒井法子

詞／三浦徳子　曲／Frankie T.　1987

のりピーのデビュー曲。しかし、彼女がキャラを
描いた「のりピーちゃんグッズ」まで売れたのは
なんだったのか？　バブル期をもっとも象徴する
出来事は「のりピーちゃんハウス」が富士山8合
目に開店したことだ。

Lui-Lui　　　470
太川陽介

詞／石原信一　曲／都倉俊一　1977

NHK「レッツゴーヤング」のレギュラー出演者た
ちは、司会の都倉に曲を書いてもらうのが夢だっ
た。これは太川の念願が叶った1曲。「るい」と
いう名前の人が男女問わず「ルイルイ」と呼ばれ
るのはこの曲のせいだ。

ルージュの伝言　　　360
荒井由実

詞・曲／荒井由実　1975

浮気された仕返しに、口紅でバスルームに「伝
言」を残すという設定がユーミンらしい。バックコ
ーラスは、山下達郎の仕切りで大貫妙子、吉田
美奈子、伊集加代子という最強メンバーが集結。
山達グッジョブ！

青葉城恋唄　　　522
さとう宗幸

詞／星間船一　曲／さとう宗幸　1978

当時さとうは、NHK仙台制作のリクエスト番組
でパーソナリティを。リスナーから詞を募集して
曲を付けるコーナーでこの曲が誕生し大ヒット。
3年後には「2年B組仙八先生」でシブがき隊、
三田寛子の担任に。

キッスは目にして!　　　707
ザ・ヴィーナス

詞／阿木燿子　曲／ベートーヴェン　1981

「エリーゼのために」に詞を付けた曲というと、ザ・
ピーナッツの「情熱の花」があるけれど、阿木と
井上大輔（編曲）の手に掛かると、極上のオール
ディーズが一丁あがり。目にキッスをせがむって
すごいよね。

熱き心に　　　913
小林旭

詞／阿久悠　曲／大瀧詠一　1985

小林は20年、YouTubeに「マイトガイチャンネ
ル」を開設。本曲について「最初トンチンカンな
詞だなと思ったが曲が付くとキチッと歌に。阿久
さんの詞には不思議な味わいがあった」。アキラ
ファンの大瀧もいい仕事。

ウエディング・ベル　　　725
シュガー

詞・曲／古田喜昭　1981

グループ名は「しお（塩）らしくないの、私たち」。
デビュー曲は、元カレの結婚式に出席した女性が
「♪くたばっちまえ　アーメン」と悪態をつく詞が
ウケて大ヒット。コミカルな曲とコーラスワークが
魅力だった。

女性ソロアイドル冬の時代にあえて逆向きの詞を

なんてったってアイドル　916
小泉今日子
詞／秋元康　曲／筒美京平　1985

アイドルが「アイドル業」を客観視して歌った画期的な曲。「♪アイドルはやめられない」なんて小泉今日子じゃなきゃ歌えないし、小泉今日子だからこそ成立したのだ。

本曲が出た85年は、おニャン子クラブが台頭する一方、従来の女性ソロアイドルは勢いを失い、冬の時代を迎えつつあった。

だが、おニャン子の仕掛け人でもある秋元康は、あえて時代の逆を行く詞を書いた。「アイドルってこんなに楽しいんだ！」という少々悪ノリな内容も、小泉ならエンタメにしてくれると確信していたからだ。期待どおりヒットさせた小泉は、真の職業アイドルだ。なにげにこの曲は、今のアイドルたちにとって、1つの指針となっている気がする。

ところで、主人公が付き合っている「ちょっといかしたタイプのミュージシャン」にはモデルがいる。秋元の盟友・長渕剛だ。長渕は石野真子の大ファンで、オールナイトニッポン（作家は秋元）のゲストに招き、交際→結婚。ミュージシャンもやめられない。

浄土真宗僧侶の父親に相談し「ぜひ歌え」で大ヒット

スーダラ節　4
植木等
詞／青島幸男　曲／萩原哲晶　1961

無宗教の私だが、あえて言うと「スーダラ教」の信者だ。そのくらい植木等には影響を受けた。「人生で大事なことは　タイミングにC調に無責任」はわが座右の銘でもある。

その無責任男・植木の原点になったのが本曲だ。サビの「♪スイスイ～ダララッタ～」は植木の口グセがそのまま採用された。

ただし植木本人は酒も呑まない、生真面目なタイプの人間だった。青島幸男の書いたスーダラな詞を見て、植木は歌うべきか真剣に悩んだあげく、浄土真宗の僧侶である父親に相談。

すると「「わかっちゃいるけどやめられない」は親鸞聖人の教えに通じる。すばらしい歌だからぜひ歌え」と励まされた話は、何度味わっても深みがある。さすがはお坊さんだ。

面白いのは、酒場でこの曲をかけると、世代を問わずサビで必ず合唱が起こるのだ。もしかすると「スーダラ教」の信者は日本じゅうにいて、この曲はお経なのかもしれない。

戦争を知らない子供たち 190
ジローズ
詞／北山修　曲／杉田二郎　1971
若者のオピニオンリーダーだった北山の、作詞家としての代表作。戦後75年以上が過ぎ、今や「「戦争を知らない子供たち」を知らない子供たち」も増えた。若い世代がこの歌をずっと歌える日本であってほしい。

東京ららばい 509
中原理恵
詞／松本隆　曲／筒美京平　1978
「♪午前3時の東京湾は」と書いて「東京ベイ」と読む。これぞシティポップ！都会のいい女代表イメージの中原だが実は道産子。「鉄ドン！」で欽ちゃん相手に演じた「良い妻・悪い妻・普通の妻」の3態も記憶に残る。

㊁組のひと 801
ラッツ＆スター
詞／麻生麗二　曲／井上大輔　1983
シャネルズからの改名第1弾は、資生堂夏のキャンペーン曲。「めっ！」のところ、目の横でVサインを作るキメポーズが印象的で、オリコン1位の大ヒット。井上大輔は彼らと相性抜群。作詞は売野雅勇の変名。

SOMEDAY 703
佐野元春
詞・曲／佐野元春　1981
音が厚いフィル・スペクター風のサウンドは、佐野が大瀧詠一のレコーディング現場を見て学んだもの。シングルでは当初ヒットしなかったが、翌年発売された同名アルバムのヒットで注目され、彼の代表曲になった。

柔 22
美空ひばり
詞／関沢新一　曲／古賀政男　1964
ひばりがなぜ、柔道をテーマにした曲を歌ったかと言えば、この64年に東京五輪が開催されたからだ。柔道はこのとき初めて正式競技に。その効果もあり、翌年この曲でレコ大を受賞。ひばりは歌で金メダルを獲った。

キラキラ星あげる 539
大場久美子
詞／伊藤アキラ　曲／平尾昌晃　1978
九重佑三子に次ぐ2代目「コメットさん」に抜擢されたクーミン。けなげな歌いっぷりが好きだった。その後の人生いろいろありすぎた彼女だが、ドラマでバトンを華麗に操る姿は、キラキラと星のように輝いていた。

わかれうた 479
中島みゆき
詞・曲／中島みゆき　1977
初のオリコン1位作。冒頭の「途（みち）に倒れてだれかの名を呼び続けたことがありますか」は当時ガツーンと衝撃を受けた。幸せのあとには必ず別れがついてくる。ただの「別れ歌」では済まない凄味がこの歌にはある。

裏切りの街角 375
甲斐バンド
詞・曲／甲斐よしひろ　1975
甲斐への取材によると、この「街角」のモデルは、溜池から旧首相官邸の間の坂道。上京直後、レコーディングのため毎日通った道だ。不安や重圧と戦いながら書いたこの曲がヒット。音楽の神は彼らを裏切らなかった。

バラ色の雲 69
ヴィレッジ・シンガーズ
詞／橋本淳　曲／筒美京平　1967
橋本の詞の色使いは独特だ。当時の日本は高度経済成長の真っ只中。白い雲がバラ色に見えたのだろう。新ヴォーカル・清水道夫の甘い声と詞曲がマッチし大ヒット。筒美にとっても作曲家としての出世作になった。

西条満による振付も大胆にオトナ風味で

やさしい悪魔
キャンディーズ
450

詞／喜多條忠　曲／吉田拓郎　1977

「哀愁のシンフォニー」(P133)のあと、ナベプロサイドの意向を受け、3人のオトナ化をさらに推し進めたのが作詞家の喜多條忠だ。衣裳を刺激的なレオタード＆網タイツ姿に。そして作曲は盟友・吉田拓郎に依頼。音域が広いこの曲に3人は悪戦苦闘したが、拓郎は付きっきりで歌唱指導、過去の売上げを更新するヒットになった。なお拓郎自身も、カヴァーアルバム「ぷらいべえと」で歌っている。そのジャケットを飾るのは、拓郎が本曲のジャケから模写したランの絵だ。

フォークとポップスの歴史を変え40万枚も

結婚しようよ
よしだたくろう
223

詞・曲／吉田拓郎　1972

フォークをメジャーにした曲と評されるこの曲。いちばんの魅力は「僕の髪が肩まで伸びて、君と同じになったら結婚しようよ」というフレーズに尽きる。小難しい主義主張を並べなくても、そんな他愛のないことだって歌にしていいんだ、と示した意義は大きい。カントリーロック風のアレンジに加え、陽気なスライドギターの演奏も加藤和彦の手によるもので、ヒットに大貢献した。なお、拓郎は曲発売の5ヵ月後、六文銭の四角佳子と本当に結婚している(1回目)。

ゴダールの映画のテイストを吸収しキザに

勝手にしやがれ
沢田研二
462

詞／阿久悠　曲／大野克夫　1977

ジュリーの記念すべきレコ大受賞曲。壁際に寝返り打って出て行く彼女を背中で見送る男。キザなボギーの世界だ。阿久悠がタイトルを拝借したゴダールの「勝手にしやがれ」も、ハンフリー・ボガートをあがめる男が主人公。イントロがたまらなくキャッチーで、DJでかけると場の空気が変わる。サビではみんなの「♪あ～あ～」と両手上げて左右に揺らすもんね。そして何より、ジュリー自身のカッコ良さ。何度マネして帽子を投げたことか……。♪出ていってくれ～あ～あ～。

音楽の"先生"と結婚への絆を深めたデュエット

シャ・ラ・ラ
サザンオールスターズ
670

詞・曲／桑田佳祐　1980

「いとしのエリー」(P8)の大ヒットは、桑田佳祐を疲弊させることにもなった。80年、サザンはTV出演を控えることに。この充電期に桑田を支えたのが原由子である。譜面が読める原は、独学でやってきた桑田にとって音楽の"先生"だった。桑田は原のヴォーカルの魅力に早くから気付き、新曲の一部に原の歌を入れようと提案。だんだん原が歌うパートが増え、最終的にデュエットとなったのがこの曲だ。桑田と原は82年に結婚。2人の絆を深めた曲である。

ドール 527

太田裕美

詞／松本隆 曲／筒美京平 1978

野口雨情作の童謡「青い眼の人形」「赤い靴」を下敷きに、自分を横浜生まれのおもちゃの人形に見立てる構成の傑作。「心が無いからセルロイド」という松本の詞が切ないが、筒美のチャイニーズ風旋律もまた泣ける。

うそ 312

中条きよし

詞／山口洋子 曲／平尾昌晃 1974

山口は、銀座の高級クラブ「姫」のママでもあった。ホステスからの相談、「彼の家に行ったら、タバコの吸殻に口紅が付いてて…(泣)」がこうして歌の題材になり大ヒット。やはり、人の悩みは真剣に聞くものだ。

二人の銀座 50

和泉雅子・山内賢

詞／永六輔 曲／ザ・ベンチャーズ 1966

もとは、ベンチャーズのインスト曲「GINZA LIGHTS」だったが、彼らの曲は日本人になじむと詞を付け歌謡曲にしたのは大発明。以降、同様のパターンで「ベンチャーズ歌謡」の傑作(P51、P87)が多数生まれた。

高気圧ガール 805

山下達郎

詞・曲／山下達郎 1983

1人アカペラ多重録音＋パーカッションだけの歌い出しが超絶カッコいい、アガる1曲。夏は達郎、を決定づけたANA沖縄リゾートCMのイメージソング。途中の「ア〜」という高気圧ガールの溜息は夫人・竹内まりや。

瀬戸の花嫁 234

小柳ルミ子

詞／山上路夫 曲／平尾昌晃 1972

デビュー曲「わたしの城下町」以降、日本の情景を歌ってきた小柳。スタッフへの「私はお嫁に行かず歌い続けます」という言葉に、「なら歌の中で」という遊び心で瀬戸内の島へ嫁に出されて、大ヒット。

メモリーグラス 691

堀江淳

詞・曲／堀江淳 1981

道産子の堀江はデビュー前、ススキノのパブでバイト。女性客の多い店で、カウンターで水割りを作り彼女らのグチを聞いていた。「その歌をかけるのはやめてよ」も実際に言われたそうで、だからリアルなのだ。

赤色エレジー 236

あがた森魚

詞／あがた森魚 曲／八洲秀章 1972

雑誌「ガロ」に林静一が連載していた同名の劇画に、あがたが感銘を受け書いた作品。曲は「あざみの歌」をヒントにあがたが編曲。林がジャケのイラストを描き下ろし大ヒット。あがたは本作をベースに映画も撮った。

ボヘミアン 809

葛城ユキ

詞／飛鳥涼 曲／井上大輔 1983

オリジナルは前年に大友裕子(P142)が歌ったが、井上は葛城を意識して書いたという。葛城も大友も、作詞の飛鳥もポプコンつながり。葛城版はドラマ主題歌になり大ヒット。ハスキーな絶唱が曲によく似合う。

SHAKE HIP！ 939

米米CLUB

詞・曲／米米CLUB 1986

当時、聖飢魔II(P54)に続いて、またCBSソニーからヘンなのが出てきたなあと思ったが、まさかあんなにメガヒットをいくつも生むとは……。ただの色物にとどまらない、彼らの弾けまくる感性が楽しめる1枚。

本当にヒデに恋していた心の叫び「アモーレ・ミオ!」

愛の奇跡

ヒデとロザンナ

詞／中村小太郎　曲／田辺信一　1968

118

「間奏の♪ラララ～のところ、ちょっと寂しいんだよな。何かイタリア語で叫んでみて。『アモーレ・ミオ!』とかさ」

イタリアから来日して1年、18歳の美少女・ロザンナは、ヒデ（出門^{ヒデ}英）の突然のリクエストに戸惑った。スタッフが見ている中、恥ずかしさでなかなか声が出なかったが、やがて意を決し叫ぶ。

「アモーレ! アモーレ・ミオ!（私の愛する人）ティ・アーモ! ティ・アーモ! ティ・アーモ!（愛してる）」

懸命に叫んだロザンナ。つい涙が出た。実はこのとき、ヒデに恋していたからだ。ロザンナの叫びは本心だった。

ロザンナは、東京で音楽活動をしていた伯父の勧めで67年に来日。赤坂のキャバレー「月世界」で歌っていたところ、評判を聞きつけわざわざステージを観に来たのがヒデだった。

ヒデはその前に「ユキとヒデ」（ユキはのちに「悲しみは駆け足でやってくる」をヒットさせたアン真理子）という男女デュオを結成していたが、ヒットに恵まれず解散。ヒデは新たな相手を探していた。

国際デュオは話題にもなる。ヒデはロザンナの伯父を説得し「ヒデとロザンナ」を結成。そのデビュー曲が本曲だ。

いまだに「アモーレの歌」と呼ばれるこの曲、はじめはB面曲だった（写真右）。ところが、佐賀の有線放送から火がつきA面に昇格（写真左）。たちまち大ヒットとなった。

ロザンナの「愛の叫び」も大きく貢献した。彼女は紅白歌合戦に出場した最初の外国人歌手となり、恋も実ってヒデの妻となった。

ところで、この曲にヒデが巡り逢ったのは、まったくの偶然だった。作詞の中村小太郎は本業が画家で、岡本太郎画伯のほぼ唯一の弟子である。ヒデがバーテンのバイトをしていた店に中村が客として訪れた。ヒデが歌手と知り「僕は詞も書くんだよ」とその場で披露したのが「愛の奇跡」だった。

奇跡とはまさに、人と人の偶然の出逢いから起こるのだ。

なおロザンナにはヒデのほかにも、異郷での心の支えになってくれた存在がいた。その話は（P164）に。

49

まちぶせ 693
石川ひとみ

詞・曲／荒井由実　1981

デビューして4年、ヒットのなかった石川は「これでダメなら歌手はあきらめる」と覚悟。同じレーベルから5年前に出ていた曲をカヴァーし大ヒット。歌詞と同じ経験が石川にもあったのが売れた要因かも。本家はお隣。

まちぶせ 430
三木聖子

詞・曲／荒井由実　1976

ユーミンが書き下ろしたのはこちらのアイドル。「元祖ストーカーソング」と言われるが、三木から聞いた体験談がもとになったそうで、これも石川と偶然シンクロ。惜しくも売れなかったが、こちらはこちらで好き。

大阪で生まれた女 594
BORO

詞／BORO　曲／岡山準三・BORO　1979

大阪・北新地のスナックで弾き語りをしていたBOROが、「僕らが歌える大阪の曲を」という客のリクエストに応じて書いた曲。歌詞は当初18番まであった。内田裕也が偶然店を訪れ曲を聴き、東京進出のきっかけに。

オリビアを聴きながら 552
杏里

詞・曲／尾崎亜美　1978

杏里は女子高生のときデビューし、フォーライフ期待の新人アーティストだった。第1弾は杏里が好きな尾崎に依頼。「オリビア」はニュートン・ジョンで、「making good things better」は彼女の曲タイトルから。

2億4千万の瞳 844
- エキゾチック・ジャパン -
郷ひろみ

詞／売野雅勇　曲／井上大輔　1984

タイトルは日本の人口×2で、ヒントは木下恵介監督の映画「二十四の瞳」。売野は、自分が書かなかった「♪億千万！ 億千万！」というコーラスがレコードに入っていて驚いたと。

ふりむかないで 235
ハニー・ナイツ

詞／池田文彦　曲／小林亜星　1972

エメロンシャンプーのCM曲。全国の都市で街頭を歩く髪のきれいな女性に声を掛け、そのバックに「♪ふりむ～かないで～　○○の人～」。「名古屋の人」があんまり自分好みじゃなくてガッカリした記憶が……。

恋人よ 651
五輪真弓

詞・曲／五輪真弓　1980

この年、五輪のデビュー時のPだった木田高介（元ジャックス、P143右下）が事故で急逝。彼の葬儀で妻の姿を見て作った。レコ大では惜しくも八代亜紀に敗れたが、素晴らしい絶唱で、大賞を獲らせたかった……。

燃えよドラゴンズ！ 348
板東英二

詞・曲／山本正之　1974

中日が巨人のV10を阻止した年のシーズン中に発売。現役選手の名前を歌詞に織り込みこのジャンルでは異例のヒットに。今も歌詞を変え歌い継がれている。作者は「タイムボカン」主題歌の山本正之で、これが処女作。

君に会いたい 65
ザ・ジャガーズ

詞・曲／清川正一　1967

GSの中でも大人の雰囲気を醸し出していた彼らのデビュー曲は大ヒット。途中の口笛が実に効果的。ゴールデンカップスのデイヴ平尾追悼ライブで元気だった岡本信（前列左から2番目）が、その直後に亡くなったのは残念。

「ベンチャーズ歌謡」&「万博感」で独特のグルーヴ

雨の御堂筋　　　　　　　　　211
欧陽菲菲
詞／林春生　曲／ザ・ベンチャーズ　1971

欧陽菲菲は、もともと台北のレストランシアターで歌う人気シンガーだった。彼女を現地で"発掘"したのが、東芝の草野浩二Dである。「上を向いて歩こう」(P11)の担当Dであり、目利きでもあった。そのお眼鏡にかなったのだ。

菲菲は日本語もよくわからないまま来日しデビューが決定。最初は観光ビザでやって来たというから、いかにも昭和なゆるい話だ。

草野は「二人の銀座」(P48)や「京都の恋」(P87)などの「ベンチャーズ歌謡」を手掛けていて、その流れで菲菲のデビュー曲もベンチャーズが作曲することになった。おそらく草野は長年の勘で、この組み合わせはいい化学変化が起きると踏んだのだろう。

台湾からやって来た歌手に米国のバンドが曲を書き、舞台は大阪(71年は大阪万博の翌年)……。この「万博感」が独特のグルーヴを醸し出し、曲は大ヒット。菲菲はレコ大新人賞に輝いた。

ところで、菲菲を「韮韮」と入力する人がよくいるが、それは餃子の中身である。

青春と乙女心がにじみ出るピュアな歌声

卒業　　　　　　　　　　　887
斉藤由貴
詞／松本隆　曲／筒美京平　1985

私の部屋の壁は一時、斉藤由貴のポスターで埋まっていた。カセットテープはSONY派で絶対に浮気をしなかった私が、彼女がAXIA(富士フイルム)のCMに出たとたん、それしか買わなくなった。3本1組のセットを買うと、ポスターがもらえたのだ。

それから四半世紀が過ぎ、私が構成を担当していたラジオ番組に、3児の母となった彼女がゲストでやって来た。もちろんそんな過去は言えず、あいさつ程度で番組は進行していった。

途中で1曲かけることになり、本曲が流れたとき、彼女は言った。「女子高生から『卒業』を聴いてファンになりました、っていう手紙をよくもらうんです。不思議よねえ、まだ生まれてなかったはずなのに」。

……それはあなたの歌声がピュアで、普遍の乙女心を歌っているからですよ、と口まで出かかったが、言えなかった。この曲には青春の甘酸っぱさが詰まっている。

21年4月、「筒美京平の世界 in コンサート」で本曲を歌った彼女の目は潤んでいた。

タイムマシンにおねがい　347
サディスティック・ミカ・バンド
詞／松山猛　曲／加藤和彦　1974
ミカバンドがなぜ今も英国のロックファンに尊敬されているのかといえば、人真似ではない音楽を自分らの流儀で演奏し、ライブで彼らを熱狂させたからだ。タイムマシンにお願いして当時のロンドンでライブを観たい。

悲しみ2(TOO)ヤング　714
田原俊彦
詞・曲／網倉一也　1981
ジャケ左上の「Special Release」に注目。前作「キミに決定！」からわずか2ヶ月後のリリースに、当時の人気のすさまじさと勢いを感じる。若すぎる(Too young)がゆえに引き裂かれる2人(2ヤング)が切ない。

あなたが欲しい　78
ザ・ハプニングス・フォー
詞・曲／クニ河内　1967
67年の段階ですでにプロコル・ハルムを消化し、独自の道を行くGSが日本にいたことにまず驚く。ギターなしの異色の編成だが、電気オルガンが奏でるクラシカルな旋律が沁みる。ジャケのアート担当は横尾忠則。

CHA-CHA-CHA　946
石井明美
詞／G.Boido　日本語詞／今野雄二
曲／B.Rosellini他　1986
「男女7人夏物語」の主題歌になり年間1位の大ヒット。「辛くちセクシー・ギャル」に時代を感じる。冒頭に英語で「ベイビー、俺のキャデラックに乗らないか？」と誘うのは、つのだ☆ひろ。

昴　629
谷村新司
詞・曲／谷村新司　1980
「目を閉じて何も見えず」なんて至極当たり前の歌詞も、オーケストラをバックに堂々といい声で歌い上げられると「うんうん、そうだよな！」とつい聴き入ってしまう谷村マジック。中日の根尾は「昴」じゃなく「昂」。

サウスポー　514
ピンク・レディー
詞／阿久悠　曲／都倉俊一　1978
「UFO」(P24)の次に2人が演じたのは、王選手とおぼしき強打者に立ち向かう女性左腕。別の詞と曲で収録したが、地味と見た飯田久彦Dは、阿久と都倉に書き直しを依頼。突貫でレコーディングし執念で連続大ヒット。

まつり　878
北島三郎
詞／なかにし礼　曲／原譲二　1984
なかにしは五穀豊穣を願い、八百万の神に対する感謝の念と、男のロマンを込めた。作曲の原譲二は、キタサンブラックがGIレースを勝つたびに競馬場でこの歌を歌い、紅白でも何度も歌ったサブちゃん自身だ。

ダンスはうまく踊れない　763
高樹澪
詞・曲／井上陽水　1982
陽水は、夫人・石川セリと付き合い始めた頃に、彼女の目の前でこの曲を30分ほどで作ってプレゼント。77年にヒットして、5年後、高樹がカヴァーし再びヒット。作業時間あたりのビジネス的効率が異常に高い曲だ。

なみだの操　301
殿さまキングス
詞／千家和也　曲／彩木雅夫　1973
「ちびまる子ちゃん」にやたらと出てくるこの曲。約250万枚のメガヒットになった。元コミックバンドの殿さかは芸域も広く、マンボ(P107)、ハワイアン(P173)を歌謡曲と融合した功績も忘れてはならない。

演歌寄りに転向し有線からロングヒットに

CMコピー使用を拒んだが通らず逆に連呼で

空港 336
テレサ・テン

詞／山上路夫 曲／猪俣公章 **1974**

来日前、すでにアジアのトップスターだったテレサ。日本でのデビュー曲は、筒美京平が書いたアイドル歌謡だった。しかし売れ行きは今ひとつで、この第2弾から演歌寄り路線に転向。猪俣公章が曲を手掛け、有線から火がつきロングヒットを記録。テレサにとって重要な1曲になった。アジアを飛び回る日が続いたが、79年の来日時、パスポート問題で旅券法違反に問われ1年間の国外退去処分になり、5年ほど日本では歌えなくなった。「空港」がテレサにとって思わぬ鬼門となってしまった。

セクシャル バイオレット No.1 591
桑名正博

詞／松本隆 曲／筒美京平 **1979**

ソロデビュー曲の「哀愁トゥナイト」(P115)以来、松本一筒美コンビが曲を手掛けてきた関西ロックの雄・桑名正博。この曲はカネボウのCMキャンペーンソングに起用された。発注時、CMコピーの「セクシャルバイオレットNo.1」をサビに使うよう指定があり、松本は「ダサいからイヤだ」と拒んだが通らなかった。「だったら連呼にしてやれ」とくり返したのが功を奏し大ヒット。松本曰く「ダサい言葉も真面目に連呼すれば格好がつく」。文句も言わず連呼した桑名は本当にカッコ良かった。

13歳のカナダ人美少年が透き通った歌声で

遊び半分の曲が200万枚で2人の人生が

ミドリ色の屋根 333
ルネ

詞／さいとう大三 曲／村井邦彦 **1974**

ルネはカナダ・ケベック州(仏語圏)出身の少年歌手。74年、第3回東京音楽祭に出場、フランス語と日本語(途中で切り替え)でこの曲を歌い、13歳にしてみごとグランプリを受賞。全編日本語のシングルが発売された。その美少年ぶりと、変声期前の切ない歌声で日本のお姉様方のハートをワシづかみにし、根強い人気を誇った。今もラジオでかけると、当時のファンたちから必ず反響がある。還暦を迎えた現在もカナダで、歌手・俳優などで活躍中。美少年の面影、今もなお。

帰って来たヨッパライ 83
ザ・フォーク・クルセダーズ

詞／フォーク・パロディ・ギャング 曲／加藤和彦 **1967**

北山修も加藤和彦も予想していなかっただろう。解散記念の自主制作盤に遊び半分で入れたこの曲が、自らの人生を大きく変えることになるとは。深夜放送で大反響を呼び、フォークルは期間限定でメジャーデビューし、200万枚を超す大ヒット。遊び心はテープ早回し以外にも、「天国と地獄」「ハワイよいとこ」のメロを取り込んだり、北山が詠む最後のお経がビートルズの歌詞だったり。北山は神様の声も担当している。早回し収録は北山宅の居間。宅録曲の先駆けでもある。

スニーカーぶる〜す 671
近藤真彦

詞／松本隆　曲／筒美京平　**1980**

デビュー曲が初登場オリコン1位は史上初。しかもミリオンと、華々しいスタートを切ったマッチ。以降「初登場1位」を狙って発売日を設定するチャート対策が一般化。出だしから全力投球するマッチが初々しい。

時には母のない子のように 126
カルメン・マキ

詞／寺山修司　曲／田中未知　**1969**

寺山修司の秘蔵っ子と呼ばれた彼女は、劇団「天井桟敷」の新人女優。初舞台を観に来たCBSソニー関係者の目に留まり17歳で歌手デビュー。時代の空気とも合い大ヒットとなった。紅白にジーンズ姿で登場し話題に。

蝋人形の館 937
聖飢魔II

詞・曲／ダミアン浜田　**1986**

魔暦紀元前13年に出た第1小経典（＝シングル）。アルバムは「大経典」、ライブは「黒ミサ」だ。99年、地球征服を完了。究極の黒ミサを行い解散。布教活動(!)を通じてヘヴィメタを一般に浸透させた功績は大きい。

不思議なピーチパイ 622
竹内まりや

詞／安井かずみ　曲／加藤和彦　**1980**

資生堂春のキャンペーン曲。加藤が書いた春らしい曲と、まりやの声とマッチしヒット。アイドル的人気も高まり、音楽と関係ない仕事が増え悩んだ彼女の相談に乗ったのが、同じRCA所属、夫となる山下達郎である。

センチメンタル・ジャーニー 722
松本伊代

詞／湯川れい子　曲／筒美京平　**1981**

最初、鼻に掛かった低い声に驚いた。平山三紀を手掛けた筒美は、個性的な声を立てる曲を書きヒット。今も声はそのままで「♪16だから〜」と歌うが（56歳/21年7月現在）、心の中でゴメンなさいと言ってるとか。

愛と死をみつめて 17
青山和子

詞／大矢弘子　曲／土田啓四郎　**1964**

難病に冒された女性ミコと男子大学生マコの文通が書籍化されベストセラーに。レコード化を企画したのが、のちにCBSソニーに移り名Pとなる酒井政利。詞、曲、歌手に若手を起用し大ヒットはさすが。

黒ネコのタンゴ 152
皆川おさむ

詞／M.Pagano 他　日本語詞／見尾田みずほ
曲／M.Pagano　**1969**

イタリアで4歳の少女が歌ってヒットした曲を、当時6歳の皆川が日本語カヴァー。オリコン14週連続1位の驚異的大ヒットに。皆川はタンゴを猫の名前だと思っていた。

ファンキー・モンキー・ベイビー 280
キャロル

詞／大倉洋一　曲／矢沢永吉　**1973**

「♪きみはファンキー・モンキー・ベイビー」は、簡単に浮かびそうで浮かばないフレーズだ。大倉の頭にフッと降りてきたそうで、キャロル最大のヒット曲。ベースを持った若き日のYAZAWAの姿もグッとくる。

恋におちて -Fall in love- 907
小林明子

詞／湯川れい子　曲／小林明子　**1985**

小林がほかの歌手に書き、お蔵になっていた曲がドラマ関係者の耳に入り、「金曜日の妻たちへIII」の主題歌に採用。自身が歌うことになり大ヒットに。「ダイヤル回して手を止めた」の機微は今じゃもう通じないか……。

意味もわからないまま日本語で完璧に歌いきる

ナオミの夢　　　　　　　　　　　188
ヘドバとダビデ

詞／T. Atar　日本語詞／片桐和子　曲／D. Krivoshe　**1971**

ヘドバとダビデは、イスラエル軍の軍楽隊で出逢い結成された男女デュオ。70年に行われた東京国際音楽歌謡祭(世界歌謡祭の前身)第1回にイスラエル代表として出場し、本曲でグランプリを受賞した。もともとはCMソングだったという。

2人が東京のステージで歌った原曲はヘブライ語だった。日本語版を作って出そうということになり、帰国直前の2人を引き留め、1週間ほどで急きょレコーディングが行われた。

2人は意味もよくわからないまま日本語の歌詞を覚えさせられ歌ったが、そのわりに発音が完璧で驚く。音楽的な耳がいいからだろう。

オリコン1位の大ヒットになったのは、旧約聖書にも出てくる「ナオミ」という女性名が日本でもポピュラーだったことも幸いした。

B面には、オリジナルのヘブライ語版が収録されていて、そちらを聴くと「ナオミ」というより「ノウミ」に聞こえるが、元阪神のエースとはもちろんなんの関係もない。

アパートの部屋で陽水と清志郎が2人で作った名曲

帰れない二人　　　　　　　　　　295
井上陽水

詞・曲／井上陽水・忌野清志郎　**1973**

日本初のミリオンセラーアルバム「氷の世界」の先行シングルB面曲。A面の「心もよう」より、私はこちらのほうが断然好きだ。

陽水が忌野清志郎を自宅アパートに呼んで一緒に作った曲で、清志郎によると「最近どんな曲作ってるの?」と陽水が聞くので、清志郎はのちにRCサクセションでリリースした「指輪をはめたい」を歌って聴かせたという。

陽水は「いい曲だねぇ。でも「はめたい」じゃ売れないと思うよ」と言い、2人であれこれいじって曲が完成。1番の歌詞は陽水が、2番は後日、清志郎が書いて完成したそうだ。

「氷の世界」が爆発的に売れたおかげで、不遇期の清志郎にも多額の印税が入り、ひと息ついた。やはり持つべきものは友だ。

清志郎の30周年を祝う武道館でのトリビュートライブで、陽水が「アンドレ・カンドレでーす」と登場。清志郎とこれをデュエットしたとき、客席でマジで泣きそうになった。

私は泣いています 316
りりィ

詞・曲／りりィ 1974

もとは友人・研ナオコに歌ってもらいたいと書いた曲。だが研は曲を聴いて「これはりりィ自身が歌うべき」と曲を返し、結果は大ヒット。息子JUONがドリカム・吉田美和と結婚。16年に64歳で早世は残念。

傷だらけのローラ 345
西城秀樹

詞／さいとう大三 曲／馬飼野康二 1974

ヒデキの絶唱系の曲では頂点といってよく、人気を決定的にした曲。この年の紅白、白組トップで登場ではスモーク演出をいち早く導入、文字どおり周囲を煙に巻いた。ステージ演出の進化に果たした彼の役割は大きい。

知りたくないの 77
菅原洋一

詞／H.Barnes 日本語詞／なかにし礼
曲／D.Robertson 1967

なかにしが原曲を聴き「あなたの過去など知りたくないの」という言葉がひらめいたとき、この曲は新たな生命を吹き込まれた。反響が大きくA面に。作詞家の出発点にもなった、記念碑的1曲。

あばよ 438
研ナオコ

詞・曲／中島みゆき 1976

研は移動の機内放送で「アザミ嬢のララバイ」（P110）を聴いて「この人に曲を書いてほしい！」とひらめき即行動。中島が初めて曲を提供したのが研だ。提供2作目の本曲で初のオリコン1位に輝いた。直感って大事。

スローなブギにしてくれ 677
（I want you）
南佳孝

詞／松本隆 曲／南佳孝 1981

藤田敏八監督の同名映画の主題歌。ジャケは主演の浅野温子。DJでこの曲をかけると「♪ウォンチュ〜」の瞬間に必ず「おお〜」という歓声が上がる。松本隆流ハードボイルド歌謡。

初恋のメロディー 253
小林麻美

詞／橋本淳 曲／筒美京平 1972

アイドル時代の小林を代表する1曲。八重歯が実にチャーミングだ。驚くのは、ジャケ裏に＜現住所＞と表記され載っていること。さすがにファンレター用なのだろうけど、昭和とはなんとのどかな時代だったのだろう……。

ハチのムサシは死んだのさ 228
平田隆夫とセルスターズ

詞／内田良平 曲／平田隆夫 1972

デビュー曲「悪魔がにくい」が大ヒットした彼らの第2弾で連続ヒット。太陽と戦ったムサシは安保闘争敗北の……てな話より、平田が開いた西川口の店「ハチのムサシ」に、彼の存命中に行けなかったことが悔やまれる。

1986年のマリリン 930
本田美奈子

詞／秋元康 曲／筒美京平 1986

本田はスレンダー体型なので、当時「マリリンじゃないよな」と思った。ヘソ出しの激しいダンスはマドンナ風で、生き急いでるなぁと感じたが、まさかマリリンと同じ30代で逝くとは……。同世代だけに悲しかった。

雪が降る（日本語） 135
アダモ

詞・曲／アダモ 日本語詞／安井かずみ 1969

イタリア生まれのベルギー人がフランス語で歌った曲を、日本語で歌い直し大ヒット。「音楽に国境はない」を地で行く曲だ。アダモは親日家でも知られるので、ぜひ、ボキャ天ネタの「♪雪は降る荒川区内」を本人が歌ってほしい。

ミニスカなど衣装を自らデザインに覚悟が

天使の誘惑　94
黛ジュン

詞／なかにし礼　曲／鈴木邦彦　1968

中学生の頃からジャズ喫茶で歌っていた黛。本名・渡辺順子で歌手デビューするが芽が出ず、18歳のとき石原プロに移籍してから人生が一転する。裕次郎にプロデュースを託されたなかにし礼によって、新たな芸名を授けられ「黛ジュン」となった彼女はヒットを連発、この曲で弱冠20歳にしてレコ大を受賞した。だが、代名詞のミニスカをはじめ衣裳をデザインしていたのは黛自身。ワンピースの丈の異常な短さに、芸能界を生き抜いてやるんだ、という強烈な意思を感じる。

深作監督映画のラストシーンを華麗に飾る

ラストダンスは私に　684
萩原健一

詞・曲／D.Pomus・M.Shuman　日本語詞／岩谷時子　1981

越路吹雪(P22)も歌ったこの曲、ショーケンがバンドをバックに歌えばロックになる。深作欣二監督「いつかギラギラする日」(92年)のラスト、萩原の目が再び輝きを取り戻すシーンで流れるこの曲は実に印象的だ。ところで私は、晩年の萩原とラジオの仕事をした縁で事務所に呼ばれ、萩原が構想中の朗読劇について意見を求められたことがある。たいしたことを言えず申し訳なかったが、イメージ曲まで聴かせてくれて、熱く夢を語る萩原の爛々とした目が今も忘れられない。

「第三の男」笠の歌声を聴いた筒美が指名して

Romanticが止まらない　884
C-C-B

詞／松本隆　曲／筒美京平　1985

ジャケで一目瞭然だが、もともとC-C-Bのヴォーカルはリーダーの渡辺英樹(右から2人目)、関口誠人(中央)がメインだった。右端のドラマー・笠浩二にこの曲を歌わせたのは筒美京平だ。笠の歌声を聴き「この子でいこう」と指名。笠は筒美に逢ったとき「あなた、ドラマーだったの?」と言われて驚いたという。筒美の勘は当たり大ヒット。以降、ピンクの髪で、電子ドラムを叩きながら歌う笠はメインヴォーカリストとなり、「第三の男」からバンドの象徴となった。

邦楽のルーツ「音頭」を追究した大瀧詠一

ナイアガラ音頭　422
布谷文夫 with ナイアガラ社中

詞・曲／大瀧詠一　1976

「ナイアガラ」といえば大瀧詠一の作品。「GO! GO! ナイアガラ」のリスナーから提案を受けて制作。歌った布谷文夫は、大瀧がかつてプロデュースを手掛けた旧友。坂本龍一もクラビネット(＊)で参加している。B面はカラオケで、ジャケット裏には「のど自慢大会」のお知らせと、振付の図解も載っている。大瀧は日本のルーツミュージックとして「音頭」を追究。「LET'S ONDO AGAIN」というアルバムも出している。のちに金沢明子と組んだ「イエロー・サブマリン音頭」(P136)へとつながる重要曲だ。

ベストセラー・サマー 898
ザ・チューブ

詞／三浦徳子　曲／鈴木キサブロー　1985

夏の代名詞のデビュー曲。当時は「THE」があったが「画数が悪い」と翌年から取った。全員で海で遊んでいるとき、急きょ代役で「夜ヒット」初出演の話が来て、放送で呼び出されたのはウソみたいな実話。

あまい囁き 285
中村晃子・細川俊之

詞／L.Chiosso・G.D.Re　日本語詞／杉紀彦
曲／G.Ferrio　1973

ダリダが歌い、アラン・ドロンが甘いささやきで迫るフランスの曲（原曲はイタリア）をカヴァー―。細川のセリフが最高！「君と云う名の恋物語をぼくはまだおしまいまで読んではいない」。

22才の別れ 357
風

詞・曲／伊勢正三　1975

かぐや姫時代に伊勢が、アルバム「三階建の詩」(74年)に書いた曲。解散後、風のデビュー曲となり大ヒット。ケーキにローソクを立て「1つ1つがみんな君の人生だね」ってセリフ、実際に使ったら超笑われた。

雨がやんだら 181
朝丘雪路

詞／なかにし礼　曲／筒美京平　1970

「セクシージャケ選手権」をやったら、確実にベスト8に進出するはずの1枚。朝丘は当時、大橋巨泉と「11PM」で共演中だった。筒美が大人の女性歌手に書いたポップスの1つの完成形だ。担当Pはここでも酒井政利。

色つきの女でいてくれよ 737
ザ・タイガース

詞／阿久悠　曲／森本太郎　1982

71年に解散した彼らは、82年に、期間限定で「同窓会」を行って、新曲も発表。これは第2弾で、トッポが久々にリードを取りファンは涙。このとき不参加のピーも13年には参加し、ついに初の再結成が実現。

いい日 旅立ち 555
山口百恵

詞・曲／谷村新司　1978

「国鉄」のキャンペーン曲。当時、百恵19歳。谷村29歳。酒井政利Pによると、国鉄の予算が少なく、CM本数を増やそうと日本旅行と日立にスポンサードを依頼。よく見るとなんと曲名に両社の社名が混在！

RAIN-DANCEがきこえる 910
吉川晃司

詞／安藤秀樹　曲／佐藤健　1985

吉川の音楽指向がより鮮明になった第6弾シングル。前作「にくまれそうなNEWフェイス」に続いて編曲を担当した後藤次利の存在も大きく関係している。吉川はB面「I'm So Crazy」で作曲も手掛けている。

経験 165
辺見マリ

詞／安井かずみ　曲／村井邦彦　1970

いきなり「♪ィやめて〜ン」と熱い吐息攻撃。セクシーな衣裳と妖艶なフィンガーアクションで物議をかもした辺見。濃厚演出は彼女自身の提案だった。そのせいで大ヒットしたのに紅白では歌えずほかの曲に変えられた。

しれとこ旅情 30
森繁久弥

詞・曲／森繁久弥　1965

森繁は60年、映画のロケで北海道・羅臼を訪れた際に、現地の人たちの情の厚さに感激。町を発つ日、「みなさんのあとあとのために歌を作りました」とギター片手にこの曲をみんなと共に大合唱した。加藤登紀子のカヴァーもヒット。

返還前の沖縄で洋楽ばかり聴いていた少女の感性に

17才 206

南沙織

詞／有馬三恵子　曲／筒美京平　1971

　私が初めて好きになったアイドルが南沙織である。長い黒髪に小麦色の肌。エキゾティックな雰囲気にそこはかとなく漂う気品に惹かれた。「世の中にはこんなに美しい女性がいるんだ」と幼心にも感動するほど、その美貌は半端なかった。

　沖縄出身で、「シンシア」というクリスチャンネームを持っている彼女。デビューした71年は、沖縄が米国から返還される前年だった。以前、沖縄出身のフィンガー5の兄に話を聞いたら、返還前の沖縄は、TVでもラジオでも洋楽ばかり。日本の歌謡曲はまったく流れなかったという。こと音楽に関して言えば、占領下の沖縄は完全にアメリカだったのだ。車も当時は右側通行だった。

　南もおそらく同じで、デビュー前、打ち合わせに来た彼女に筒美が「今までどんな曲を聴いてきたの?」と訊ねるとやはり洋楽で、リン・アンダーソンの「ローズ・ガーデン」と答えた。

　リンはカントリー歌手で、この曲はカントリーとポップスを融合させたヒット曲として知られる。常に最新の洋楽を耳にしていた筒美は

南の感性を尊重。「ローズ・ガーデン」をベースに、17歳の躍動する心を反映させた曲を書いた。

　イントロはそっくりだが、これをパクリと呼ぶのは浅はかだ。筒美は原曲を歌謡曲と融合させ、日本のポップスに新たな地平を拓いた。そのヒントを与えたのは南である。

　詞の有馬の功績も大きい。「当時私は40歳。友だちに『いい年してよく17歳の子の詞が書けるわね』と冷やかされました(笑)」。以前取材させてもらったとき、この曲の歌詞でいちばん気に入っているフレーズを聞いてみると、「私は今　生きている」だった。

　誰もいない海で好きな人と2人っきりでいる瞬間、女の子が生きる喜びを実感するのはいつの時代も同じ。89年、森高千里はこの曲をカヴァーし、リバイバルヒットさせている。

　だが、戦争はそんな自由をも蹂躙する。71年当時の沖縄は、ようやく占領下からの解放を迎える直前。返還前年に南が歌った「私は今　生きている」は沖縄県民の心を代弁するメッセージでもあった。

心の旅 273
チューリップ
詞・曲／財津和夫　1973
リーダー財津は3枚目のシングルも売れなかったら、故郷・福岡に帰る決意をしていた。勝負のこの曲、「姫野達也が歌ったほうがいい」という意見が出て、ヴォーカル交代で大ヒット。財津の心中いかばかりだったか。

兄弟船 769
鳥羽一郎
詞／星野哲郎　曲／船村徹　1982
漁船のデッキで微笑む鳥羽。なんでこんな狭いとこで撮ったのか不思議だが、鳥羽によると「素人が撮った」。つまり期待されていなかったのだ。ところが逆転大ヒット！大漁旗を持って、ジャケを撮り直せば良かったのに。

話しかけたかった 961
南野陽子
詞／戸沢暢美　曲／岸正之　1987
「スケバン刑事」から離れ、正調アイドル路線でオリコン連続1位。しかし、このジャケのコーディネイトは完璧。今、女子大生が卒業式で袴を着用するのは、ナンノが映画「はいからさんが通る」で披露した影響だとか。

若者たち 49
ザ・ブロードサイド・フォー
詞／藤田敏雄　曲／佐藤勝　1966
黒澤明の息子・黒澤久雄が結成したフォークグループ。同名ドラマの主題歌を歌いヒットするが、黒澤の留学で解散。彼はのちに、アイドル・林寛子と結婚。その娘が黒澤優で、SOPHIAの松岡充と結婚。完璧な芸能一家だ。

東京砂漠 417
内山田洋とクール・ファイブ
詞／吉田旺　曲／内山田洋　1976
いきなり「空が哭いてる　煤け汚されて」という強烈なフレーズ。「人間関係が希薄な街」を、「東京砂漠」というひと言で表現した吉田旺のセンス。前川のサビの絶唱も素晴らしい。この横並びジャケもインパクトあるなあ。

きみの朝 573
岸田智史
詞／岡本おさみ　曲／岸田智史　1979
酒井政利Pのスカウトでソニー入りした岸田は、ドラマ「愛と喝采と」に出演。新人歌手役を演じ、劇中で歌ってヒット。実は「金八先生」の主演オファーが最初に行ったのは岸田だった。多忙で断り、のち「新八先生」に。

すずめ 728
増田けい子
詞・曲／中島みゆき　1981
ピンク・レディー解散後、ケイのソロデビュー曲はなんと中島みゆき作品。意表を突かれたが、ハスキーな声と日陰な雰囲気が曲にマッチし、オリコン最高9位のヒット。踊らなかったのが、成功のカギだったかも。

今は幸せかい 117
佐川満男
詞・曲／中村泰士　1968
60年にデビュー後、ヒットを連発した佐川は、その後人気が低迷。苦境を救ったのが彼の前座で歌っていた中村泰士だった。佐川宅でギター一手に10分足らずで作った曲がオリコン1位に。佐川は復活、中村の出世作に。

GROWIN' UP 906
渡辺美里
詞／神沢礼江　曲／岡村靖幸　1985
第1弾「I'm Free」はケニー・ロギンスのカヴァーだった美里。オリジナル曲の本曲が、実質的なデビュー曲。作曲はまだデビュー前の岡村靖幸。10代の美里のちょっとふくれっ面な表情が初々しくてなんとも。

「歌わないアイドル女優」が初挑戦の歌で難曲を

セーラー服と機関銃　　　　　726
薬師丸ひろ子
詞／来生たかお　曲／来生えつこ　1981

81年、角川映画『セーラー服と機関銃』（相米慎二監督）に主演した薬師丸ひろ子の歌手デビュー曲。

父を事故で亡くし天涯孤独の身となった女子高生の星泉が、遠い血縁の弱小暴力団「目高組」の4代目組長を継ぐ話だ。

薬師丸はそれまで「歌わないアイドル女優」だった。この映画も主題歌は来生たかおの「夢の途中」と決まっていたが、角川サイドの意向でタイトル変更、薬師丸自身が歌うことに（来生版の話はP155で）。

薬師丸の歌を初めて聴いたときは「音楽の授業みたいだな」と思ったが、王道を行く歌いっぷりと、澄みきった歌声が新鮮だった。そもそも来生用に作られた難曲を、初挑戦でよくぞ歌いこなしたと思う。本曲は映画と共に大ヒット。「歌手・薬師丸ひろ子」への道も拓く記念碑的な1曲になった。

ちなみに、このジャケット写真は、映画撮影時にラストの乱射シーンから……と思いきや、実は後日あらためて撮影されたもので、映画とは髪の長さが違う。頬の赤い傷はメイク。だまされましたぜ、組長！

「木綿のハンカチーフ」の男女逆転版at青森

帰ってこいよ　　　　　632
松村和子
詞／平山忠夫　曲／一代のぼる　1980

超ロングヘアで、津軽三味線を立ち弾き、しかもこの衣裳。私にとって松村和子は、パラシュートを背負って歌番組に出たジュリーと並ぶ、80年のインパクト大賞である。

歌詞の内容も斬新で、主人公の男性は故郷・青森で、たぶん家業を継いだのだろう。将来を誓い合ったあの娘は岩木山で「きっと帰ってくる」と固い約束を交わして東京へ出て行ったが、いっこうに戻る気配がない。

「あんときの誓いは、東京さ行って忘れてしまったでねか？」「早く帰って来（こ）」と嘆く下りって、どこかで聞いた覚えはないだろうか？　そう、本曲は「木綿のハンカチーフ」（P79）の男女逆転版なのだ。

恋愛において女性が主導権を握っていく80年代を予言した曲でもあり、それを女性が爽快に歌ったのも大ヒットの要因だろう。

ついでに「初音ミクの髪型の元は松村和子」という説を、私は勝手に提唱している。髪の色を頭の中で緑色に変換してみてほしい。

さなえちゃん　　241
古井戸
詞・曲／仲井戸麗市　1972

RC加入前のチャボ（仲井戸）が在籍したフォークデュオ。いわゆる実況録音盤（ライブ収録）で、当時の会場の雰囲気がよくわかる。会場の女性ファンも巻き込み、「さなえちゃん」をほかの名前に変えていくところが微笑ましい。

Self Control　　955
TM NETWORK
詞／小室みつ子　曲／小室哲哉　1987

TMNブレイクの地固めをした1曲だ。サビの「♪ Self Control ～」は木根の声をサンプリング。私はこれが聴きとれず、タイトルを連呼してると気付くのに半年かかった（恥）。ジャケ写の、木根がグラサンを外した姿は超貴重。

17歳のテロル　　883
伊藤かずえ
詞／売野雅勇　曲／後藤次利　1985

彼女は80年代を代表するクールビューティだった。17歳にしてこの完成度。「テロル」という危険な言葉がよく似合う。彼女は最近、30年間同じシーマに乗り続けていることをSNSで発表。日産がレストアして話題に。

北国の春　　457
千昌夫
詞／いではく　曲／遠藤実　1977

千の自己演出には頭が下がる。親近感を持ってもらおうと、よれよれのレインコートを着て出稼ぎスタイルで熱唱し大ヒット。抱えていたトランクは古道具屋で5万4000円で購入したとか。このののち「歌う不動産王」に。

飾りじゃないのよ涙は　　877
中森明菜
詞・曲／井上陽水　1984

陽水は明菜に相当惚れ込んでいたようで、わざわざこの曲のオケ録りに現れ、明菜のキーで仮歌を熱唱した。一方明菜は、サラッと自分流に歌いこなし、陽水と共演した際も素っ気ない態度（笑）。すでに大物の風格。

桃太郎侍の唄　　440
三波春夫
詞／三波春夫　曲／平尾昌晃　1976

「桃太郎侍」は欠かさず観ていた。開始当時は「峰打ち」派だった桃太郎。三波が高橋英樹に「お地味ですねぇ」と言ったことを機に路線変更。あの名ゼリフ「ひと～つ、人の世、生き血をすすり……」が生まれたとか。

恋のTake 3　　658
B&B
詞／高田ひろお　曲／鈴木邦彦　1980

MANZAIブーム期、彼らの人気はすさまじかった。勢いに乗って歌手デビュー。歌に思い入れはないので、全部口パク。それでも客は手拍子しながら一緒に歌ってくれる。洋七は「俺はアリスか！」と思ったそうだ。

悲惨な戦い　　313
なぎらけんいち
詞・曲／なぎらけんいち　1974

大相撲の取組中に、まわしが落ちて力士のナニが全国放送されてしまう……という架空の出来事を歌った曲。実在の力士名を歌詞に使ったため、ヒットしたのに放送できない曲に。「放送局○（寄り切り）●なぎら」。

子供ぢゃないの　　7
弘田三枝子
詞／J.Schroeder　日本語詞／漣健児
曲／M.Hawker　1961

ミコのデビュー曲。当時まだ14歳だったが圧倒的な声量と歌唱力！ 日本語詞の漣健児は、ヘレン・シャピロの原曲を無視して、ミコのイメージでほとんど勝手に作詞した。訳詞ぢゃないの。

SSライターが歌謡曲に楽曲提供の先駆けに

襟裳岬　310
森進一
詞／岡本おさみ　曲／吉田拓郎　1974

演歌の森進一に、フォークの吉田拓郎が作曲という異色の組み合わせが話題を呼び、74年のレコード大賞に輝いた名曲。ビクターのDが拓郎と飲んだときに「森に曲を書いてみたい」と言っていたのを思い出し、会社の創立50周年企画に応募したら実現。シンガーソングライターが歌謡曲の歌手に曲を提供する先駆けとなった。森は紅白でこの曲を歌った際、ズボンの前が全開なのに気付かず歌うハプニングが。間奏中、白組出演者に囲まれる間に締めて、無事に歌い上げた。

「笑点」の企画から出た4人組は紅白にも

みかん色の恋　351
ずうとるび
詞／岡田冨美子　曲／佐瀬寿一　1974

かつて「笑点」(日テレ)には「ちびっ子大喜利」という企画があった。山田隆夫は座布団を10枚貯めたごほうびにレコードを出す権利を獲得。ほかの大喜利メンバーと4人でずうとるびを結成しデビュー、紅白にも出場した。20年、私は彼らの復活ライブを草加の健康ランドまで観に行った。会場の宴会場では始まる前からお姉さま方で熱気ムンムン。4人がこの曲で登場したときは(一瞬)ビートルズ並みの熱狂だった。座布団運びの山田君しか知らない人は驚くだろうが、「4人はアイドル」だったのだ。

全編英語詞で成功からの日本語版も大ヒット

青い瞳 (英語)　37
ジャッキー吉川とブルー・コメッツ
詞／橋本淳　曲／井上忠夫　1966

「涙の太陽」(P41)に続き、レコード会社の専属作家制度をぶち壊したのがブルコメだ。洋盤レーベルからこの曲でデビューした彼らは、古い制度に縛られず、フリーの作詞家・橋本淳と組むことができた。橋本が全編英語で詞を書いた理由は、「涙の太陽」と同様、洋楽の体裁にするためだ。この英語版がヒットしたことで、日本語版も作られ大ヒット。ブルコメはGSブームを先導する存在となり、洋楽と比べても遜色ないこの曲は、作曲家・井上忠夫(のちに大輔)の原点にもなった。

吉本初アイドルは売野－井上の肝入り布陣で

妖精ポピンズ　940
ポピンズ
詞／売野雅勇　曲／井上大輔　1986

名古屋出身の2人組アイドル・ポピンズは、この曲でCBSソニーからデビュー。売野－井上という強力な布陣を敷いた。双子でもないのに異様に2人は似ていた。同郷なので注目していたが、シングル4枚を残して消えていったのは残念だ。当時、売れっ子の売野に密着したTV番組があり、ホテルに缶詰になって真剣な表情でペンを走らせる姿を見て「おお、カッコいいなー!」と思ったが、カメラが原稿用紙に寄ると「ビビバビボ」とあってズルッ。あれってこの曲だったのね。

パステル ラヴ 525
金井夕子

詞・曲／尾崎亜美 1978

「スタ誕」出身。スタッフは、金井がファンだった尾崎に曲を依頼。大人な雰囲気の彼女にはハマりスマッシュヒット。今でもこの曲には根強いファンがいる。シンガーソングライターと歌謡曲の融合という流れの先鞭をつけた。

氷雨 789
日野美歌

詞・曲／とまりれん 1982

作者のとまりは西麻布でスナックを経営していて、フラッと訪れた女性客の失恋話を詞にした。佳山明生のデビュー曲となったがなかなか売れず、日野が歌ってヒット。すると佳山版も一緒に売れ、ようやく陽の目を見た。

とんぼ 992
長渕剛

詞・曲／長渕剛 1988

清原和博の打席登場曲としても有名になり、球場ではファンが「♪ウォーウォーウォー」と合唱。あるとき某ベテラン実況アナが「お聞きください！ドームに響き渡る『赤とんぼ』の大合唱を！」……いや、そっちじゃなくて。

宇宙戦艦ヤマト 350
ささきいさお

詞／阿久悠 曲／宮川泰 1974

この曲も「王将」(P40)と並び、出撃気分のときに聴くと最高にアガる曲だ。阿久の詞＋宮川の曲＋ささきの歌は最強、ただのアニソンを超えた。「♪誰かがこれをやらねばならぬ〜」って、信念のない政治家に聞かせたい。

笑って許して 160
和田アキ子

詞／阿久悠 曲／羽根田武邦 1970

初の本格ヒットとなり、オリコン11位まで上昇。「♪笑って許して〜(アッコ!)」と名前で合いの手を入れるのは、ヒデキよりも早かった。しかし、許してと言いながらこのポーズ。全然反省のかけらも見えないのが最高だ。

初恋 796
村下孝蔵

詞・曲／村下孝蔵 1983

最初は違う歌詞だった。CBSソニーの須藤晃Pは、たまたまセーラー服姿で来社した三田寛子(P117)を見て、放課後の情景で詞を書き直すよう指示。さらにジャケ写を村下の写真から切り絵に変え大ヒット。正解でしょう。

恋のインディアン人形 322
リンリン・ランラン

詞／さいとう大三 曲／筒美京平 1974

香港出身の双子姉妹。お下げ髪＋ミニスカ衣裳で一生懸命歌う姿がケナゲだった。ちびまる子ちゃんの歌「走れ正直者」の、「♪リンリンランランソーセージ」は双生児だとわかってない人が増えたが、ちゃんと学校で教えるべきだ。

赤頭巾ちゃん御用心 500
レイジー

詞／杉山政美 曲／都倉俊一 1978

「次、売れなかったらクビ」と事務所に最後通告を受けた彼らの起死回生のヒット曲。97年の再結成の際、ラウドネスの高崎晃(スージー)は「この曲を演らないこと」を条件に承諾したが、実はシャレで楽屋で歌ってる映像アリ(笑)。

風の谷のナウシカ 840
安田成美

詞／松本隆 曲／細野晴臣 1984

映画の主題歌として作られたが、宮崎駿のお気に召さず「シンボル・テーマソング」に。本編では使われていない。安田の歌唱力を云々する人には、「この曲は、不安定なあの歌だからいいんだよ！」と強く言いたい。

被差別部落発祥の「子守りの労働歌」が心を揺さぶる

竹田の子守唄　　　　　　　　　　189
赤い鳥
詞・曲/日本民謡　1971

関西発の男女5人組ユニット、赤い鳥。美しいコーラスワークで人気を集め、紙ふうせんとハイ・ファイ・セット、両グループの母体となった。

本曲は、後藤悦治郎(前列左)が、あるコンサートで耳にして感銘を受け、赤い鳥のレパートリーに加えた曲だ。京都の被差別部落発祥ということはあとから知ったという。

レコードはヒットしたが、その事実を知った多くの局はこの曲の放送をためらい、長らく封印状態になった。放送でもときおり流れるようになったのは、わりと最近のことだ。

貧しさをしのぐため、親元から奉公に出され、子守りをして働く子どもたちが、在所(自分の生まれた地域)を想って歌ったのがルーツで、「子守りの労働歌」である。その背景を意識しながら聴くと、本当に心に沁みる。

後藤は今も、原曲の精神を踏まえた上で、妻・平山泰代(後列中央)と共に、紙ふうせんのコンサートでこの曲を大切に歌い続けている。

ジャケットとB面違いで3種類という戦略が大成功

仮面舞踏会　　　　　　　　　　917
少年隊
詞/ちあき哲也　曲/筒美京平　1985

デビュー前から単独で歌番組に出演しながら、レコードをなかなか出さなかった少年隊。3年ほど引っ張り、85年の暮れに満を持してリリースしたデビュー曲が本曲である。

ジャケットとB面曲が異なる3種類の盤が作られ、翌86年、年間売上げ3位の大ヒットに。さすがにデビューまで力を溜めていただけあって、B面では野村義男の曲や、歌詞がすべて英語の曲も。この戦略は男闘呼組(P31)のデビュー時に継承される。

曲は職人・筒美京平。詞は矢沢永吉ファンであるニッキの希望で、ちあき哲也が担当した。ちあきに、この仮面舞踏会はどこで開かれているのか聞いてみると、「マンハッタンに建つ高層ビルのペントハウス。会員制の社交場で、仮面は羽根飾りと金ラメ入りのアイマスク。紳士淑女が踊るのはセクシーなタンゴ」と、具体的すぎる答えが返ってきた。

聴くと気分がアガるのは、そんな秘密のパーティに潜入した感覚を味わえるからだ。この世界観を許容したジャニー喜多川もGreat!

春夏秋冬 257

泉谷しげる

詞・曲／泉谷しげる　1972

もとはアルバム収録曲だが、シングル盤は日比谷野音でのライブ音源を収録。今日ですべてが必ずしも報われない世の中だけれど、今日を生き抜けば、明日は確実にやって来る。生きづらい人への「励まさない応援歌」。

さびしんぼう 888

富田靖子

詞／売野雅勇　曲／ショパン　1985

大林宣彦監督の「尾道三部作」完結編の主題歌。全編に流れるショパン「別れの曲」に、売野が詞を付けた。曲はなぜかテクノ風。富田も原田知世も歌はけっして上手くないが、2人の歌声は映画に欠かせないものだった。

スローバラード 402

RCサクセション

詞・曲／忌野清志郎・みかん　1976

清志郎の実体験にもとづく曲。彼女とデート中に車がパンク。市営グラウンドの駐車場まで押していき、疲れたのでカーラジオをつけて2人で毛布にくるまり寝た。歌にはないが職質もされた。さんざんな体験は時に名曲を生む。

俺の愛し方 547

松崎しげる

詞／なかにし礼　曲／馬飼野康二　1978

このページがカラーでなければ、この曲を選んでいなかった。白黒だと松崎が黒すぎて、どこにいるかわからなくなるからだ。別れ話に涙で前が見えず、雨天じゃないのに車のワイパーを動かした……なかにしの詞も濃い。

チェリーブラッサム 676

松田聖子

詞／三浦徳子　曲／財津和夫　1981

初めてこのジャケを見たとき、自分の目がかすんでるのか？と思わず目をこすった。タイトル、読めます？　桜の花なんて歌詞のどこにも出てこないけれど、詞も曲も聖子の歌もすべてが躍動。心に花を咲かせる傑作だ。

星降る街角 464

敏いとうとハッピー＆ブルー

詞・曲／日高仁　1977

南佳孝「スローなブギにしてくれ」(P56)と並ぶ、日本二大「ウォンチュー歌謡」。ヴォーカルの森本英世に聞いてみると、「合間になんか入れたいな～」という思いから、つい飛び出したアドリブだったと。

霧の摩周湖 54

布施明

詞／水島哲　曲／平尾昌晃　1966

詞曲の2人が布施と飲みながら作った。海パンが似合わない布施なので「海じゃなくて湖の歌だな」と提案。1行ずつ書いては布施が歌って完成。大ヒットのおかげで無名だった摩周湖は人気観光地に。平尾はレコ大作曲賞を初受賞。

フレンズ 911

レベッカ

詞／NOKKO　曲／土橋安騎夫　1985

NOKKOの功績は＜歌いたいことがあるなら自分で詞書いて、好きなふうに歌えばイイじゃん！楽器なんか男にやらせてさ＞的なメッセージを全国のロック少女に示したこと。初キスの話だってこんなにもロックになるのだ。

愛のきずな 177

安倍律子

詞／加茂亮二　曲／鈴木淳　1970

北海道の音楽喫茶で歌っていた彼女をスカウトしたのは平尾昌晃だった。抜群のスタイルを売りにしようと、デビュー時の戦略が「水着以外の取材お断り」。これが功を奏し、デビュー曲は大ヒット。しかしなぜ脚立!?

『明星』で募集した詞を原案に松本隆が

青春の坂道　410
岡田奈々

詞／松本隆　曲／森田公一　1976

私は以前「テリー伊藤 のってけラジオ」の企画で「ラジオドラマ・青春の坂道」というミニコントを書いたことがある。テリーさんが大の岡田奈々ファンで、ゲストに呼んだ際、架空デートを演じてもらったのだ。奈々さんは照れながらも熱演してくださり大感激。そしてアイドル時代と変わらず美しかった。余談だが、AKB48の岡田奈々にインタビューしたとき、彼女は同姓同名の先輩がどんな人気アイドルだったのかをちゃんと知っていた。新旧の岡田奈々と仕事したのが私のプチ自慢である。

歌う本人もB面にして大失敗と痛感した傑作

真夏のフラメンコ　138
オックス

詞／橋本淳　曲／筒美京平　1969

69年5月、オックスは、野口ヒデト（中央）と人気を二分した赤松愛が突然脱退。急きょ、田浦幸（後列右、のちの夏夕介）を後釜に据えたが人気回復は果たせず、71年解散となった。「♪オービバビバ　オーレオレ」を連呼する橋本−筒美コンビの傑作「真夏のフラメンコ」をB面にしたのは大失敗。私はヒデトに会った際「なんでA面にしなかったんですか?」と聞くと、「あなた、若いのによくわかってらっしゃる!」と握手を求められたりして。こっちがA面だったら、オックスの寿命はもう少し延びていたはずだ。

英語歌唱ばかりの実力派が日本語でブレイク

ガンダーラ　545
ゴダイゴ

英語詩／奈良橋陽子　日本語詞／山上路夫
曲／タケカワユキヒデ　1978

夏目雅子が三蔵法師を演じて話題になったドラマ「西遊記」（日テレ）のエンディング曲。ゴダイゴは実力を高く評価されながら、なかなかヒットに恵まれなかった。全編英語の曲ばかり歌っていたのも一因で、「日本語でも歌おう」と主題歌の話を引き受けた。ドラマ人気も手伝って大ヒットとなり、ゴダイゴも大ブレイク。メンバー5人の西遊記コスプレのジャケは貴重だ。なお、全編英語バージョンもあり、アルバム「西遊記」で聴ける。

店のママに男をシャキッとさせてと言われて

関白宣言　590
さだまさし

詞・曲／さだまさし　1979

さだまさし最大のシングルヒット。あまりに売れすぎたために、さだは当時「男尊女卑」と猛烈なバッシングを受けた。今とさらに炎上必至だろう。歌詞をよく聴くと、男が家庭を持つ前に気弱な自分を戒める歌なのだが。さだによると、京都の行きつけのスナックで、店のママに最近の男の不甲斐なさを嘆かれ、「男はんがもっとシャキッとするような歌を作っとくれやす」と言われて書いたとか。この曲自体が、女性に尻を叩かれ生まれた曲なのだ。さだはこのあと「関白失脚」という曲を発表している。

赤とんぼの唄　270
あのねのね
詞／清水国明　曲／原田伸郎　1973
メジャーデビュー曲はライブ収録。2人の人気と
大ウケ具合がわかる。同じ京産大出身の笑福亭
鶴瓶も元メンバーで、＜砂川捨丸・中村春代師
匠の漫才の歌をヤツらがアレンジして売れた＞
ネタを暴露。3人のライブも観てみたい。

めだかの兄妹　790
わらべ
詞／荒木とよひさ　曲／三木たかし　1982
「欽どこ!」での萩本家3姉妹「のぞみ・かなえ・
たまえ」のユニット。童謡風アレンジで大ヒット。
その編曲は坂本龍一―! このあと、高部知子(左)
が写真誌スキャンダルで脱退。次作「もしも明日
が…」は2人で歌い連続ヒット。

サムライ　495
沢田研二
詞／阿久悠　曲／大野克夫　1978
畳を敷き詰めた中で歌った「夜ヒット」の名場面
が今も記憶に残る。「片手にピストル　心に花束
唇に火の酒　背中に人生を」……阿久によるキザ
路線の頂点。B面「あなたに今夜はワインをふり
かけ」も名曲だ。

恋のハレルヤ　58
黛ジュン
詞／なかにし礼　曲／鈴木邦彦　1967
なかにしは、少年時代に満州で終戦を迎え、家
族と命からがら逃げ出した。ようやくたどり着い
た島で、青い空と海、引き揚げ船を見たときの心
境が「♪ハレルヤ～」。反戦の思いを込めた恋
の歌は、黛のデビュー曲。

私はピアノ　649
高田みづえ
詞・曲／桑田佳祐　1980
78年「花しぐれ」以来、オリコンベスト10から遠
ざかっていた高田。どうしてもヒットが欲しいとカ
ヴァーしたのが、原田由子が歌ったサザンの曲だっ
た。最高5位まで上昇。桑田には3年後もお世
話になる(P132)。

いまのキミはピカピカに光って　643
斉藤哲夫
詞／糸井重里　曲／鈴木慶一　1980
宮崎美子を国民的アイドルにしたミノルタのCM
曲。曲はCMサイズの尺しかなかったが、好評
につき1曲に仕上げた。斉藤は初のビッグヒット。
作曲のムーンライダーズ・鈴木慶一にとっても、
最大のヒット作になった。

真夏のあらし　173
西郷輝彦
詞／阿久悠　曲／川口真　1970
デビュー6年目、青春歌謡を卒業し、ロック寄り
に華麗な転換。こういうイメチェンのケースでは
必ず阿久が絡んでくる。インパクト絶大な♪こ
の恋は恋はこの恋は～ ワーオ!の叫びは、タイ
トルどおり嵐を呼ぶ魂のシャウトだ。

四季の歌　433
芹洋子
詞・曲／荒木とよひさ　1976
荒木は学生時代にスキーで骨折。入院中、退屈
でこの曲を書き看護師たちにプレゼント。院内か
ら口コミで広がり、やがて芹をはじめ何人かの歌
手によってレコード化。まさにケガの功名だ。芹
の歌は中国でも大ヒットした。

ドラマティック・レイン　780
稲垣潤一
詞／秋元康　曲／筒美京平　1982
稲垣初のヒット曲。コンペに勝って採用となった
秋元にとっても、記念すべき作詞家初ヒットとな
った。秋元は印税でBMWを購入。「ドラマティ
ック・レイン号」と名付けて大切に乗った話は
何度聞いてもイイ話。

忌野清志郎も愛した本物のグルーヴを醸し出す曲

愛する君に

ザ・ゴールデン・カップス

詞／なかにし礼　曲／鈴木邦彦　1968

108

生番組において、これまで様々なゲストのアテンドを担当してきた私だが、あのときだけは本当に緊張した。なにせ、尊敬するカップスのメンバーが、このジャケの5人が、揃って私の目の前に座っているのだから（左から、エディ藩、ルイズルイス加部＝加部正義、デイヴ平尾、マモル・マヌー、中央奥がミッキー吉野）。

あれは04年のこと。カップスのドキュメンタリー映画「ワンモアタイム」のPRで、「テリー伊藤 のってけラジオ」に5人が生出演。このメンバーが揃ってラジオに出ること自体たいへん珍しいことで、長年カップスを愛してきたテリーさんのおかげである。

心配したのは「5人ともちゃんと来てくれるかな？」（笑）

平尾はホロ酔い加減で現れ、いちばん心配だった加部も時間に到着。意外にも吉野が入り時間に遅れたが、とにかく5人は揃った。

加部は目がうつろでフラフラ。「どこかお悪いんですか？」と聞くと「リウマチ」。最近まで入院していて、その間2度も病院から脱走したという。なんてマー坊らしいんだと感嘆した。

ところで、カップスのシングル曲というと世間では「長い髪の少女」だが、私は断然、本曲を推す。冒頭の「♪僕の魂 君にあげよう～」から平尾の独特の声とリズム感にいきなり引き込まれる。途中「♪愛する～」と入るマモルの美声も最高。ちなみに、忌野清志郎もこの曲を愛した1人だ。

アテンドの際、私は本曲のレコードを持参した。加部がかつての自分をボーッと眺めていた姿が今も印象に残っている。

幸い番組は盛り上がり、平尾は「六本木の店で歌ってるからサ、いつでも遊びにおいでョ」と誘ってくれたが、08年に急逝。20年9月にはマモルと加部が相次いで世を去った。

映画「ワンモアタイム」には、5人が本曲をTVで演奏する貴重な映像がモノクロで収められている。本物のグルーヴを醸し出せるバンドが半世紀以上も前の日本にいたことを、ぜひ確認してほしい。

なお、B面曲「クールな恋」は、「巨人の星」でオーロラ三人娘が歌っていたあの曲である。

バラが咲いた 41
マイク真木
詞・曲／浜口庫之助 1966
ジャケ上のコピー「日本のモダン・フォークがうまれた！」が示すとおり、フォークブームの先駆けとなった1曲。ただしマイクの自作自演ではなく、詞曲はハマクラ氏。紅白ではギター1本バンドにして歌って話題に。

ROBOT 639
榊原郁恵
詞／松本隆　曲／筒美京平 1980
ロボット風ダンスが印象的な、松本一筒美コンビのテクノ歌謡。当初のA面候補曲を筒美が直々に歌唱指導したところ、郁恵が緊張。リラックスして歌ったB面予定だった本曲のほうが出来が良く、A面に昇格した。

ベッドで煙草を吸わないで 42
沢たまき
詞／岩谷時子　曲／いずみたく 1966
このジャケではB面だったが、そのA面よりも反響を呼び、このあと入れ替えて大ヒット。沢は、私にとっては歌手というより「プレイガール」のオネエである。まさか国会にまで進出するとは思わなかったけど。

あずさ2号 452
狩人
詞／竜真知子　曲／都倉俊一 1977
兄弟デュオのグループ名は、「大ヒットを狙い続けるハンターであれ」という意味を込めて都倉が命名。デビュー曲がいきなり大ヒット。都倉が司会の「レッツゴーヤング」のレギュラーでもあり、アイドル的人気もじわり。

狙いうち 269
山本リンダ
詞／阿久悠　曲／都倉俊一 1973
「♪ウララ～ウララ～」という冒頭の強烈な歌詞は、都倉が「こんなイメージで」とデモテープに吹き込んだ「♪ウダダ～ウダダ～」がモト。そのまま使う阿久のセンスはすごい。高校野球のブラバン応援の定番に。

栞のテーマ 715
サザンオールスターズ
詞・曲／桑田佳祐 1981
名盤「ステレオ太陽族」からのシングルカットで、桑田が音楽監督を務めた映画「モーニング・ムーンは粗雑に」の挿入歌。ももクロ・玉井詩織、貫地谷しほりもそうらしいが、この曲の影響で「しおり」と名付けられた女性は大勢いるはず。

セーラー服を脱いじゃってから 914
オールナイターズ
詞／秋元康　曲／佐藤準 1985
女子大生による深夜番組「オールナイトフジ」の出演者たちによる、「セーラー服を脱がさないで」（P80）への対抗パロディソング。本家の詞を書きながら、その替え歌まで書いてしまう秋元には敬服するしかない。

北酒場 742
細川たかし
詞／なかにし礼　曲／中村泰士 1982
「欽どこ」発の1曲。レギュラーの細川に番組中で何か歌わせようと、萩本欽一が軽快なこの曲をセレクト。大ヒットとなり、細川はレコ大を受賞した。詞曲の2人が20年、相次いで鬼籍に入ったのは残念。

ゴーイン・バック・トゥ・チャイナ 627
鹿取洋子
詞・曲／P.Koopman　日本語詞／岡田冨美子 1980
岡田有希子と同じ私と同郷の愛知県人で、名古屋の芸能スクールで一緒の川島なお美とは親友だった。高校を中退して上京。デビュー曲はオランダのディスコナンバーをカヴァーしヒットしたが、人気が続かず残念。

くちなしの花 289
渡哲也

詞／水木かおる　曲／遠藤実　1973

石原裕次郎は「もしこの曲がヒットしたら銀座を逆立ちして歩く」と言い放ったが、90万枚の大ヒット。勝因は、遠藤が渡のために音域を絞りシンプルな曲作りに徹したことと、渡も飾らずまっすぐ歌ったことか。

ふたりの愛ランド 850
石川優子とチャゲ

詞／チャゲ・松井五郎　曲／チャゲ　1984

石川は「シンデレラ・サマー」（P151）以来3年ぶりにJALのCMを担当。久々のヒットに。「ココ夏」「愛ランド」ときて「Sexy 優」は「優子」とかけたダジャレ。ポプコン仲間であるチャゲの心づかいがニクい!

ひらけ!チューリップ 382
間寛平

詞・曲／山本正之　1975

「桂三枝（現・文枝）の歌で」と持ち込まれたが、吉本興業社長が拒否。「こんなしょうもない歌、寛平にでも歌わせとけ!」のひと声でホントに歌って大ヒット。山本はこの成功で「タイムボカン」主題歌を歌うことに。

ありがとうの歌 169
水前寺清子

詞／大矢弘子　曲／叶弦大　1970

50％を超すオバケ視聴率を取った、チータ主演ドラマ「ありがとう」主題歌。抜けのいい彼女の声が存分に味わえる快作。第1シリーズ、婦人警官のイメージアップになったということで、チータは警察から表彰を受けた。

私鉄沿線 355
野口五郎

詞／山上路夫　曲／佐藤寛　1975

当時18歳のゴローは、なぜ改札口で彼女を待たなきゃいけないのか意味がわからぬまま歌っていたが大ヒット。ラジオゲストの際、本人に、ジャケはどこの駅で撮ったのか聞いたら「青山墓地」だった……。撮影は篠山紀信。

ワン・レイニー・ナイト・イン・ 24
トーキョー　日野てる子

詞・曲／鈴木道明　1965

B面曲「夏の日の想い出」のほうが評判になり、AB面入れ替えて大ヒットしたが、こちらも名曲! 前田憲男によるJAZZYなアレンジが最高。カヴァーした歌手も多く、ブレンダ・リーや石原裕次郎も歌っている。

浮気な、パレット・キャット 733
HOUND DOG

詞・曲／相沢行夫・木原敏雄　1982

カネボウ82年春のCM曲に採用、彼らの初ヒット曲になったが、同時期に資生堂の「清志郎＋坂本龍一」（P33）が相手じゃちと分が悪かった。詞曲の2人は、アン・ルイスらに曲を提供した「NOBODY」で、初の他人への提供曲。

河内のオッサンの唄 432
ミス花子

詞・曲／ミス花子　1976

速射砲のように河内弁で「やんけ」「ワレ」を連発。実際にいたオッサンのしゃべりをまんま歌にしヒット。関西弁ラップのはしりかも。当時「芸名のせいで、猿とよう間違われる」って、笑ってもうたやんけワレー!

C-Girl 979
浅香唯

詞／森雪之丞　曲／NOBODY　1988

オリコン1位に輝いた、彼女の最大ヒット。NOBODYの曲はひたすら爽快。19年に、野球実況の松本秀夫アナの劇団が旗揚げし、私も参加。浅香が特別出演、制服姿でコントを演じるサービス精神に不滅のアイドル魂を見た。

翼の折れたエンジェル　893
中村あゆみ

詞・曲／高橋研　1985

カップヌードルのCMで初めて聴いた中村のハスキーな声は衝撃だった。もともと詞曲・高橋の持ち歌で、彼のアルバムで歌詞が一部違う「男版」が聴ける。本曲、中日ファンの私にとっては「立浪の登場曲」だ。

あなただけを　427
あおい輝彦

詞／大野真澄　曲／常富喜雄　1976

ガロの大野と猫の常富が作った曲で、オリコン6週連続1位の大ヒット。ソロデビュー後初めて紅白にも出場した。ジャケのキメポーズが最高だ。よく見たら「紅＋白」の衣裳。このときから出場を予感していた？

太陽を抱きしめろ　892
セイントフォー

詞／森雪之丞　曲／加瀬邦彦　1985

橋幸夫が副社長のリバスター音産からデビューした4人組。歌いながらアクロバットも披露。よく着地に失敗し負傷していた。ももクロの先駆かも。18年から、左端の板谷を除く3人で活動を再開して話題になった。

Runner　991
爆風スランプ

詞／サンプラザ中野　曲／Newファンキー末吉　1988

バンドの要だったベーシストの江川ほーじんが、芸能人的活動に反発。本曲が売れて大ブレイクするも89年に脱退。「♪ふり返らずこの部屋を出て行くのか」は江川へ呼びかけで、中野は心の中で泣きながら歌っていた。

手紙　172
由紀さおり

詞／なかにし礼　曲／川口真　1970

「♪二人で育てた　小鳥をにがし」はともかく、「♪二人で書いた　この絵燃やしましょう」はまさに、なかにし節だ。「夜明けのスキャット」（P14）以来の大ヒットとなって、由紀は「これで一発屋でなくなりホッとしました」と。

恋の予感　875
安全地帯

詞／井上陽水　曲／玉置浩二　1984

彼らがデビュー前にバックバンドを務めた縁で陽水が作詞。ヴォーカリストが曲を書くバンドの場合、ほかのメンバーが陰となり黒子に徹するのはよくあるが、このジャケは極端で、「陰」というより完全に「影」だ。

あばれ太鼓　959
坂本冬美

詞／たかたかし　曲／猪俣公章　1987

猪俣公章の内弟子生活を経て、この曲でデビューしヒット。最初は男歌が中心だった。20歳になる直前の初々しいジャケは貴重。同じ東芝所属の忌野清志郎と接点ができ、91年、細野晴臣を交え「HIS」（ヒズ）を結成している。

嫁に来ないか　421
新沼謙治

詞／阿久悠　曲／川口真　1976

「スタ誕」に何度も応募し、5度目でようやく本戦に出場。決戦大会では男性出演者で史上最多の17社の札が上がった。デビュー曲は審査員の阿久が書き大ヒット。実際に彼の嫁に来たのは年上のバドミントン選手だった。

チョット・マッテ・クダサイ　220
ゴールデン・ハーフ

詞・曲／E. Carter・J. Nakashima
日本語詞／香取治　1971

いいなあ、このお気楽ポーズ！メンバー全員ハーフ、という触れ込みでデビュー。リーダーのユミは両親とも日本人だった。左端のエバはのちに「お笑いマンガ道場」などバラエティでも活躍。

「ポプコンの父」ヤマハ社長に見い出されて

時代 400
中島みゆき
詞・曲／中島みゆき 1975

第6回世界歌謡祭でグランプリを受賞した中島みゆきの代表作。ジャケット写真はその際、武道館で歌ったときのものである。受賞直後に歌う際、オーケストラの演奏ナシにと指揮者に耳打ちし、生ギター1本で歌った。

背景には、ある人物の一言があった。世界歌謡祭とポプコン（ヤマハポピュラーソングコンテスト）の生みの親である、ヤマハの4代目社長・川上源一である。

川上は多忙な身でありながら、ポプコンの応募曲を自らチェック。若い才能の育成に情熱を傾けていた。そんな中、中島の曲に目を留めた川上。中島を呼んでこう激励した。

「あなたはすごい詞を書く。ギター1本で歌ったほうが、あなたの詞が人々に伝わる」

この一言がどれだけ中島を支えたか。中島はアルバムに必ず「DAD 川上源一」（ダディの意）のクレジットを入れている。グランプリ受賞直後に、実父を亡くした中島。「ポプコンの父」は中島の「音楽の父」でもあった。

エレキが疾れば三味線も疾る夢の異種格闘技戦

津軽じょんがら節 76
三橋美智也・寺内タケシとバニーズ
曲／日本民謡 1967

津軽三味線 vs エレキで「津軽じょんがら節」をセッション。伝説の猪木 vs アリ戦に匹敵する、夢の異種格闘技戦である。

「エレキの神様」と呼ばれる寺内は、母が三味線の家元であり、自身も三味線の名手だった。民謡をエレキ化したLPも出している。

かたや三橋は、津軽三味線を一般に広めた大スター。2人はステージで共演し意気投合。同じキング所属だったことで対決が実現した。

67年9月14日、「本番は一発録りで」と両者は約束を交わしスタジオ入り。まずはバニーズの演奏で幕を開け、三橋の三味線ソロ→寺内のエレキソロ→両者の掛け合い、と流れる。

エレキが疾れば三味線も疾る。火花バチバチ！ 半世紀以上も前の日本で、こんな超絶バトルが展開されていたとは……。

余談だが、クイーンのブライアン・メイは寺内のファンで、しかもときに三味線っぽいフレーズを弾く。さてはこの盤を持ってるな！

唇をかみしめて　744
吉田拓郎
詞・曲/吉田拓郎　1982

映画「刑事物語」主題歌。主演・武田鉄矢の
依頼で拓郎が書き下ろし。舞台は広島じゃな
いのに、全編広島弁の曲を書くところが彼らし
い。このシングル、貸しレコード対策で、B面曲
ナシの1枚400円で販売された。

寒い朝　9
吉永小百合・和田弘とマヒナスターズ
詞/佐伯孝夫　曲/吉田正　1962

石原洋次郎の小説「寒い朝」を映画化した、
吉永主演「赤い蕾と白い花」の主題歌。彼女の
歌手デビュー曲で、マヒナスターズの手厚いサ
ポートも受けながら、通算20万枚のヒット。吉永
の紅白初出場につながった。

恋　621
松山千春
詞・曲/松山千春　1980

20年公開「彼女は夢で踊る」という映画でこの
曲をバックにストリッパーが踊るシーンがあり、
あまりのハマり具合に思わず泣いた。原田知世
も「早春物語」の劇中、カラオケで歌っていて、映
画が似合う曲だ。

なぜか埼玉　692
さいたまんぞう
詞・曲/秋川鮎舟　1981

もとは自主制作による埼玉のご当地ソング。購
入者がタモリの「オールナイトニッポン」に投稿し
たことから話題になり、メジャーで発売されヒッ
ト。さいたは草野球審判を長くやり、私は野球つ
ながりで懇意になりサインも。

BOYS & GIRLS　846
大江千里
詞・曲/大江千里　1984

私は彼のおかげで「ワラビー」が埼玉の都市で
はなく、シューズの名前だと知った。大江は初期
に作ったこの曲を今も大切にしていて、槇原敬之
も「この曲があって今の自分がある」と、アルバム
でカヴァーしている。

夏にご用心　418
桜田淳子
詞/阿久悠　曲/森田公一　1976

百恵が大胆な歌詞を歌い話題になったが、淳
子もなかなかだ。夏になるとガマンができなくな
り「♪なやましげな そよ風吹けば 誰かと不意に
くちづけするかも」「♪あぶない あぶない」って、
危ないのはそっちだよ!

みかん　411
大竹しのぶ
詞/阿久悠　曲/大野克夫　1976

今の大竹しか知らない人にこのジャケを見せると
誰もが驚く、清純派女優の代名詞だった。阿久
が書いたデビュー曲。彼氏の部屋が寂しすぎる
のでみかんを1つ置いていく彼女。「♪食べない
で下さい」ってキュンとくる。

アミダばばあの唄　827
アミダばばあ＆タケちゃんマン
詞・曲/桑田佳祐　1983

「オレたちひょうきん族」の「タケちゃんマン」枠で、
さんまはいろんな悪役キャラを演じた。アミダば
ばあもその1つで、桑田がテーマ曲を書き下ろし。
こういう曲でもしっかりブルースを書くのが桑田
のすごいところ。

愛の水中花　586
松坂慶子
詞/五木寛之　曲/小松原まさし　1979

松坂主演のドラマ「水中花」主題歌。原作の五
木寛之は自ら作詞を手掛ける熱の入れよう。
「ザ・ベストテン」出演時、スリットの黒いドレスで
歌い、思いっきり悩殺された中坊の私。本人は
モンローを意識して歌っていたと。

ヤング・セーラーマン 593
渋谷哲平

詞・曲／J.Morali 日本語詞／浅木ゆめ 1979

ヴィレッジ・ピープル「In The Navy」のカヴァー。同じ元歌のピンク・レディー版の「ピンク・タイフーン」と同時期に発売。売上げでは負けたが、セーラー衣裳に手旗信号をイメージしたダンス、海軍魂はこっちが上！

嘆きのボイン 154
月亭可朝

詞・曲／月亭可朝 1969

「♪ボインは～ 赤ちゃんが吸うためにあるんやでェ～」と、大人がつい忘れてしまいがちなことを思い出させてくれる"教育的"な歌。ジャケも、女性の体型とギターの形が似ていることを示唆。"学術的価値"の高い1枚だ。

チャイナ・タウンでよろめいて 566
相本久美子

詞／松本隆 曲／穂口雄右 1979

「TVジョッキー」のアシスタントで人気に。キュートで機転が利いて好きだったなー。歌った曲も名曲が多い。「フライディ・チャイナタウン」(P110)、「ゴーイン・バック・トゥ・チャイナ」(P70)と並ぶ、日本三大「チャイナ歌謡」。

未来 415
岩崎宏美

詞／阿久悠 曲／筒美京平 1976

岩崎の曲で最先端のディスコ歌謡を追求していた筒美。これはチャイナ風味もプラス。岩崎の歌唱力が作家魂を刺激して生まれた傑作だ。「♪あ～ あなたの未来は～私と同じ」という詞は、よく考えるとストーカ的で、ちと怖い。

わがままジュリエット 926
BOØWY

詞・曲／氷室京介 1986

3枚目のシングル。A面は本曲だけだが、B面に2曲も収録されている珍しい1枚で、回転数はLPと同じ33回転。うっかり45回転で聴くと氷室が高速ハイトーンで歌い出し、お笑い系になってしまうので注意が必要だ。

愛をとりもどせ!! 872
クリスタルキング

詞／中村公晴 曲／山下三智夫 1984

TVアニメ「北斗の拳」オープニング曲。クリキンに頼んだのは大正解。冒頭、田中＆吉崎のシャウト「♪You is Shock～!」にいきなり秘孔を突かれてしまう。アニソンの音楽的進化にもひと役買った傑作。ひでぶ!!

深呼吸して 949
渡辺満里奈

詞／秋元康 曲／山本はるきち 1986

後期のおニャン子クラブを支えたのは間違いなく満里奈だ。メンバー入り早々人気を集め、このデビュー曲は初登場オリコン1位の最年少記録（15歳11ヶ月）を作った。前の記録は山口百恵。のちに破ったのは後藤真希。

ポーリシュカ・ポーレ 209
仲雅美

詞・曲／ロシア民謡 日本語詞／橋本淳 1971

一瞬、沖雅也かと思うルックス、名前もよく似ているが別人。当時、2人は兄弟役で共演している。木下恵介監督のドラマに出演した際、挿入歌として歌ったところ異例のヒットに。本人は70代の今も芸能活動中。

他人の関係 271
金井克子

詞／有馬三恵子 曲／川口真 1973

イントロの「♪パッパッパヤッパー」を聴くと、条件反射でハンドサインをしてしまう。不倫を暗示させる歌詞も刺激的だった。14年、一青窈が昼ドラ主題歌でカヴァーした際、金井が振りを直接指導した。

トライアングル・ラブレター　518
トライアングル

詞／島武実　曲／穂口雄右　1978

最初は「キャンディーズJr.」だったミッチ・マミ・クーコが、本家解散後に改名して穂口の曲でデビュー。マイクのコードで△(トライアングル)を作る演出が印象的だった。小ヒットしたがあとが続かず。ミッチ(左)はにっかつ女優に。

ドリフのズンドコ節　153
ザ・ドリフターズ

詞・曲／不詳　補作詞／なかにし礼　1969

戦後の「三大ズンドコ節」は、小林旭、ドリフ、氷川きよし。ドリフ版は1番から加藤→仲本→高木→荒井→いかりやの順でソロで歌い、6番は元歌を全員で合唱。志村加入後、4番だけ差し替えたヴァージョンもある。

恋のリクエスト　370
あいざき進也

詞／藤公之介　曲／井上忠夫　1975

74年「気になる17才」でナベプロからデビュー。翌年、本曲が初のベスト10ヒットに。彼のバックバンド・MMPは、キャンディーズのバックを経てスペクトラム(P8／アミューズ)に発展。ナベプロ史上、彼は重要なアイドルだ。

デンセンマンの電線音頭　446
デンセンマン・伊東四朗・小松政夫・スクール・メイツ・ジュニア

詞／田村隆　曲／不詳　1976

今あらためて映像を見ると、電線音頭の盛り上がりは異常で、出張編では伊東と小松に乗せられ、老若男女がみなコタツの上で踊った。あの熱気なら100万Wぐらい発電できたと思う。

危い土曜日　324
キャンディーズ

詞／安井かずみ　曲／森田公一　1974

スーがセンター時代の第3弾。前の2曲から一転、ホーンや打楽器を導入し、ロック調に転換。76年からMMP(右斜め上参照)を迎える下地を作り、親衛隊的なアイドル応援の原型を作った、歌謡史上重要な1曲。

表参道軟派ストリート　515
水谷豊

詞／阿木燿子　曲／宇崎竜童　1978

「ねぇ、お茶飲みに行かない? そこの黄色いセーターの女の子」といきなりナンパ。7ヶ月後には「熱中時代」で先生役を演じ、現在、冷静沈着な刑事を演じる人物とは思えない軽さだ。隣りの左端の女性に聴かせたい。

恋のハーフムーン　688
太田裕美

詞／松本隆　曲／大瀧詠一　1981

大瀧が編曲とプロデュースを手掛け、アルバム「A LONG VACATION」と同じ3月21日発売の20枚目シングル。太田はロンバケにも参加。これからどんなコラボを、と期待していたら、同年暮れに突然休業宣言でショック……。

お嫁においで　44
加山雄三

詞／岩谷時子　曲／弾厚作　1966

ハワイアン歌謡の大傑作。日本のハワイアンの草分け、大橋節夫が編曲を担当。大橋が弾くスティールギターはこれぞ名演! 15年、PUNPEEがリミックスしたヴァージョンも原曲リスペクトの上に秀逸なのでぜひ!

夢・恋・人。　793
藤村美樹

詞／松本隆　曲／細野晴臣　1983

ミキが"歌手"として復帰したのは嬉しかった。彼女は音楽面でキャンディーズを牽引、難しいパートも進んで引き受けた。復帰作は松本=細野渾身のテクノ歌謡。彼女の高い歌唱力が堪能できる。中森明菜「禁区」の前章かも。

「自分色」に染め情感あふれるサビを表現

風立ちぬ　　　719
松田聖子

詞／松本隆　曲／大瀧詠一　1981

若松宗雄P曰く、「聖子は文学的表現や、音楽的に高度な部分を、パッと直感で理解して自分のものにする天才でした」。その能力がじゅうぶんに発揮されたのがこの曲だ。若松は、堀辰雄「風立ちぬ」のイメージで、松本ー大瀧コンビに詞曲を発注。2人が自分の色を出しつつ書き下ろしたこの曲を、聖子はあっさりと「自分色」に染め上げてみせた。特にサビの「♪帰りたい　帰れない　あなたの胸に」の情感あふれる声の表情は、聖子にしか出せないものだ。

詞を書いたメンバー・かまやつが写ってない!?

フリフリ　　　28
ザ・スパイダース

詞・曲／かまやつひろし　1965

レコードデビュー曲。ムッシュ(かまやつ)の作品で、バンドのメンバーが自ら書いたオリジナル曲でデビューするのは、当時としては画期的なことだった。なのに、ジャケットにはかまやつだけが写っていない。本人に理由を聞くと、「あ、寝坊(笑)」……有名ネタだが、かまやつは加入前にソロ歌手としてデビューしていて、もしかすると前の契約が残っていた関係からなのかも。なお、B面「モンキー・ダンス」は、阿久の作詞家デビュー作だ。堺正章と井上順の猿ポーズが秀逸である。

大映とテイチクとの提携による映画主題歌

座頭市　　　71
勝新太郎

詞／川内康範　曲／曽根幸明　1967

勝新太郎は名優であると同時に、独特の深みのある声で魅了する歌手でもあった。67年、映画会社の大映が、テイチクと提携し「大映レコード」を設立。勝の代表作「座頭市シリーズ」の主題歌が第1弾となった。作詞は「おふくろさん」の川内康範。勝は「歌いまくる勝新太郎」という名アルバムも残している。しかし71年、本社倒産と同時に大映レコードも消滅。この「座頭市」はテイチクから再発売された。同じジャケットでレーベルが違う2種類の盤があるのはそのためだ。

キャロル解散即、印税を注ぎ込みロスで録音

アイ・ラヴ・ユー, OK　　　389
矢沢永吉

詞／相沢行夫　曲／矢沢永吉　1975

75年4月、日比谷野音ライブでキャロルが解散、矢沢永吉はすぐに渡米。それまで稼いだ印税をすべて注ぎ込んで、ロスでレコーディングを。9月、アルバムと同時発売のこの曲でソロデビュー。10代の頃から大事にあたためていた曲で、キャロル時代とは一線を画すバラードだ。作詞は、矢沢のバックを務めた相沢行夫(のちにNOBODYを結成)が担当。ジャケ下のコピー「俺の音楽、俺の生きざま、俺なりの愛」が実にYAZAWA。そして翌76年7月、キャロル解散以来の日比谷野音へ凱旋。

プレイバック Part2　521
山口百恵

詞／阿木燿子　曲／宇崎竜童　1978

百恵―阿木―宇崎のトライアングルによる頂点とも言える曲。カーラジオから流れてきた「勝手にしやがれ」は昨夜のあなたのセリフ……前年のヒット曲を巧みに取り込み、出て行った女性側からのアンサーソング。やるぅ。

忘れ得ぬ君　75
ザ・テンプターズ

詞・曲／松崎由治　1967

デビュー曲は、リーダー・松崎のオリジナル曲で彼が熱唱。ストーンズを意識するあまり「黒くぬれ！」風に。タイガースへの対抗馬が現れ、GSブームは、ジュリー＆ショーケンの二大アイドルによって最高潮に。

くちびる Network　923
岡田有希子

詞／Seiko　曲／坂本龍一　1986

当時、活動休止中だった事務所の先輩である聖子と、坂本教授の手によるカネボウCMソング。初のオリコン1位となり、まさにこれからだったのに、まさか遺作になるとは。同郷の私はあの日、四谷三丁目に行き合掌。

E気持　689
沖田浩之

詞／阿木燿子　曲／筒美京平　1981

「竹の子」の服を着て原宿のホコ天で踊っていたヒロくん。スカウトを受け芸能界入り。「金八先生」第2シリーズを経てこの曲で歌手デビュー。A→B→Cと最後まで行って、「♪ハ～ン　E気持」って究極のダジャレ！

グッド・バイ・マイ・ラブ　321
アン・ルイス

詞／なかにし礼　曲／平尾昌晃　1974

当時はまだアイドル路線だったアンにとって待望のヒット曲。間奏の英語のセリフが新鮮だった。「♪あなたは右に　私は左に　ふりむいたら負けよ」という別れ方が、新しくもあり切なくもあり、いかにもなかにし流。

土曜日の恋人　912
山下達郎

詞・曲／山下達郎　1985

EPOが歌った「DOWN TOWN」しかり、「オレたちひょうきん族」のエンディングには達郎の曲がよく似合う。この曲は達郎が、「番組に合うんじゃないか」と自ら売り込み採用。実はお笑いにも造詣が深いのだった。

おまえに　454
フランク永井

詞／岩谷時子　曲／吉田正　1977

もとは66年発売のシングルB面曲だったが、作曲の吉田はこの曲に強い思い入れがあり、コンサートでずっとフランクに歌わせていた。カラオケ需要も高かったため、77年にシングルA面として再録音、大ヒットに。

ラヴ・イズ・オーヴァー　771
欧陽菲菲

詞・曲／伊藤薫　1982

左隣りとよく似た経緯をたどった曲。最初は79年にB面曲として発売。菲菲はコンサートで歌い続け、80年にA面曲として再発売。82年、アレンジを変更し3度目の発売。83年にジャケを変え4度目の発売でついにオリコン1位に。

かけめぐる青春　443
ビューティ・ペア

詞／石原信一　曲／あかのたちお　1976

女子プロレスブームを作った彼女たち。リングを囲む女子中高生たちからの人気は、ピンク・レディーにもけっしてヒケをとっていなかった。戦い終えてボックスを踏みながらリング上で歌い大ヒット。闘う宝塚。

「変わってく僕」は松本隆自身の革命宣言だったのか!?

木綿のハンカチーフ

太田裕美

詞／松本隆　曲／筒美京平　1975

398

男女の往復書簡をそのまま歌にするという意欲作。4番まである詞を渡したら「長すぎる、直せ!」と言われるので、松本は完成後、行き先を告げず「僕は旅立つ作戦」に出た。

困った筒美は、仕方なく曲を付けたところ、思いのほか軽快で耳なじみのいいメロディが完成。「松本くん、いい曲が書けたよ～」と満面の笑みで迎えてくれたという。

太田裕美の男女演じ分け歌唱もみごと。主人公の男は、都会の誘惑に負けて故郷で待つ彼女を捨ててしまう最低野郎だが、太田の可憐な声で「変わってく僕を許して♥」と歌われると、なんとなく許す気になるから不思議だ。男のエゴを中和する舌っ足らずな歌声も、大ヒットにつながった要因だろう。

この曲が流行した当時、私は小3だったが「都会に出て行った彼氏を、田舎でじっと待つ女の子」という設定は、正直「ちと古くね?」と感じた。中ビ連などウーマンリブ運動の影響でクラスの女子はみんなたくましく、「今どきこんな女の子なんていないだろ」と思ったのだ。

松本ともあろう人がなぜそんなアナクロな詞を書いたのか、ずっと引っ掛かっていたが、大人になってハタと気付いた。

「変わってく僕を許して」とは、松本が周囲に送ったメッセージではなかったか? ロックアーティストから職業作詞家に転身すると「商業主義の手先になったのか」と罵倒され、友人がどんどん離れていったという松本。いやいや、音楽を愛する心は変わっていないんだ。魂は売ってないんだよ……。

そんな心の叫びと考えると、本曲の見方はガラッと変わる。五七調や古くさい設定は「従来の歌謡曲のフォーマットでも自分は新しいことができる」という革命宣言だったのだ。事実、この曲は歌謡曲の歴史において、エポックメイキング的な曲になった。

作詞家として腹をくくったこの曲でヒットメーカーの地位を固めた松本は、元バンド仲間である大瀧詠一や細野晴臣らを作曲家として歌謡曲のフィールドに引き入れていった。「変わってく僕」はこうして日本の音楽シーンを変えたのだ。

街角トワイライト 679

シャネルズ

詞／湯川れい子　曲／井上忠夫　**1981**

謹慎から復帰後、最初のシングル。「街角」といえばデル・シャノン「悲しき街角」で、その原題は「Runaway」。つまり原点回帰の曲であり、湯川＝井上コンビはさすがよくわかっている。みごとオリコン1位に。

セーラー服を脱がさないで 901

おニャン子クラブ

詞／秋元康　曲／佐藤準　**1985**

「夕やけニャンニャン」出身、おニャン子のデビュー曲。当時は14人編成で、歌のレッスン経験があるのはごくわずかだったが、逆にそれがウケた。この女子高生集団が、やがてチャートを席巻していき"革命"を起こす。

五番街のマリーへ 299

ペドロ＆カプリシャス

詞／阿久悠　曲／都倉俊一　**1973**

前作「ジョニィへの伝言」へのアンサーソングで、2代目ヴォーカル・高橋まり（現・真梨子）はいきなり連続ヒットを経験。阿久が力を入れたのは、ライバルなかにし礼訳詞「別れの朝」（P13）への対抗意識からだ。

Check Out Love 960

岡村靖幸

詞・曲／岡村靖幸　**1987**

岡村ちゃんのデビュー第2弾。EPICソニーに彼が在籍していたことは、ただでさえ個性的なアーティストが多かったこのレーベルのカラーをさらに濃くさせた。アナログで聴くと、その変態的な歌声はより胸に響く。

二人でお酒を 319

梓みちよ

詞／山上路夫　曲／平尾昌晃　**1974**

「こんにちは赤ちゃん」（P16）のイメージからなんとか抜け出そうと模索していた梓。酒好きなのを前面に出したこの曲で大成功。梓自身の発案で、1番を歌ったあと床にあぐらをかいて歌うスタイルも話題に。紅白でもステージに座って熱唱。

青春時代 434

森田公一とトップギャラン

詞／阿久悠　曲／森田公一　**1976**

発売から半年経ってミリオンセラーに。お線香「青雲」のCMもそうだが、森田の力強い歌声は聴いてるだけで爽快。「♪青春時代の真ん中は道に迷っているばかり」というけれど、私は今も迷いっぱなしだ……。

おくさまは18歳 182

岡崎友紀

詞／岡崎友紀　曲／長沢ロー　**1970**

諸事情あって結婚した女子高生と教師が、周囲にそれを隠して学園生活を送るコメディドラマの主題歌。曲は今聴いてもオッシャレーで、そのセンスには驚く。しかも作詞が岡崎本人って、すごくない？

僕 笑っちゃいます 808

風見慎吾

詞／欽ちゃんバンド＋森雪之丞
曲／吉田拓郎　**1983**

人気番組「欽ちゃんの週刊欽曜日」出身、風見のデビュー曲。彼が番組中に発したセリフをもとに森が作詞。風見と同じ広島出身の拓郎が曲を書き大ヒット。ちなみに発売はフォーライフ。

新妻に捧げる歌 15

江利チエミ

詞／中村メイコ　曲／神津善行　**1964**

神津・中村夫妻による結婚式の定番曲は、60年ほど前の「Butterfly」。チエミは高倉健と結婚して新妻となった13年後に離婚。突然の逝去後、出棺の2月16日は彼女が花嫁衣装を着て実家を出たのと同じ日だった。

あいつ 2
旗照夫

詞・曲／平岡精二　1960

昭和30年代を代表するジャズシンガー。紅白にも56年から7回出場。ペギー葉山に「学生時代」を書いたジャズマン、平岡精二が作・編曲。60年代冒頭、こんなに洗練された曲が流行歌としてヒットしたことに驚く。

パラダイス銀河 978
光GENJI

詞・曲／飛鳥涼　1988

ASKAが少年の心を持っていることはこの曲でもわかる。「しゃかりきコロンブス」とは、宝の島を見つけようと血眼になる欲望まみれの大人たち。彼らにはけっして見ることのできないネヴァーランドは、宇宙の彼方にあるのだ。

恋人試験 419
松本ちえこ

詞／伊藤アキラ　曲／あかのたちお　1976

バスボンシャンプーのCMでも人気だった松本の待望のヒット曲。当時友だちの家に遊びに行って、彼の姉とオセロをしたとき、いきなり「♪私の一番かわいいとこどこですか〜」と歌われ、ドキドキして惨敗した。

大阪ラプソディー 406
海原千里・万里

詞／山上路夫　曲／猪俣公章　1976

「上沼恵美子は姉妹漫才師だったんだよ」は、M-1審査員なので納得してもらえるが、「歌も大ヒットしたんだよ」とこのジャケを見せると20代以下はめちゃくちゃ驚く。彼女は間違いなく浪花のアイドルだった。

どうぞこのまま 431
丸山圭子

詞・曲／丸山圭子　1976

丸山が自身の恋愛体験から20歳のときに書いた曲。好きだった彼とのつらい別れは「ただひとすじに、ただひたむきに」音楽に取り組み乗り越えた。ボサノバ調のアレンジも当時は新鮮で、オリコン5位の大ヒット。

銃爪(ひきがね) 538
世良公則＆ツイスト

詞・曲／世良公則　1978

「ザ・ベストテン」初の10週連続1位を記録。彼らの人気を不動にした曲。特にサビの絶唱、「♪ちゅない ちゅないっ」が好きだった。TVにガンガン出てロックを一般に浸透させたツイストの功績は殿堂モノ。

片想い 467
中尾ミエ

詞／安井かずみ　曲／川口真　1977

もとは、槇みちるの歌でB面だった。同じナベプロの中尾は槇の歌を聴き「自分で歌いたい」と直訴。71年に発売したがそのときは売れず。その後有線で火がつき、6年後に再発売。この歌への中尾の愛がヒットを生んだ。

MUGO・ん…色っぽい 989
工藤静香

詞／中島みゆき　曲／後藤次利　1988

カネボウ秋のCMソング。キャッチコピー「ん、色っぽい」をタイトルと楽曲に入れるよう注文された作詞の中島は、さんざん苦心したあげく、この秀逸なタイトルを発想。工藤のキャラにもハマリ、オリコン1位に。

ハッとして！Good 657
田原俊彦

詞・曲／宮下智　1980

自身初のオリコン1位を、初登場の週に獲得。田原のキャラにぴったりのキャッチーなタイトルは、マッチの曲にも影響を与えた（P22）。オールドジャズ風の曲に、ビッグバンドを導入した船山基紀の編曲もナイス！

八月の濡れた砂　231
石川セリ

詞／吉岡オサム　曲／むつひろし　1972

藤田敏八監督の同名映画主題歌。デビュー曲
ながら、石川のどこか陰のある声の魔力に引き
込まれる。詞は「天城越え」(P101)の吉岡、曲は
「昭和枯れすゝき」(P38)のむつが担当。2人と
も仕事が手広い!

時には娼婦のように　501
黒沢年男

詞・曲／なかにし礼　1978

77年、なかにし自身が歌うアルバムの収録曲で、
黒沢にも歌うよう勧めた。「こんなスケベな歌、歌
えないよ」と最初は断ったが、出してみたらオリコ
ン2位の大ヒット。なかにし曰く、「ニューミュー
ジックへの挑戦状」。

夜間飛行　282
ちあきなおみ

詞／吉田旺　曲／中村泰士　1973

「喝采」(P9)、「劇場」に次ぐ「ドラマチック歌
謡3部作」の完結編。新宿ゴールデン街「夜
間飛行」は、昔ちあきがLPのジャケを撮影し
た老舗のバーを継承。カウンターや内装は当
時のままなので、ファンの方はぜひ。

やぶさかでない　942
とんねるず

詞／秋元康　曲／見岳章　1986

キャニオン移籍第1弾。2人が主演したドラマ
「お坊っチャマにはわかるまい!」の主題歌で、
萩原健一が水谷豊と歌った「兄貴のブギ」が下敷
きと思われる。軽快なロックンロールに乗せて、
歌詞に置಼シヅ子が登場。

素敵なラブリーボーイ　387
林寛子

詞／千家和也　曲／穂口雄右　1975

KYON²がカヴァーしたモト曲。私にとっての
林は、野球ドラマ「がんばれ!レッドビッキーズ」
の女性監督。東京・大田区でカラオケサロン
「ラブリー寛覚」を経営。今も「逢いに行けるアイ
ドル」であり続けているのは素敵。

今はもうだれも　386
アリス

詞・曲／佐竹敏郎　1975

初期の代表曲だが、実はオリジナルではない。ウ
ッディー・ウーというフォークグループの持ち曲を、
ドラマー・矢沢透がフォークロック調にアレンジ
しカヴァー。これが功を奏して、オリコン11位と
彼ら初のヒットとなった。

すきま風　437
杉良太郎

詞／いではく　曲／遠藤実　1976

「遠山の金さん」エンディング曲。杉良のタンカと
桜吹雪も好きだった。詞曲は千昌夫に「北国の
春」(P62)を書いたコンビ。本曲も息の長～～
いヒットとなり、オリコン100位以内になんと147
週(約3年)もランクインし続けた。

波乗りパイレーツ　589
ピンク・レディー

詞／阿久悠　曲／都倉俊一　1979

ついに女サーファーになった2人、B面収録の
「U.S.A.吹込盤」は、なんとバックコーラスにザ・
ビーチ・ボーイズのメンバーが特別参加! ブラ
イアン・ウィルソンもコーラスに加わっているファン
垂涎の1枚。

女心の唄　23
バーブ佐竹

詞／山北由希夫　曲／吉田矢健治　1964

北海道から歌手を志して上京。酒場の流しや
クラブ歌手として夜の街を転々。苦労の末、
29歳のときこの曲で念願のデビューを果たし
200万枚の大ヒット。ホステスさんたちに慕わ
れたのも要因で、顔じゃないよ心だよ。

高校時代に知った２つの死から着想し「生きねば」

ユーミンのデビューアルバム「ひこうき雲」の冒頭を飾る初期の名曲。シングルでは第２弾「きっと言える」のＢ面となった。

もともとは、雪村いづみに書き下ろした曲だった。ユーミンの著書によると、高３のとき、近所の団地で高校生の飛び降り心中があったと知って、高校進学後に病気で亡くなった小学校の同級生のことを思い出した。そして、この２つの死に着想を得てこの曲を書いたという。

雪村でレコーディングが行われたが、Ｐの村井邦彦は、この曲はユーミン自身が歌ったほうが心に沁みると考え、荒井由実の楽曲として世に出すことを決意。それが、名盤と呼ばれるアルバム「ひこうき雲」の制作につながった。

「空に憧れて　空をかけてゆく　あの子の命はひこうき雲」という詞は、死を歌いながらも「生」への強い思いを感じる。宮崎駿が、「生きねば」がテーマの映画「風立ちぬ」の主題歌に本曲を選んだのも、至極納得だ。

ひこうき雲　　　300
荒井由実
詞・曲／荒井由実　1973

325万枚のジャケ写のメイン位置にたんなる客が！

71年、結成10周年を記念して自主制作で作ったレコードが有線で反響を呼び、翌年コロムビアから発売したところ爆発的にヒット。オリコン歴代シングル売上げ２位、325万枚という驚異的なセールスを記録した本曲。72〜73年で「２年連続・年間売上げ１位」というとんでもない記録を作った。

ダミ声のド演歌がなぜこんなに売れたのか、まったく謎だが、それより私はずっと気になっていたことがあった。ぴんから「トリオ」と言いながら、ジャケットには５人写っている。TVで見かけない前の２人は誰なんだ？

その後、宮史郎（後列左端）が担当番組のゲストに来たときに、これ幸いと聞いてみると、「あ、その人たちネ、お客さん」……エ〜〜〜ッ！

コロムビアに急いで写真を送ってくれと言われ、営業先で撮った記念写真を送ったらジャケ写になったと。素人さんだったのか！　この２人は当時「日本一写真が拡散された人」になってしまった。ちなみに宮史郎、発売時まだ29歳だった……。

女のみち　　　237
宮史郎とぴんからトリオ
詞／宮史郎　曲／並木ひろし　1972

あなたの心に　147
中山千夏

詞／中山千夏　曲／都倉俊一　1969

中山の才色兼発ぶりが伝わってくるジャケだ。当時21歳。大阪で子役としてデビュー後上京し、タレント、作家とマルチに活躍。本格的な歌手デビュー曲がこれで、詞も自分で書いてヒット。都倉の作曲家デビュー作でもある。

シャイニン・オン　君が哀しい　894
ルック

詞・曲／千沢仁　1985

当初は詞曲の千沢が歌う予定だったが、キーが上がる部分の声が出せず、歌えた鈴木トオルに交代。「ザ・ベストテン」のスポットライト出演で火がつきヒット。鈴木は一躍、クリキン田中と並ぶハイトーンヴォーカルの代表に。

ざんげの値打ちもない　180
北原ミレイ

詞／阿久悠　曲／村井邦彦　1970

主人公が、「恋人を刺して刑務所にいる未成年の少女」という前代未聞の暗い詞を書いた阿久は、本曲で作詞家として一目置かれる存在に。しかし、デビュー曲にいきなりこんなヘヴィな曲をもらってヒットさせた北原もただ者じゃない。

精霊流し　326
グレープ

詞・曲／さだまさし　1974

水難事故で亡くなった従兄を思って書いた曲。精霊流しは長崎の重要行事だ。東海ラジオの蟹江篤子アナが、深夜番組でヘビロテし全国に波及。長崎の歌だが中部発のヒット曲で、さだは名古屋に足を向けて寝られない。

子連れ狼　221
橋幸夫・若草児童合唱団

詞／小池一雄　曲／吉田正　1971

ドラマの前に原作劇画のイメージ曲として作られ、詞は原作者の小池が担当。「♪しとしとぴっちゃん」もそうだが、3番の「♪ばきばきぎんこ」は寒さが心底伝わってくる名フレーズだ。♪あぁぁぁぁ〜　大五郎。

六本木純情派　951
荻野目洋子

詞／売野雅勇　曲／吉実明宏　1986

「雨の高速で男のクルマから飛び出して、どうやって帰るのよ？」というツッコミも入ったヒット曲……路肩の非常階段があるそうで……。純情派の荻野目ちゃんが六本木で遊んでる設定も、バブル期直前の浮かれムードを感じる。

ニュアンスしましょ　866
香坂みゆき

詞／大貫妙子　曲／EPO　1984

香坂を初めて見たのは75年に始まったTV版「欽ドン」。初代マスコットガールでまだ12歳だった。21歳になった本曲は、オトナの雰囲気に。詞曲の大貫とEPOもセルフカヴァーしているので、三者三様、聴き比べを。

人間の証明のテーマ　474
ジョー山中

詞／西條八十　英訳／角川春樹
英語詞／ジョー山中　曲／大野雄二　1977

角川映画主題歌。超名曲！　山中も重要な役で出演。「母さん、僕のあの帽子、どうしたでしょうね？」が流行語に。しかし山中は大麻で逮捕。放送で聴けなくなり、レコードはますますヒット。

テクノポリス　606
YMO

曲／坂本龍一　1979

ヴォコーダーを使った「TOKIO、TOKIO……」の連呼は中1には衝撃的だった。よく、下敷きに口当てて真似をした。シングルはアルバムとヴァージョンが違い、ヴォコーダーによる3人の会話風のノイズが入っている。

ジャガー 423
西城秀樹

詞／阿久悠　曲／三木たかし　1976

最初から最後までとにかく熱さ全開。途中のセリフが強烈。「君が死んだら俺は死ぬ　でも俺が死んでも君は死ぬな！」は阿久にしか書けないし、ヒデキにしか言えない。これでヒデキファンは全員死ねなくなった。

赤道小町 ドキッ 745
山下久美子

詞／松本隆　曲／細野晴臣　1982

ライブ会場が異常に盛り上がるため「総立ちの久美子」と呼ばれた山下。カネボウのCMソングとなり大ヒット。「ザ・ベストテン」で象にまたがって歌ったときは、興奮した象が「パオーン！」と立ち上がらないか心配した。

恋のぼんちシート 673
ザ・ぼんち

詞・曲／近田春夫　1981

MANZAIブームに乗って、オリコン2位まで上昇。私はラジオの取材で近田に、「A地点とB地点って、どこをイメージして書いたんですか？」と聞き「知らねェよ！」と一喝された。演奏はムーンライダーズ。

教えてください、神様 497
天馬ルミ子

詞／杉山政美　曲／都倉俊一　1978

小6で才能を認められ、ピンク・レディーの事務所から妹分としてこの曲でデビュー。彼女の売り出しにお金がかかったせいと言われるのは気の毒だが、事務所が倒産。サビでひざまずいて神様に祈るとこが好きだった。

傘がない 246
井上陽水

詞・曲／井上陽水　1972

「社会問題よりも、君の家へ行きたいのに傘がないことのほうが問題」と歌ったこの曲。私にとってはそんなテーマよりも、DmからBm7-5に移るコードが弾けないことのほうが問題だった。ギター挫折の1曲。

命預けます 176
藤圭子

詞・曲／石坂まさを　1970

このジャケの美貌はどうよ。19歳にしてこの妖気。黒髪と白いギターのコントラストが、赤のバックによく映える。宇多田ヒカルもときどきこういう表情になるのは血か。「圭子の夢は夜ひらく」(P25)に続く第4弾。

涙をふいて 766
三好鉄生

詞／康珍化　曲／鈴木キサブロー　1982

82年、自作曲「アイ・ラヴ・ユーこの街」で30歳の遅咲きデビュー。2作目は他人の曲だが、自ら出演したドリンク剤のCM曲となりヒット。「がんばりまっしゅ！」も流行語になった。三宅一生とは特に関係ない。

探偵物語 811
薬師丸ひろ子

詞／松本隆　曲／大瀧詠一　1983

薬師丸主演映画の主題歌。相手役の長身、松田優作との身長差30cmのディープキスが話題に。音楽監督は加藤和彦だが、この曲は大瀧の作曲。優作が探偵役で出てるけど、ドラマ「探偵物語」の工藤ちゃんとは別人。ややこしー。

コモエスタ赤坂 95
ロス・インディオス

詞／西山隆史　曲／浅野和典　1968

私が敬愛するラテン系ムード歌謡グループだ。「コモエスタ」はスペイン語で「ごきげんいかが」という意味だと、私は彼らから教わった。思うに、Jリーグのチーム名って、源流はこの曲なんじゃないか？　♪デルコラソ〜ン。

わかって下さい 405
因幡晃

詞・曲／因幡晃　1976

この人が出てきたとき、長谷川きよし（P104）と区別がつかなかった。今も原曲とキーを変えずに歌っているのは尊敬するが、グラサンかけたままヒゲを生やしたので、今度はTHE ALFEE・桜井と区別がつかなくなった……。

怨み節 263
梶芽衣子

詞／伊藤俊也　曲／菊池俊輔　1972

「女囚さそり701号　怨み節」主題歌。「キル・ビル」で、本曲と「修羅の花」を使った梶ファンのタランティーノ監督から、「なんで海外の映画にも出ないんだ？」と聞かれた梶は、「私は日本人だから」。姐さんかっけー！

雨あがりのダウンタウン 471
アグネス・ラム

詞／山川啓介　曲／弾厚作　1977

グラビア界を席巻した彼女。来日したときの熱気はものすごく、後楽園ジャンボプールで水着披露と本曲のキャンペーンを行ったら、5万人が来場……って巨人戦かよ！　作曲は、弾厚作こと若大将こと加山雄三。

秘密のオルゴール 747
川田あつ子

詞／松本隆　曲／財津和夫　1982

アイドル豊作の年＝82年組の1人。カワイさはトップ級で、聖子を手掛けた松本ー財津コンビがデビュー曲を書いたが、歌は売れなかった。出た年が悪かったかも……。現在はたけし軍団・柳ユーレイ（現・憂怜）夫人。

サン・トワ・マミー 16
越路吹雪

詞・曲／アダモ　日本語詞／岩谷時子　1964

原曲はアダモがベルギーでヒットさせ、越路がカヴァー。アダモ版は少年が失恋する歌だが、岩谷訳の越路版は主人公を大人の女性に置き換え内容も変更。清志郎のRC版はそれをまた一部改変。こうして歌は進化するのだ。

お世話になりました 213
井上順之

詞／山上路夫　曲／筒美京平　1971

以前、代々木公園の「渋谷区フェス」に行ったら、井上順にそっくりな男性が場内アナウンスを担当。「似てるな〜」と思ったらなんとご本人！　記念に「ジャーニー」と言いながら写真を1枚。その節はお世話になりました。当時は「順之」。

この空を飛べたら 508
加藤登紀子

詞・曲／中島みゆき　1978

おトキさんは思い立ったらすぐ行動する人だ。TVで中島みゆきの「世界歌謡祭」グランプリシーン（P73）を観て、すぐ主催のヤマハに電話。中島と会う約束を取り付け曲を依頼した。一方、中森明菜にはその逆を（P145）。

DESIRE - 情熱 - 927
中森明菜

詞／阿木燿子　曲／鈴木キサブロー　1986

この頃明菜は、衣裳も自分でプロデュース。TVでは着物を洋風にアレンジ、ボブのウィッグをかぶって登場。前年の「ミ・アモーレ」（P125）に続き2年連続レコ大受賞。頂点を極めたこのあたりから孤独も深まっていった。

ハイティーン・ブギ 757
近藤真彦

詞／松本隆　曲／山下達郎　1982

マッチ主演映画の主題歌。作曲に、同じRCA所属の達郎を起用。達郎はジャニーズの合宿所まで足を運び、その甲斐あって大ヒット。この成功が15年後の97年、Kinki Kids「硝子の少年」の作曲へとつながっていく。

電飾スーツ＆パラシュートで盟友と袂を分かつ

TOKIO 616
沢田研二
詞／糸井重里　曲／加瀬邦彦　1980

ジャケットの斬新なアートワーク。作詞に糸井重里を起用。発売日は80年1月1日……ジュリーは誰よりも早く80年代の扉を開けた。TVには電飾スーツにパラシュートを背負って登場。だがバックを務める井上堯之はあくまで音楽指向。「もうついていけない」と、この曲を最後にバンドを解散した。どちらの気持ちもわかるなあ。盟友と袂を分かっても、時代の旗手になる道を選んだジュリーは、新バンド(P155)と共に80年代を突っ走っていく。2人の関係についてはコラム(P170)で。

悲壮感のない「駆け落ち」が新時代にハマって

花嫁 187
はしだのりひことクライマックス
詞／北山修　曲／端田宣彦・坂庭省悟　1971

小さなカバンに花嫁衣裳を詰め込み、たった1人夜汽車に乗って、愛する人のもとへ嫁いでいく花嫁。「駆け落ち」だが、明るい曲で悲壮感は皆無だ。藤沢ミエの力強いヴォーカルは、女性が自分の意思で生き方を決める新時代にぴったりハマっていた。この詞ははしだのりひこ夫人がモデル、という話が伝わっているが、北山修に取材してみると、母親がトランク片手に淡路島へ嫁いだ話をヒントに書いたそうだ。花嫁が乗ったのは、実は夜汽車ではなく船だった。

芹澤が脳内でアレンジを同時にしながら作曲

タッチ 891
岩崎良美
詞／康珍化　曲／芹澤廣明　1985

野球アニメ「タッチ」主題歌。「普通にヒット曲を書いてほしい」と言われた作曲・芹澤廣明は、原作マンガと絵コンテを見て、頭の中でアレンジを同時に考えながら短時間で完成させた。イントロの強烈なギターは、スピード感を出すため次のコードを半拍先に弾くのがミソ。演奏は彼しかいないと「少女A」(P33)と同じ矢島賢に託した。ところで、私事で恐縮だが、私が芹澤邸で取材した創作秘話の原稿を、南ちゃんの声で読んでくれた日高のり子様、あの感動は忘れません！

結婚引退が一転大ヒットで恋人と別れたが…

京都の恋 167
渚ゆう子
詞／林春生　曲／ザ・ベンチャーズ　1970

「ベンチャーズ歌謡」(P51)を語る上で重要な歌手が、渚ゆう子だ。浜口庫之助の弟子で、67年に東芝からハワイアン歌手としてデビュー。しかしヒットに恵まれず、結婚引退を考えていた70年、ベンチャーズが書いた本曲に出会った。オリコン8週連続1位の大ヒットとなると渚のスケジュールは多忙を極め、結婚する予定だった恋人と別れることになった。だが08年、その彼と38年ぶりに再会。老後を共に過ごす約束をしたそうだ……ええ話どすなあ。

裸足の女王 302
夏木マリ

詞／阿久悠　曲／川口真　1973

本書中、断トツの「セクシー大賞」。タイトルが一瞬「裸の女王」に見えるのは狙ってるか!? 歌はいきなり「♪ああ〜ああ〜 ぬぎすてて」と官能的に始まるが、脱ぐのは靴だけ。安心してください、はいてますよ。

飛んでイスタンブール 516
庄野真代

詞／ちあき哲也　曲／筒美京平　1978

大ヒットの要因は徹底的な「語呂合わせ」だと思う。イスタンブール、ルール、ロール、シュール、フェアリーテール……意味よりも韻を優先。ギリシャの弦楽器・ブズーキも異国情緒満点で、「魅せられて」(P22)にも使われている。

恋のダイヤル6700 304
（シックスセブンオーオー）

フィンガー5

詞／阿久悠　曲／井上忠夫　1973

NHKラジオの特番で兄と仕事ができたことは、彼らに憧れた自分にとって大事件。記念にサインを一筆。そしてなんと、兄の車のナンバーが「67-00」だった! ワォ!

スキップ・ビート 944
KUWATA BAND

詞・曲／桑田佳祐　1986

タイトル「Skipped Beat」をくり返す部分が「♪スケベ〜スケベ〜スケベ〜スケベ〜」と聴こえるのはもちろん狙い。この2つの言語をまたいだ「ダジャレ感覚」は、桑田の書く歌詞が日本語を超えた「桑田語」である証しだ。

骨まで愛して 35
城卓矢

詞／川内和子　曲／文れいじ　1966

低迷していたウエスタン歌手・菊地正夫が心機一転、芸名を変えて再デビュー。城の親戚・川内康範が妻の名前で詞を、実兄・北原じゅんがペンネームで曲を書き、ミリオンセラーの大ヒット。恍惚感あふれるジャケの絵もエモい。

夜明けの停車場 224
石橋正次

詞／丹古晴己　曲／叶弦大　1972

NHK朝ドラ「繭子ひとり」に出演して売れっ子となった石橋は、本曲を発売。直後、学園ドラマ「飛び出せ! 青春」でさらに人気が沸騰した。曲が売れすぎて出演が厳しくなり、ドラマの設定が一時〝休学〟になったほど。

愛はかげろう 661
雅夢

詞・曲／三浦和人　1980

三浦和人(右)は大失恋をきっかけに一念発起。心の痛みを歌にすることで乗り越えようと、視点を女性からにして、この曲でポプコンに応募したら優秀曲賞を受賞し大ヒット。「雅夢」は三浦の行きつけの喫茶店名から。

半分少女 819
小泉今日子

詞／橋本淳　曲／筒美京平　1983

前作「まっ赤な女の子」でバサッと髪を切り、ほかのアイドルとは違う独自路線を歩み始めたKyon²。このとき17歳の「半分少女」は、バラードでも情感が醸し出せる大人の歌手に成長。これ以降のアイドルの概念をぶち壊していく。

メッセージ 463
都倉俊一

詞／阿久悠　曲／都倉俊一　1977

貴公子のようなルックスで女性ファンが多かった都倉は、自身も歌手としてレコードを出した。21年4月、文化庁長官に就任。「文化芸術活動は、断じて不要でもなければ不急でもありません」のメッセージは心強かった。

詞＝和＆曲＝洋の折衷感が横浜のイメージにシンクロ

ブルー・ライト・ヨコハマ
いしだあゆみ

詞／橋本淳　曲／筒美京平　1968

123

　私が歌謡曲にどっぷり浸かることになったのは、幼少期に聴いたこの曲のせいだ。TVでこれを歌ういしだあゆみの姿を、リアルタイムではっきり覚えている。当時、私は2歳だった。もちろん、歌詞の意味などわからない。わからないが、曲を聴いていてなんとも言えない心地良さを感じたのは事実だ。特に早熟だったわけではない。言いたいことは、「2歳児の心を揺さぶった筒美京平って、凄くね？」。

　いしだあゆみの独特の発声法もこの曲を特別なものにした。この頃の女性歌手は、いかにも「レッスンを受けました」という型にハマった歌い方が多かったが、いしだは違った。「♪あっるいってむぅーン」なんて歌い方をする歌手はほかにいなかったし、本曲が妙に耳に引っ掛かる理由の1つだ。

　実はレコーディングの際、作詞の橋本淳が情緒を深めるために「小唄のようにもっとコブシを効かせて！」と指導したそうで、和風の味わいを感じるのは、そのせいかもしれない。

　一方、筒美のアレンジは、いきなりトランペットから入るわチェンバ

ロは使うわで完全な洋風。この和洋折衷感が横浜のイメージと絶妙にシンクロしたのも勝因だろう。9週連続オリコン1位の大ヒットとなり、いしだと筒美にとっては初の1位獲得曲となった。それだけ長くヒットしていれば毎日TVやラジオで流れていたはずで、どおりで記憶に残っているわけだ。

　ところで、この曲で2人がデートしている「街の灯りがとてもきれい」な場所とは、横浜のどのあたりなのだろうか？

　橋本によると、港が見える丘公園から横浜の夜景を見たとき着想が浮かんだそうだ。だが、当時の横浜の夜景は灯りも暗く寂しかった。これでは歌にならない。

　そこで橋本は、ブルー・コメッツに同行して欧州に行った際、カンヌの空港で飛行機の窓越しに見た夜景を重ね合わせた。「ブルー・ライト」とは、地中海の青さが映えたカンヌの夜景だったのだ。やはり旅には行っておくもの。そしてこの無国籍感が、歌謡曲の土壌を変えるきっかけになったのである。

あなたにあげる 342
西川峰子
詞／千家和也 曲／三木たかし 1974

「やまびこ演歌」のキャッチフレーズで売り出した西川。いきなりこのデビュー曲が大ヒット。女優としても「吉原炎上」で熱演したが、個人的には「サトウの切り餅」のCM、「♪あ、モチモチ、モチモチッと！」が印象深い。

嗚呼‼花の応援団 424
異邦人
詞／どおくまんプロ 曲／小山恭弘 1976

どおくまんの代表作のテーマ曲。いきなり青田赤道の口上から始まり、関西弁のセリフや、おなじみ「ちょんわちょんわ！」も入って、演奏もしっかりソウル。原作の濃い世界をみごと楽曲化した傑作。クエッ！クエッ！

僕のマリー 56
ザ・タイガース
詞／橋本淳 曲／すぎやまこういち 1967

彼らのデビュー曲であり、ジュリーの歌手としてのキャリアはこの1枚から始まった。お揃いのベージュのスーツは、上京前に京都で開催されたエレキコンテストで優勝したときの賞金5万円で作った、初のユニフォーム。

シンシア 338
よしだたくろう＆かまやつひろし
詞・曲／よしだたくろう 1974

かまやつが拓郎を口説き落としてコラボ。シンシアとは、右にいる南沙織の洗礼名で、「早春の港」に感銘を受けた拓郎が、アンサーソングとして書いた。「ミュージックフェア」では、2人が南を間に挟んで本曲を歌う夢が実現！

色づく街 288
南沙織
詞／有馬三恵子 曲／筒美京平 1973

南の代表作の1つ。詞で目を引くのが「♪ああ青い枯れ葉かんでみたの」。青はふつう新緑の色だが、本曲では枯れ葉の色だ。青をかみしめるとは、青春のほろ苦さを知ること。そうやって「♪誰もみんな女になる気がするの」。

もしもピアノが弾けたなら 690
西田敏行
詞／阿久悠 曲／坂田晃一 1981

西田主演「池中玄太80キロ」の第2シリーズ挿入歌。ジャケのとおり最初はB面曲だったが反響は本曲のほうが大きく、AB面入れ替えて大ヒット。西田はこの曲で81年の紅白に初出場。司会を務めた90年にも歌っている。

夢芝居 785
梅沢富美男
詞・曲／小椋佳 1982

大衆演劇のスター・梅沢は、歌手デビューする気は毛頭なかったが、レコード会社のDにしつこく口説かれたため、「小椋佳が書くなら歌う」と無茶振り。ところが、そのDが小椋の後輩でOKに。本当に歌うことになったら大ヒット。

う、ふ、ふ、ふ、 794
EPO
詞・曲／EPO 1983

83年の資生堂春のCMソングとして書かれたが、以後もビールやら車やら、40年近くなんらかのCMで使われている珍しい曲。最近だと、川口春奈が出たQTモバイルのCMにて替え歌で。なんか聴いてて嬉しくなる曲調だもんね。

チェルノブイリ 985
THE BLUE HEARTS
詞・曲／真島昌利 1988

当時彼らの所属レコード会社の親会社が、原発事業を手掛ける三菱電機だったため発売許可が出ず、自主レーベルから発売という、RC「COVERS」と同じ目に遭った本曲。東日本大震災の23年前から警告は発せられていたのだ。

ふれあい　　　337
中村雅俊

詞／山川啓介　曲／いずみたく　1974
ドラマ「われら青春!」挿入歌。中村が劇中、弾き
語りで歌って反響を呼び大ヒット。主題歌
(P136)もこの曲も売れたのに、視聴率は低迷。
半年で終了したのは意外な事実。ジャケはドラマ
の撮影風景となっている。

太陽野郎　　　80
寺内タケシとバニーズ

詞／岩谷時子　曲／いずみたく　1967
ブルージーンズを脱退した寺内(中段右)が若
手を集め66年に結成。左隣・黒沢博はヒロシ
＆キーボーのヒロシ、その左、奥石秀之はのちに
「コッキーポップ」司会の大石吾朗。バンド名
は寺内がウサギ年生まれだから。

太陽のくちづけ　　　267
栗田ひろみ

詞／山口あかり　曲／森田公一　1973
大島渚監督に見出され、72年、映画「夏の妹」
のヒロイン役に抜擢。レコード会社も注目本曲
でデビュー。当時15歳と思えない色気でグラビ
アを席巻。74年、篠山紀信撮影でヌードを披露。
80年引退、今は孫がいる。

ツッパリ High School　　　675
Rock'n Roll(登校編)
横浜銀蝿(T.C.R. 横浜銀蝿 R.S.)

詞・曲／タミヤヨシユキ　1981
「2年間でシングル1位、アルバム1位、武道館
満タン」の目標を達成し解散。20年、デビュー
40周年記念で還暦過ぎ再結成は驚いた。ギタ
ーのJohnnyは現在、ベルウッド・レコード社長。

なみだ恋　　　266
八代亜紀

詞／悠木圭子　曲／鈴木淳　1973
デビュー後、低迷が続いた八代。ダメなら歌手
を辞めようと「全日本歌謡選手権」に出場しら
10週勝ち抜き。この曲の大ヒットが待っていた。
新人ながらレコ大歌唱賞を受賞したことが以後、
心の支えになったとか。

山口さんちのツトム君　　　425
川橋啓史

詞・曲／みなみらんぼう　1976
76年、NHK「みんなのうた」で放送され問い合
わせが殺到。各社が競ってレコードを出した。作
者のみなみは少年時代に母を亡くした。母親が
田舎に行って意気消沈したツトム君は自分の分
身と、あとで気付いたという。

パープルタウン　　　648
八神純子

詞／三浦徳子　曲／八神純子・R.Kennedy・
J.Conrad・D.Foster　1980
発表後、洋楽曲との類似が指摘されカヴァー扱
いになったのは残念。コラボ曲の使用に関する
行き違いが原因という説も。真相はさておき、圧
倒的な声量、表現力は八神の圧勝だ。

気まぐれONE WAY BOY　　　824
THE GOOD-BYE

詞／橋本淳　曲／山本寛太郎　1983
「ヨッちゃんバンド」とも言われていたグループに
自分の名を冠さず、4人同格でのデビューを望
んだ野村義男の心意気が伝わってくるジャケだ。
楽曲自体でファンを楽しませる姿勢は、男闘呼組
やTOKIOにも継承された。

愛が止まらない　　　993
～Turn it into love～　　Wink

詞・曲／M.Stock・M.Aitken・P.Waterman
日本語詞／及川眠子　1988
Winkにはハマった。感情をほとんど表に出さず、
たんたんと歌い踊る姿がツボ。のちにレコ大曲
「淋しい熱帯魚」を作詞する及川と出逢えたの
は2人にとって幸運だった。

ひとり咲き 597
チャゲ＆飛鳥
詞・曲／飛鳥涼　1979
2人のデビュー曲。「コッキーポップ」で初めて聴いたときの率直な感想は、「演歌っぽいなあ」。つい聴き入ってしまう歌唱力は当時から抜群だった。この曲で「夜ヒット」に初登場。直前キャンセルした拓郎の代役だった。

ト・レ・モ・ロ 845
柏原芳恵
詞／松本隆　曲／筒美京平　1984
打ち込み＆自動演奏ができる「フェアライトCMI」を使用した、おそらく日本初の歌謡曲。編曲家・船山基紀がオーストラリアから個人的に仕入れた最新機器を、さっそく自分の作品に導入。筒美の旺盛な好奇心が垣間見える曲。

魅惑・シェイプアップ 660
内山田洋とクール・ファイブ
詞／伊藤アキラ　英語詞／奈良橋陽子
曲／タケカワユキヒデ　1980
英語で始まる歌詞、タケカワの起用も驚いたが、TVではバックの5人が楽器を持って演奏。彼らはバンドなのだ。ジャケも無理にタイトルに合わせず、バンド風に撮っていれば……。

たどりついたらいつも雨ふり 250
モップス
詞・曲／吉田拓郎　1972
原曲は、拓郎がアマチュア時代に結成したロックバンドで歌っていた曲。鈴木ヒロミツに曲を依頼された拓郎は、この曲を思い出し、モップス用に新たな詞を書いた。自身も気に入り、アルバム「元気です」でセルフカヴァー。

雨 242
三善英史
詞／千家和也　曲／浜圭介　1972
渋谷の花街、円山町出身。デビュー曲がいきなり大ヒット。美少年ぶりと歌唱力は際立っていた。50代になってカツラ使用を公表。CMの話が来て、どしゃ降りの中でカツラを着けて「雨」を歌う姿に、真の芸能人魂を見た。

少女人形 713
伊藤つかさ
詞／浅野裕子　曲／南こうせつ　1981
「金八先生」第2シリーズで沖田浩之と共に人気を集めたのが彼女。「ザ・ベストテン」にもランクインしたが、当時14歳のため、労働基準法との兼ね合いで夜8時以降の生出演を見送った。法律も教えてくれたアイドルだ。

真夜中のエンジェル・ベイビー 381
平山三紀
詞／橋本淳　曲／筒美京平　1975
「♪ヨコスカ　ヨコハマ　ハラジュク　ロッポンギ～」とノッケからドライブ感覚満点。ミキ姉はいつでもカッコいい。六本木で遊んでる歌詞は荻野目（P84）と同じだが、70年代と80年代、聴き比べてみるのも一興かと。

なごり雪 394
イルカ
詞・曲／伊勢正三　1975
最初に出たのはかぐや姫版で、74年、アルバム「三階建の詩」に収録。翌年、"妹分"のイルカがカヴァーし76年に大ヒット。このジャケでも着ている代名詞のオーバーオールは、今も20枚ほど持っているとのこと。

ロックン仁義 999
ザ・タイマーズ
詞・曲／ゼリー　1989
「夜ヒット」の生放送で突然曲目を変え、某FM局を4文字言葉で痛烈に批判した彼ら。バンド名は「ザ・タイガース」、ゼリーは「ジュリー」のパロディだということを強調しておこう。もちろん、当然、絶対に、清志郎とは別人だ。

「君と僕」じゃなく「たち」は広義の人間愛に向かって

男の子女の子 　　　　　　　**252**
郷ひろみ
詞／岩谷時子　曲／筒美京平　1972

郷ひろみの曲は「よろしく哀愁」（P159）、「誘われてフラメンコ」など秀逸なタイトルが多い。このデビュー曲もそう。なんたって「男の子女の子」である。
　Pの酒井政利は、まずタイトルを自分で決めていた。美少年すぎて「男か女かわからない」と言われた郷が歌うからこそ、このタイトルは余計に光る。酒井もそれが狙いだったのか!?
　岩谷時子の詞もすごい。主語は「君と僕」ではなく「君たち女の子　僕たち男の子」と複数形。しかも「おいで遊ぼう」である。
　つまりこの曲は、広い意味での人間愛を歌っていて、みんなで愛を交歓し合おうというメッセージとも受け取れる。郷がこれを歌うことを許したジャニー喜多川もまたすごい。
　だがいちばんすごいのは、1つ間違えばお笑いになりかねないこの曲を平然と歌いこなし、ヒットさせた郷である。すべてを超越して、どんな曲を歌っても輝きを放つ郷。だからこそ「お嫁サンバ」（P10）も歌えたのだ。

米国のミュージシャンに「縮緬ビブラート」で渡り合う

愛のさざなみ 　　　　　　　**102**
島倉千代子
詞／なかにし礼　曲／浜口庫之助　1968

デビュー15周年記念曲。島倉はこの頃ヒット曲に恵まれず、正念場に立たされていた。そこに救世主となったのが「ハマクラさん」こと浜口庫之助である。演歌歌手の島倉に、思いきりポップスに振った曲を書いた。今聴くとソフトロックとも言える。
　さらに浜口の勧めで、当時の歌謡曲としては異例の海外録音（ロス）が行われた。米国の腕利きミュージシャンたちによる、寄せては返すさざなみのような演奏に、島倉は「縮緬ビブラート」で堂々と渡り合い傑作が完成。このハマクラ流センスには脱帽するしかない。
　「この世に神様が本当にいるなら　あなたに抱かれて私は死にたい」という、なかにし礼の強烈なフレーズを、こんなにかわいらしく歌えるのはお千代さんだけだ。斬新なアプローチの本曲は大ヒット。島倉は危機を脱した。
　のちに浜口は、私生活でいろいろありすぎた島倉に「人生いろいろ」を書き、こちらも大ヒット。縁もくり返す。さざなみのように。

ペガサスの朝 　　　　667
五十嵐浩晃

詞・曲／五十嵐浩晃　1980

生まれも育ちも北海道、道産子アーティストらしい爽快な曲だ。大ヒットしたが、東京で生活中に体調を崩し、再び故郷へ。今は北海道を拠点にマイペースで音楽活動を続けている。これからの時代はこういう人が強い。

ポケットいっぱいの秘密 　　332
アグネス・チャン

詞／松本隆　曲／穂口雄右　1974

松本が職業作詞家としての第一歩を記した曲。アルバム曲の予定が、ナベプロ・渡辺晋社長が推してシングルに。1番の歌詞、「あなた」「ぐっすり」「寝顔」「好きよ」の頭を拾うと「アグネス」。元祖タテ読み！

子供達を責めないで 　　　823
伊武雅刀

詞／H. B. Barnum　日本語詞／秋元康
曲／I.Reeve　1983

原曲の内容を真逆にして、秋元が日本語詞を作成。伊武がクソガキどもの行状を痛烈批判して話題になった。「私は子供に生まれないでよかったと胸をなで下ろしています！」（笑）。

好きになった人 　　　　109
都はるみ

詞／白鳥朝詠　曲／市川昭介　1968

68年の浮かれた世相（P28、オックス参照）は演歌歌手のジャケにまで影響を与えた。着物の柄もポップだが、タイトルの装飾と配色に注目。「だいじょうぶだぁ」で、恋人たちがこの曲で踊るコント、好きだったなぁ。

母に捧げるバラード 　　　306
海援隊

詞／武田鉄矢　曲／海援隊　1973

歌詞が数行しかなく、あとは武田の語り。導入部は母親への手紙、本編では武田が母親を演じている。1人2役で曲というより「武田鉄矢劇場」だ。演技力を買われた武田は77年、映画「幸せの黄色いハンカチ」に出演。

ローマの雨 　　　　　52
ザ・ピーナッツ

詞／橋本淳　曲／すぎやまこういち　1966

ピーナッツというと宮川泰のイメージだが、これはすぎやま作品。2人の音楽的素養を存分に引き出した傑作。B面の「銀色の道」はダーク・ダックスも歌ってヒット。そちらは宮川作品だ。1粒で2度おいしい1枚だ。

ドンファン 　　　　　528
神田広美

詞／松本隆　曲／吉田拓郎　1978

「スタ誕」出身で、77年に「人見知り」でデビュー。これは5枚目で拓郎作曲。それまでのハイトーンを抑え、アウトローな雰囲気で勝負した隠れた名曲。神田はのちに作詞家に転向。荻野目洋子のデビュー曲も書いた。

ロマンス 　　　　　290
ガロ

詞／山上路夫　曲／堀内護　1973

自作ではない「学生街の喫茶店」(P18)と「君の誕生日」のヒットは、彼らにとって複雑だった。だから、自分の曲がコンペで選ばれヒットしたことが、堀内（マーク）が何より嬉しかったという。サビで3人が奏でるハーモニーは絶品。

FOREVER 　　　　　868
〜ギンガムチェックstory〜
少女隊

詞／亜伊林　曲／都倉俊一　1984

売り出しに予算30億をかけ、シングル、アルバム、12インチ、ビデオの同時リリースで話題に。現在のアイドル売出しプロジェクトは、源流をたどると少女隊に行き着く気がする。

太陽にヤァ! 45
舟木一夫
詞／関沢進一　曲／船村徹　1966

冒頭の歌詞が女性の声で「♪ウウウウ オオオオ
エエエエ ア!」。1番は太陽みたいに赤い水着
について歌い「まっかな水着、ヤァ!」。4番まで
あるが、青い水着、黄色い水着、イカス水着と水
着しか見てない! これぞ青春。ヤァ~!

卒業 736
沢田聖子
詞／三浦徳子　曲／加藤和彦　1982

「せいこ」ではなく「しょうこ」。イルカの事務所と
契約、79年に17歳でレコードデビュー。「イルカ
の妹」と呼ばれた。可憐なルックスで、シンガーソ
ングライターとアイドルを両方こなした先駆者的
な存在だった。

虹とスニーカーの頃 588
チューリップ
詞・曲／財津和夫　1979

「♪わがまま 男の罪~」で始まるこの曲、最初
のタイトルは「わがまま」だった。変えて正解。オ
リコン6位と久々のヒットとなったが、本曲を最
後にメンバーが2人脱退。第1期チューリップは
ここで終わりを告げた。

星空の孤独 119
和田アキ子
詞／阿久悠　曲／ロビー和田　1968

ホリプロ・堀威夫社長(当時)が大阪で自らスカ
ウトした和田のデビュー曲。当時18歳の新人な
のに「和製リズム＆ブルースの女王」というキャ
ッチが付けられ、早くも女王の風格が漂う。そ
して、ここにも阿久悠が。

北国行きで 225
朱里エイコ
詞／山上路夫　曲／鈴木邦彦　1972

米国のショービジネス界で実績を挙げながら、
日本では評価されなかった朱里。本曲がようや
く大ヒットしたが、以後セールスは伸びず苦悩の
日々を送り、56歳の若さで逝った。「白い小鳩」
(P159)ほか名曲多数、ぜひ聴いてほしい。

けんかをやめて 772
河合奈保子
詞・曲／竹内まりや　1982

竹内は、TVでハツラツと歌う河合を観て、「しっ
とりした曲も似合うだろうな」と考えていたら、
「けんかをやめて」のフレーズが浮かんできた。
すると直後に河合サイドから曲の依頼が来た、と
いうウソのようなホントの話。

スカイ・ピクニック 579
BIBI
詞／松本隆　曲／穂口雄右　1979

79年結成の、早坂あきよと小西直子の2人組。
松本ちえこの後継バスボンガールとして活躍。松
本一穂口コンビのこの曲でデビュー。傘を片手
に空中を飛びエデンの園へ。売れなかったけど、
トリップ感覚満載の曲。

雪國 933
吉幾三
詞・曲／吉幾三　1986

「俺ら東京さ行ぐだ」(P153)のコミックソング
路線から、本格演歌路線に転換。Pだった千
昌夫の「お前が正統派で売れるわけがない」を
押し切って大ヒットし、演歌界の大御所に。個人
的には原点のコミック方向も忘れないでほしい。

ふり向くな君は美しい 439
ザ・バーズ
詞／阿久悠　曲／三木たかし　1976

「熱闘甲子園」のテーマ「君よ八月に熱くなれ」
も書けば、「全国高校サッカー選手権」の大会歌
も書く。阿久の仕事は本当に手広い。なお、この
ときのザ・バーズのメンバーには、カブキロック
ス・氏神一番もいた。

白いサンゴ礁 130
ズー・ニー・ヴー
詞／阿久悠　曲／村井邦彦　1969
68年に結成、メジャーデビューした彼らの第2
弾。この曲は当初B面だった。まだ駆け出しだっ
た阿久の初期のヒット作。このあと70年に阿
久が彼らに書いた「ひとりの悲しみ」が、のちに
あの名曲に（P149）……。

失恋記念日 548
石野真子
詞／阿久悠　曲／穂口雄右　1978
デビュー第3弾。「♪Non No No Non」のと
ころで右手の指を器用に動かす振付が好きだ
った。てか、何やってもかわいかった。彼女の愛
くるしさは天性のもの。長渕との結婚記念日は、
私の失恋記念日だ（笑）。

スモーキン・ブギ 352
ダウン・タウン・ブギウギ・バンド
詞／新井武士　曲／宇崎竜童　1974
私は当時小2で、かなり衝撃を受けた。イント
ロはエルモア・ジェイムスの「Shake Your
Moneymaker」からの引用で、今思うと私のブ
ルースやブギへの入口ってこの曲だった。奥田民
生もライブで完コピ披露。宇崎らの功績は大。

夜霧のハウスマヌカン 921
やや
詞／いとうせいこう・李秀元
曲／柵部陽一　1986
いとうせいこうプロデュース「業界くん物語」から
シングルカット。当時憧れの職業ハウスマヌカン
の、実は厳しい生活を哀愁を込めて歌いヒット。
ややに入ったギャラは5万円だけだった。

ジュリアに傷心（ハートブレーク） 879
チェッカーズ
詞／売野雅勇　曲／芹澤廣明　1984
チェッカーズ最大のヒット曲。「涙のリクエスト」
（P35）の頃はまだ表情に不安が覗いていたが、
3曲連続オリコン1位となった本曲のジャケは、
天下を取った余裕すら感じる。しかし身長バラン
スのいい7人だ。

忍ぶ雨 286
藤正樹
詞／阿久悠　曲／新井利昌　1973
「スタ誕」出身演歌歌手のデビュー曲。当時15
歳！紫の詰襟がトレードマークで、つい拝みた
くなる大仏顔だ。キャッチフレーズは「演歌の怪
物ハイセイコー」。人気競争馬にたとえられたの
はちとかわいそうだった。

渚のうわさ 68
弘田三枝子
詞／橋本淳　曲／筒美京平　1967
作曲家・筒美の初のメジャーヒット。私はこの曲
が大好きだが、なかなかレコードに巡り逢えず、
見つけたときは狂喜した。弘田はこれで紅白に
復帰。彼女に新たな道を拓き、和製ポップスの
扉を開けた1曲でもある。

サチコ 702
ニック・ニューサー
詞・曲／田中収　1981
博多のクラブ出身で、バンド名は「New York
City, New York U.S.A.」を縮めたもの。ロッ
クというかアダルト歌謡というか演歌というか、
極めて日本的なバンドだった。NYの香りなどま
ったく漂ってないのがいい。

夜の訪問者 366
小川順子
詞／石原まさな　曲／城賀イサム　1975
時々夜に訪ねて来る男性を、部屋で毎晩じっと
待つ19歳の歌でデビュー。この頃はそういう歌
がまだあった。石坂門下で「藤圭子2世」と期待
されたが、家庭の事情で引退し結婚。国会議員
夫人になった。

何度も歌い直し帰宅後深夜に呼び戻され再録

年下の男の子 361
キャンディーズ

詞／千家和也　曲／穂口雄右　1975

キャンディーズのシングル第5弾。センターがスーからランに交代し、初の
オリコントップ10入りを果たした。ランは譜面をもらったとき、b、#が山
のようにあるのを見て悲鳴を上げた。思うように歌えず、何度も歌い直し
てやっと帰宅はしたが、深夜に電話で起こされ「どうしても録り直したい
ところがあるから来て」。ランはタクシーで朝5時に再度スタジオ入り、プ
レスに間に合わせた。アナログ時代の、作り手と歌い手双方の熱気が伝
わってくる話だ。

3ヶ月連続シングルで同時に20位以内の快挙

てぃーんず ぶるーす 481
原田真二

詞／松本隆　曲／原田真二　1977

77年10月、フォーライフから18歳でデビューした原田真二。プロデュー
スは同じ広島出身の吉田拓郎が担当。拓郎も曲を用意していたが、原
田は「自作曲でいきたい」と譲らず、最終的に詞が松本隆、曲はオリジナ
ルとなった。以降「キャンディ」「シャドー・ボクサー」と3ヵ月連続でシン
グルを発表したのは、アミューズ・大里洋吉会長（当時は社長）のアイデアと
仕掛け。それだけ、当時の原田の才能がほとばしっていた証しであり、
3曲同時にオリコン20位以内という快挙も達成した。

ミニスカ履いてブルコメを従えGSサウンド

真赤な太陽 66
美空ひばり

詞／吉岡治　曲／原信夫　1967

GSブームはお嬢にも影響を与えた。もともとは67年、ひばりの芸能生活
20周年記念アルバムに収録された曲で、作曲は、シャープス＆フラッツ
を率いて日本のジャズ界＆歌謡界を支えた原信夫。同じコロムビア所属
のブルー・コメッツがバックを務めた。好評でシングルカットしたところ大
ヒット。ひばりはTVでもブルコメを従えミニスカ姿で熱唱した。ブームに
乗っているのではなく、消化しているのがすごい。ジャズを歌わせても超一
流だったが、お嬢が歌えばGSサウンドも「ひばり節」になるのだ。

ヤンマーのTVCMで毎日流れ刷り込まれて

赤いトラクター 578
小林旭

詞／能勢英男　曲／米山正夫　1979

美空ひばり同様、元夫の小林旭も「何を歌ってもアキラ節」になる人だ。ヤ
ンマートラクターのCMソングで、毎日TVで流れていたので、今もつい口
を突いて出てくる曲。トラクターに、「いつも仲間だぜ」「地平線に立つも
のは俺たち2人じゃないか」と語りかけて画になるのはアキラだけだ。
作詞の能勢はヤンマーの宣伝担当。作曲はひばりに「リンゴ追分」を書い
た大御所・米山正夫。「♪ぼくの名前はヤン坊」でおなじみ、「ヤン坊・
マー坊天気予報」のテーマもこの2人の作品だ。

傷だらけの人生　186
鶴田浩二

詞／藤田まさと　曲／吉田正　1970

戦争体験者の鶴田が、戦後25年経った世の中に物申した曲だ。「古い奴だとお思いでしょうが……」は流行語に。古い奴が半世紀前に語った、「今の世の中、右も左も真っ暗闇じゃござんせんか」が古く聴こえないのはどういうこと？

NAI・NAI 16 シックスティーン　751
シブがき隊

詞／森雪之丞　曲／井上大輔　1982

彼らのデビュー曲。当時、きちんとハモれない3人を批判する声に、作曲の井上が「ユニゾンで何が悪いんですか？」と言ったのは、まさに目からウロコ。シブがき隊の強引な突破力は、よき理解者あってのことだ。

夢先案内人　456
山口百恵

詞／阿木燿子　曲／宇崎竜童　1977

まずタイトルが絶妙。夢で見た風景描写も美しく「朝は半分　ビロード製の幕上げて　水の表面を鏡にしていく」なんて言葉がよく浮かぶなぁ。そんな幻想的風景をリアルにする百恵の歌。まるで美術館に行った気分だ。

ベイビー！逃げるんだ。　832
RCサクセション

詞・曲／忌野清志郎・仲井戸麗市　1983

いまだに謎なのが、三菱「ミラージュ」のCMに清志郎が出たことだ。この曲に乗って激しく踊るが、クルマの説明はいっさいしない。最後に「三菱ってのが作ったんだぜ」。清志郎が出ていること自体に価値があった80年代。

冬のオペラグラス　919
新田恵利

詞／秋元康　曲／佐藤準　1986

おニャン子のソロデビュー攻勢が本格化した86年、元日にまず先陣を切ったのが新田だった。そのへんに普通にいそうな子が普通に歌ってオリコン初登場1位。まったく恐縮せず、普通に歌った彼女は歌謡界に革命を起こした。

ふたりの夏物語　889
杉山清貴＆オメガトライブ

詞／康珍化　曲／林哲司　1985

シティポップブームで再び脚光を浴びている彼らの最大のヒット曲。当時はほとんど興味なし。90年代に「あ〜、あったよな〜！」と廉価盤コーナーで買ったものが、今いい値段になってるのを見ると申し訳ない気分だ。

酸っぱい経験　656
多岐川裕美

詞／三浦徳子　曲／小笠原寛　1980

我が憧れのお姉様の1人。トマトジュースのCMソングで、酸味に引っ掛けた曲だ。「♪あなたの歴史のページの　ちょっとすっぱいあたし　想い出にしてね」と、ウィスパーも交え年下男を手玉に取ってるのがタマラン！

兄弟仁義　25
北島三郎

詞／星野哲郎　曲／北原じゅん　1965

まだ専属作家制があった63年、作詞の星野がコロムビアから新興のクラウンに移った際、北島も「それなら俺も出る。俺たち義兄弟じゃないか」と行動を共にした。そんな親兄弟を超えた固い絆がこの曲の背景にはある。

私のハートはストップモーション　562
桑江知子

詞／竜真知子　曲／都倉俊一　1979

79年のレコ大最優秀新人賞。有力候補の竹内まりやに競り勝っての戴冠だった。デビュー曲は化粧品のCMソングとなりヒットしたが、歌唱力は抜群だったのにあとが続かず。ロス・インディオスと組んだときは驚いた。

他の歌手用でお蔵入りとなったストック曲が蘇り

セカンド・ラブ

中森明菜

詞／来生えつこ　曲／来生たかお　1982

783

中森明菜のシングルの中で最大の売上げを記録した第3弾。実はもともと、ほかの歌手のために書かれた曲だった。

作詞の来生えつこに話を聞くと、弟・たかおとのコンビによる大橋純子「シルエット・ロマンス」(P42)がヒットした際、続編のオファーが来ると思い、たかおは曲を用意していたという。しかし発注はなく、曲はお蔵入りとなった。

その後、ワーナーパイオニアの明菜担当・島田雄三Dが、明菜が今後歌う曲について相談するため、たかおのもとを訪れた。そのとき、たかおが聴かせたストック曲の中に、大橋用に書いた「お蔵入り曲」が入っていた。島田のセンサーがすぐその曲に反応した。「この曲、明菜にもらえませんか?」となった。

明菜向けの詞を書くことになったえつこは、その時点では「スローモーション」(P16)に次ぐセカンドシングルになると思っていたので、タイトルを「セカンド・ラブ」にしたが、実際の第2弾は「少女A」(P33)だった。えつこは言う。「第3弾になると知っていたら、たぶんこのタ

イトルにしなかったですね」。

えつこは、当時17歳だった明菜に合わせ「まだ恋をよく知らない女の子」をイメージしてみた。すると、自身の若き日の甘酸っぱい思い出が蘇ってきたそうだ。

20歳ぐらいの頃、同い年の男性となんとなく惹かれ合いデートを重ねたが、なかなか「好き」と言い出せず、彼のセーターの袖口をそっとつまんでみたくなった。そんなもどかしさが、「あなたのセーター　袖口つまんで　うつむくだけなんて」という珠玉のフレーズにつながったという。

一方明菜は、繊細な女性心理を描いた詞と美しいメロディに感動するあまり、「私なんかが歌ってもいいんでしょうか?」と不安を見せたが、17歳なりの解釈で堂々と歌いこなしてみせた。以降もかけがえのない曲として、本曲をコンサートで歌い続けていった明菜。もしあのとき、大橋純子のスタッフが来生姉弟に曲を発注していたら……。本人の体調が戻ったら、また聴かせてほしい曲だ。

イルカにのった少年　307
城みちる
詞／杉さとみ　曲／林あきら　1973
「スタ誕」で札が上がったが、父親が猛反対。城は家業を継ぐからと説得。イルカに乗って売れたあと3年で引退し、約束どおり電器店を継いだ。東芝からデビューしたのは、実家が東芝製品を扱っていたから。義理堅い!

なみだ涙のカフェテラス　663
ジューシィ・フルーツ
詞／近田春夫　曲／柴矢俊彦　1980
「ジェニーはご機嫌ななめ」(P20)はずっと裏声だったので、この曲で初めてイリアのキュートで艶っぽい地声を聴き、ますます好きになった。途中のセリフ「アレ? あたしってひょっとして、暗い性格なのかしら?」も超ツボ。

君は1000%　941
1986オメガトライブ
詞／有川正沙子　曲／和泉常寛　1986
ヴォーカルが杉山清貴から日系ブラジル人、カルロス・トシキに交代すると、私はオメガトライブにがぜん興味が湧いた。「♪キミハシェンバーシェン!」のカタコト感が最高! 現在はブラジルでニンニク栽培のプロとして大成功。

すっ跳べ青春　178
吉沢京子
詞／岩谷時子　曲／宮川泰　1970
映画「バツグン女子高生 16才は感じちゃう」主題歌。「柔道一直線」のミキッペ役で人気を集め、アイドル女優の筆頭格だった。曲は青春歌謡風で、すっ跳んだ曲を期待すると裏切られるが、けなげな歌いっぷりがGOOD。

冬のリヴィエラ　787
森進一
詞／松本隆　曲／大瀧詠一　1982
森は「演歌歌手」と限定されるのを嫌う。ポップスも演歌も歌うヴォーカリストであり、松本ー大瀧コンビの曲を歌ったのもごく自然なことだった。松本は、続くシングル「紐育物語」「モロッコ」も担当、3部作に。

ほほにキスして　587
水越けいこ
詞・曲／伊藤薫　1979
「スタ誕」の決戦大会で札は上がらなかったが、サンミュージックに誘われ下段左の後輩に。ニューミュージック寄りのポップな本曲は、80年代をちょい先取り。事務所の後輩・酒井法子も90年にカヴァーしている。

さらば涙と言おう　197
森田健作
詞／阿久悠　曲／鈴木邦彦　1971
ドラマ「おれは男だ!」主題歌。主人公は剣道部員だったので、ジャケも剣道着。テリー伊藤氏はこのドラマの大ファンで、ラジオの企画で本家を招いた。お台場の浜辺でリスナーとスタッフ一同、剣道の寒稽古をした思い出は私の一生の宝だ。

愚か者よ　954
萩原健一
詞／伊達歩　曲／井上堯之　1987
萩原のムーン移籍第1弾。曲は萩原のPYG時代からの盟友・井上堯之。萩原は伊達が最初に書いた詞を気に入らず全面的に直させて井上がまとめた、とのちに語っている。マッチが歌った「愚か者」(よ、ナシ)はレコ大を受賞した。

乙女のワルツ　378
伊藤咲子
詞／阿久悠　曲／三木たかし　1975
とにかくスケールが壮大。「つらいだけの初恋」という、アイドル歌謡の辞書にないフレーズを17歳に歌わせた阿久と、期待に応えてみごと歌い上げた伊藤の力量に感嘆。大竹しのぶ×甲本ヒロトのカヴァーも珠玉。

みんなのうた　984
サザンオールスターズ
詞・曲／桑田佳祐　1988

85年から活動休止していた彼らが、結成10周年に合わせて3年ぶりに始動した際のシングル。以後も節目節目にライブで必ず歌う曲となった。＜サザンの歌はファンと共に＞……そんな桑田の思いが伝わってくる曲。

バラの恋人　92
ザ・ワイルドワンズ
詞／安井かずみ　曲／加瀬邦彦　1968

音の厚みとアイドル性を追求していた彼らは、68年、キーボードの「チャッピー」こと渡辺茂樹（前列左から2人目）を正式メンバーに。この曲は渡辺が歌い女性人気沸騰。解散後はキャンディーズのバックバンドMMPでも活躍。

迷い道　483
渡辺真知子
詞・曲／渡辺真知子　1977

デビュー曲が自作で、圧倒的な歌唱力。冒頭の「♪現在 過去 未来～」もインパクト絶大で大ヒット。96年、トヨタのCMで野茂英雄投手と共演。道に迷う渡辺に、野茂が「真知子さん、ナビ入れたら？」は笑った。

面影の女（ひと）　384
チャダ
詞／山口洋子　曲／猪俣公章　1975

ターバンを巻いた、世界初のインド人演歌歌手。仕事で来日した際、演歌の魅力にとりつかれ独学で勉強。日本デビューを果たした。北島三郎直伝の完璧な歌唱でヒット。「女（ひと）」の使用は、本家サブちゃん公認。

天城越え　945
石川さゆり
詞／吉岡治　曲／弦哲也　1986

「伊豆の踊子」にも登場する天城峠越えを、一線を越す男女の愛に重ねた石川の代表曲。08年、マリナーズのイチローが打席登場曲に使用。石川を試合に招待した。その心は、いろんな記録を「越えていきたい」。

人間の駱駝　830
大塚ガリバー
詞／宮本輝・秋元康　曲／長渕剛　1983

石黒賢・二谷友里恵主演のドラマ「青が散る」の挿入歌。「ひとのらくだ」と読む。大塚が劇中で歌い、原作の宮本輝と秋元が詞を、曲は長渕が担当。このドラマでは、主題歌である松田聖子「蒼いフォトグラフ」も名曲。

風が落とした涙　144
小川ローザ
詞／中村小太郎　曲／田辺信一　1969

69年の丸善石油CM、猛スピードで走るクルマの風でミニスカがめくれ「Oh! モーレツ」と叫ぶ姿で一世を風靡、人気タレントとなった小川のデビュー曲。翌年、カーレーサーと結婚後に引退。最近YouTuberになった。

岬めぐり　330
山本コウタローとウィークエンド
詞／山上路夫　曲／山本厚太郎　1974

詞をもらった山本は、足摺岬か知床半島あたりをイメージして曲を書きヒット。ファンにどこの岬か聞かれ、気になった山本はモデルはどこかと山上に聞くと、「ああ、三浦半島、城ヶ崎あたり」と言われ「近場かよ！」とガクッ。

ブルドッグ　468
フォーリーブス
詞／伊藤アキラ　曲／都倉俊一　1977

ゴムベルトを引っ張るパフォーマンスは斬新だったが、それ以上に「♪にっちもさっちもどうにもブルドッグ」は歌謡史上に残る名フレーズ。都倉の曲もキャッチーだ。ジャニーズの後輩たちにも受け継がれ歌われている曲。

逃避行 314
麻生よう子
詞／千家和也 曲／都倉俊一 **1974**

駆け落ちの約束をした男が時間になっても現れ
ず、汽車を見送りながら待ったけど、意を決して
1人発つ、という歌。歌手を志し、高校を中退し
て大阪から上京した麻生の覚悟と歌の内容がシン
クロ。レコ大最優秀新人賞を受賞した。

アテンション・プリーズ 560
能瀬慶子
詞／喜多條忠 曲／浜田省吾 **1979**

第3回ホリプロタレントスカウトキャラバン優勝
者。デビュー曲はブレイク前の浜省が作曲。ただ
し歌がダッチロール状態で、相当な回数録り直
したとか。百恵の「赤いシリーズ」を引き継ぐな
ど期待されたが、20歳で引退。

アッと驚く為五郎 155
植木等・ハナ肇とクレイジー・キャッツ
詞／河野洋 曲／宮川泰 **1969**

「ゲバゲバ90分」は当時の売れっ子放送作家た
ちを大集合させ、膨大な量のコントを作ったのに、
人々の記憶に残ったのは、コントの合間に出て
きて「アッと驚く為五郎！」と叫んだヒッピー姿の
ハナ肇だった……それがTV。

寿司屋 612
所ジョージ
詞・曲／所ジョージ **1979**

寿司屋に行って感じたことを、屁理屈をこね回し
ながらシュールに歌った1曲。「♪イキがいいね
と言うのは生きてる時の事 四角くなって生きて
るとは僕には思えない」……くだらなさに隠され
た、ナイフのような所の感性。

悲しみがとまらない 831
杏里
詞／康珍化 曲／林哲司 **1983**

前作「CAT'S EYE」に次ぐヒット曲を、とPの
角松敏生から託された康-林コンビ。林は、康
から詞に先立って送られてきた2つのフレーズ
「悲しみがとまらない」「I can't stop The
loneliness」をサビに織り込み、連続大ヒット。

弟よ 393
内藤やす子
詞／橋本淳 曲／川口真 **1975**

16のとき家出同然で歌手を目指し、25歳になり
この曲でデビューした内藤。ハスキーでドスの利
いた声とアフロヘアには、当時ものすごい"圧"
を感じた。曲は本人の体験にもとづく実録モノか
と思いきや、内藤に弟はいなかった。

雨の嵐山 449
長渕剛
詞・曲／長渕剛 **1977**

ビクターから出た長渕の貴重なデビュー盤。ジャ
ケ裏には「ナガブチ・ゴウ」とふりがなが。レコー
ド会社からぞんざいに扱われ長渕は憤慨。契約
を打ち切って、いったん九州へ帰った。78年、東
芝から「巡恋歌」で再デビュー。

想い出まくら 372
小坂恭子
詞・曲／小坂恭子 **1975**

74年、ポプコンでグランプリに輝きメジャーデビ
ュー。これは翌年出した3枚目のシングル。いな
くなった彼を想い、1人タバコを吸う女性のもの
哀しさを描きオリコン1位の大ヒット。当時のポ
プコンは才能の宝庫だった。

ローリング・ストーンズは来なかった 279
西郷輝彦
詞・曲／藤本卓也 **1973**

73年、ストーンズの来日中止を受け、鬼才・藤
本卓也が西郷に書き下ろし。「♪他人に出来て
俺に出来ない筈がないさ おまえも頑張れ ロー
リング・ストーンズ ジョン・レノン サンタナ シ
カゴ」……羅列がなぜかグッとくる怪作。

「君が教えてくれた」の「君」は佐野元春だった

My Revolution　　　　922
渡辺美里
詞／川村真澄　曲／小室哲哉　1986

アイドルとロックアーティストの中間を行く、当時
としては稀有な存在だった渡辺美里。

そんな美里にふさわしいフレッシュなイメージの
曲を作ろうと考えたEPICソニーのPは、新しい才能
に声を掛けた。まず曲を、同じEPIC所属のTM
NETWORK・小室哲哉に依頼。詞は、当時20代
の新人作詞家・川村真澄が抜擢された。

川村が最初に書いた詞は「サビが弱い」とPに言
われ、新たに提案されたのが「My Revolution」
という言葉だった。「私の革命」ってどういうことな
んだろう？　と自問自答した末に出てきたのが「明
日を乱すことさ」というフレーズである。

川村によると「君が教えてくれた」の「君」とは、佐
野元春のイメージ。英語のような歌詞の乗せ方など
「革命」の方法を川村に教えてくれたのは元春だっ
たのだ。

本曲は美里の最大のヒットとなり、代表作に。ま
た、作曲家・小室哲哉の原点にもなった。当時の
EPICソニーの充実ぶりを示す1枚だ。

詞も曲も書き演奏して歌った先駆者は若き才人

いとしのマックス（マックス・ア・ゴーゴー）　62
荒木一郎
詞・曲／荒木一郎　1967

日本のシンガーソングライターの先駆けとして、よ
く加山雄三の名前が挙がるが、荒木一郎のことも
忘れてはならない。

66年、自身がパーソナリティを務めたラジオ番組
のテーマ曲「空に星があるように」でレコードデビュ
ー。大ヒットとなり、レコ大新人賞を受賞した。当
時まだ22歳の若さだった。

加山は作詞を岩谷時子に任せたが、荒木の場合
は自分で詞も曲も書き、演奏して、歌った。60年代
半ばの歌謡界で、そんなことをしていた歌手は荒木
だけだった。

翌67年に出た第5弾シングルの本曲は、荒木の
才能がいかんなく発揮された傑作だ。

GSブームを反映した軽快な曲調のナンバーで、
荒木のどこか陰のある声がシブくて最高だ。特に
「♪ドゥンドゥドゥドゥドゥドゥドゥ……ゴォ！」のとこ
ろがたまらない。そりゃモテるわ。

俳優としても脇役系で活躍。加山が「陽」なら、荒
木は「陰」に徹した才人だった。

風を感じて 585
浜田省吾

詞／浜田省吾・三浦徳子
曲／浜田省吾　1979

浜田は何度かCM曲を書いたがすべてボツ。二度とやるかと思っていたらカップヌードルCMの話が。作詞はイヤだと曲だけ書いたが、詞も自分流に直したところ採用、初のヒットに。

初戀 904
斉藤由貴

詞／松本隆　曲／筒美京平　1985

第3弾シングル。ジャケがトレードマークのポニーテールではなく、髪を下ろしたのが新鮮でハッとした。「♪好きよ好きです〜　愛しています〜」のド直球な詞が当時ハートを直撃。「戀」の字はくれぐれも旧字体でよろしく。

マアいろいろあらァな 55
東京ぽん太

詞／高村俊広　曲／和田香苗　1966

作新学院の元野球部員なので江川卓の先輩。栃木からコメディアン目指し上京。唐草模様の風呂敷包みを背負い、本曲のタイトルや「夢もチボーもないね」などの栃木訛り強調のギャグで人気に。U字工事の栃木訛り大先輩だ。

ルフラン 580
井上望

詞／山上路夫　曲／馬飼野康二　1979

「スタ誕」出身、デビュー曲から歌唱力には定評があった。冒頭「♪ル、フラ〜ン」をくり返すのが印象的。仏語で「くり返し」の意味だとあとで知った。現在はエド山口夫人。ときどき夫婦でYouTubeに出演。歌も披露している。

夜空 297
五木ひろし

詞／山口洋子　曲／平尾昌晃　1973

夜空というよりも、まるで宇宙遊泳しているかのようなジャケがいい。五木はこの曲で初のレコ大を受賞。ステージには福井出身の五木と同じ北陸出身（石川）の横綱・輪島が駆けつけ、五木を抱きかかえるシーンも。

愛で殺したい 534
サーカス

詞／P.Delanoe　日本語詞／なかにし礼
曲／M.Fugain　1978

大ヒットした前作「Mr.サマータイム」(P32)と同じM・フュガンの作品をカヴァー。挑発的なタイトルと、昼下がりの情事を思わせる刺激的な内容は、いかにもなかにし流。

別れのサンバ 143
長谷川きよし

詞・曲／長谷川きよし　1969

幼い頃に病気で失明。盲目のシンガーとして、自作のこの曲でデビューし大ヒット。ギターがとにかく超絶テクで、落ち着いた歌声も絶品。ボサノバ、サンバを採り入れ、「日本のホセ・フェリシアーノ」と呼ばれた。

君をのせて 217
沢田研二

詞／岩谷時子　曲／宮川泰　1971

ジュリーの記念すべきソロ第1弾。この頃はまだソロシンガーとして歩む決断はしていなかった(P170)。演出家・久世光彦は、本曲をモチーフに78年、ジュリー＆内田裕也で、ドラマ「哀しきチェイサー」を撮っている。

熟女B 813
五月みどり

詞／なかにし礼　曲／中村泰士　1983

40代でロマンポルノ主演。熟女ヌードの先駆けとなった。中森明菜「少女A」(P33)に対抗した本曲は43歳時。このジャケ、村田兆治の剛速球を見るようなケレン味のなさ。こんな企画の作詞にはやはり、なかにし礼。

つぐない 839
テレサ・テン
詞／荒木とよひさ　曲／三木たかし　**1984**
テレサの3部作(P10)第1弾。彼女ほど政治や国家の思惑に翻弄された歌手はいない。歌詞中の、好きな人のために自分から街を出て行く女性は、晩年アジアを離れ単身パリへ移ったテレサの姿と重なってならない。

マキシーのために 193
南こうせつとかぐや姫
詞／喜多條忠　曲／南こうせつ　**1971**
「第1期かぐや姫」の第2弾シングル。メンバーは、南こうせつ、森進一郎、大島三平。本曲はB面曲で、喜多條忠の作詞家デビュー作でもある。もう1枚出して第1期終了。南、伊勢正三、山田パンダの第2期に。

うぬぼれワルツ 529
木の実ナナ
詞／門谷憲二　曲／西島三重子　**1978**
「みごろ！たべごろ！笑いごろ！」の後継番組で、西田敏行と武田鉄矢が木の実ナナを奪い合う「三文オペラ」のコーナーで流れていた曲だ。「♪あんた男前～ 私いい女～」。この3人の小粋な芝居、また観てみたい。

恋をしようよジェニー 72
ザ・カーナビーツ
詞／万里村ゆき子　曲／藤まさはる　**1967**
大ヒットしたデビュー曲「好きさ好きさ好きさ」(P40)に次ぐ第2弾。いきなり「ジェニィィ～！」の叫びがたまらない。ジャケのタイトルは「ヅェニー」に見える……。5人ともいったいどこを見てるのだろうか？

誘惑光線・クラッ！ 848
早見優
詞／松本隆　曲／筒美京平　**1984**
この曲の妙味はタイトルに尽きる。映画を真面目に観るだけの彼に「♪このまま車で送るだけなの？」「♪もっと接近しましょ」と大胆に迫る早見。このジャケは逆光気味なのではなく、当時の彼女から誘惑光線が出ていた証拠！

愛の挽歌 264
つなき＆みどり
詞／橋本淳　曲／筒美京平　**1972**
この年ブルコメを脱退した三原綱木は、かつて少女歌手として「パイナップル・プリンセス」をヒットさせた田代みどりと新婚夫婦デュオを結成。同じく夫婦のアイク＆ティナとはまた違った、筒美による洗練された大人のポップス。

セクシー・ナイト 659
三原順子
詞／亜蘭知子　曲／長戸大幸　**1980**
「金八先生」が生んだスターのデビュー曲。当時はツッパリキャラで「顔はヤバイよ、ボディやんな！」と言っていた彼女が、やがて国会議員となり「恥を知りなさい！」と言い放ったとき、「まあ、ご立派になられて」と目頭が熱くなった。

目を閉じておいでよ 994
BARBEE BOYS
詞・曲／いまみちともたか　**1989**
発売日が89年の元日。1週間しかなかった「昭和64年」で、昭和にギリギリ間に合った。CDとの端境期でアナログ盤は貴重。「♪でも慣れた指より そこがどこかわかるから」というきわどいフレーズが、いかにもバービー。

完全無欠のロックンローラー 723
アラジン
詞・曲／高原茂仁　**1981**
名古屋商科大の学生バンドだった彼らは、ポプコングランプリを狙い何度も応募。この曲で大願成就したあとが続かず。当時「ひょうきん族」出演で高原は島田紳助と仲良くなり、08年に紳助作詞の「羞恥心」を作曲、再ブレイク。

サヨナラ模様　711
伊藤敏博
詞・曲／伊藤敏博　1981

国鉄（現JR）富山車掌区の現役車掌だった伊藤は、ポプコンでグランプリを獲得。曲は大ヒットした。ベストテン番組に勤務先のプラットホームから中継で出演などPRに貢献したが、国鉄の規定でメディア出演はノーギャラ……。

わが人生に悔いなし　964
石原裕次郎
詞／なかにし礼　曲／加藤登紀子　1987

作詞家への道を拓いてくれた裕次郎への、なかにしからの「恩返し」。おトキさんに曲を依頼したのもなかにしで、「同じ満州生まれで引き揚げを体験、同じものを見てきた」から。発売から3ヶ月後、裕次郎は悔いなく逝った。

リップスティック　523
桜田淳子
詞／松本隆　曲／筒美京平　1978

紅いルージュを引いて山手線に乗り、二股をかけた彼氏のマンションに乗り込んで、ドアに口紅で「Good-bye」と書く主人公。ドラマのような松本の詞、筒美流ディスコサウンド、淳子の表現力が三位一体となった大傑作。

男と女のお話　164
日吉ミミ
詞／久仁京介　曲／水島正和　1970

「池和子」でデビューしたが売れずに心機一転、芸名を変えて出した第2弾が大ヒット。ジャケの、くるんとカールした髪型も素敵。山本リンダ、安倍律子と3人で「ゴックン娘」と名乗って、「タケちゃんマン」に出演したことも。

柳ヶ瀬ブルース　40
美川憲一
詞・曲／宇佐英雄　1966

岐阜・柳ヶ瀬の流しの歌手が書いた曲を、デビュー間もない美川が歌って大ヒット。柳ヶ瀬に行ったとき歌碑があるというので探してみたら、商店街の通路に歌詞が刻まれていて、みんなバシバシ踏んづけて通っていた。

メリーアン　812
ALFEE
詞／高見沢俊彦・高橋研
曲／高見沢俊彦　1983

彼らのブレイク曲。高見沢に取材すると、「夜露に濡れる森」はドイツの黒い森だと。ほかに、メリーアンは花婿に逃げられた22歳と、主人公は寄宿舎に通う17歳と、えらく具体的だった。

旧約聖書　112
アダムス
詞／山上路夫　曲／村井邦彦　1968

GSにしては格調高い雰囲気のこの曲は、創立間もないCBSソニーから、邦楽部門で最初に発売された1枚（P37、フォーリーブスと同時リリース）。アダムスはわずか1年で解散。ギターの水谷公生は、のちに作曲家としても活躍。

恋の風車　309
チェリッシュ
詞／林春生　曲／筒美京平　1974

「ひまわりの小径」以来6曲ぶりに筒美が曲を担当。オリコン3位まで上昇するヒットに。それまでのフォーク路線から、本格的なポップス方向へと転換する重要な曲となった。2人が結婚するのは、この3年後。

道標（しるべ）ない旅　596
永井龍雲
詞・曲／永井龍雲　1979

福岡から上京しデビュー。「第二の陽水」と呼ばれた永井の第5弾。グリコアーモンドチョコのCM曲となりヒット。飾らないヴォーカルが心地良い。このジャケ、本人の顔が影になっているが、白い雲と青空が素敵な1枚だ。

「いかにもユーミン」に負けじと「松本語」で

赤いスイートピー　735
松田聖子
詞／松本隆　曲／呉田軽穂　1982

松任谷由実が松田聖子に書き下ろした最初の曲（呉田軽穂は筆名）。曲が先で、「いかにもユーミン」な曲が来たので、松本隆も負けじと自分の色を出して対抗した。冒頭の「春色の汽車に乗って」なんて、いかにも松本語だ。それを全部「自分色」に塗り替えてしまうのが、前作「風立ちぬ」（P77）と同じ聖子のすごさ。そして、色といえば、「赤い」スイートピーは本来ない色だった。松本も「やばい」と思ったが、のちに品種改良で赤が作られた。歌の力は偉大だ。

マンボ歌謡はペレス・プラードを超えた！？

恋は紅いバラ　436
殿さまキングス
詞／千家和也　曲／佐瀬寿一　1976

赤い花といえば、やっぱりバラだ。加山雄三にも同じタイトルの曲があるが、本曲はまったく別モノの「マンボ歌謡」である。「♪抱かれてマーンボ（あ、マンボッ）燃やしてマーンボ（あ、マンボッ）」というバックの合いの手が最高。紅白ではこの曲で白組一同が黒のスーツで居並びマンボを踊った。そして白組勝利を願い「♪恋は白いバラ〜」と歌った宮路オサム。私にマンボの魅力を教えてくれたのはペレス・プラードではなく、出てくるだけで場が明るくなる殿キンだった。

「失神バンド」の練習は歌と楽器と…失神！

ガールフレンド　96
オックス
詞／橋本淳　曲／筒美京平　1968

私は完全な後追い世代だが、GSが大好きで、特に愛してやまないのが「失神バンド」オックスだ。楽器の練習と同時に、屋上で失神の練習もしていたという彼らのデビュー曲。橋本一筒美コンビの傑作で、「♪水色の朝日は とてもとても冷たいよ」って、ジャンキーでイイよねぇ。当時のライブ盤にも収録されていて、会場の女の子たちがこの曲を一緒に大合唱するところはわけのわからない感動を覚える。オックスと一緒に失神し、叫び、歌ったあの子たちは今、余裕で還暦過ぎのはず……。

盟友・中村泰士とヒデの男の友情で1位復帰

愛は傷つきやすく　168
ヒデとロザンナ
詞／橋本淳　曲／中村泰士　1970

デビュー曲「愛の奇跡」（P49）が大ヒットしたヒデロザ。売れすぎた反動で、第2弾以降は徐々にセールスが下がっていった。落ち込むヒデを救ったのが作曲家・中村泰士である。自分が歌手だった頃、ヒデは同じレコード会社に所属。2人は夢を語り合った盟友だった。友を売れない歌手に逆戻りさせたくないと、中村はこの曲を書き下ろした。オリコン1位復帰の陰には、男の友情があったのだ。男女が交代で違う詞を歌いながら掛け合っていくサビは、盛り上がり最高。

どうにかなるさ　　161
かまやつひろし

詞／山上路夫　曲／かまやつひろし　1970

スパイダース在籍中に発表された、カントリー風のソロ曲。かまやつは青山学院高等部時代にカントリー＆ウエスタン歌手としてデビューした過去があり、まさに原点回帰の1曲だった。生前、ジャケにもらったサインは宝物。

人間狩り　　311
ピーター

詞／なかにし礼　曲／馬飼野康二　1974

ジャケを見てるだけでゾクゾクする危うさがあるピーター、危うい歌詞を乗っけるなかにしとの共犯関係がみごと。巨人・阿部二軍監督の母はピーターの大ファンで、本名「池畑慎之介」から取って息子に「慎之助」と命名。

夏色の天使　　998
小川範子

詞／川村真澄　曲／井上ヨシマサ　1989

小川主演の同名昼ドラマ主題歌。子役出身で、80年代後半、アイドル女優として人気に。歌も売れた。歌手デビューして最初に歌ったのが早稲田祭で、校風に憧れ、自己推薦入試を受け合格。女優業と学業を両立させて卒業した。

ホテル　　886
島津ゆたか

詞／なかにし礼　曲／浜圭介　1985

ホテルでしか逢ってもらえない女性が、不倫相手の電話帳（死語）をこっそり見ると、自分の名前が男名前で書いてあった……聴くだけで昼メロを1週間分観た気になる、なかにしワールド全開の1曲。ジャケのタイトル文字がネオン！

SEPTEMBER　　595
竹内まりや

詞／松本隆　曲／林哲司　1979

上京した年の9月、大学の夏休みって長いなあと感じたとき、曲の主人公の気持ちが7年遅れでわかった。恋人同士が故郷に帰る夏休みは、彼が年上の女性に心変わりするにはじゅうぶんな長さ、というスタッフのイメージから生まれた曲。

あんた　　856
やしきたかじん

詞・曲／伊藤薫　1984

30年ほど前、私は仕事絡みでやしきのコンサートに行き、この曲を生で聴いたが、のちに突然封印。最初の妻をイメージした曲で、彼女が急逝したからだった。本人は繊細で、気配りの人。生で聴いた美声は今も記憶に。

SHOW ME　　973
森川由加里

詞・曲／A.Tripoli・T.Moran・A.Cabrera・B.Khozouri　日本語詞／森浩美　1987

「男女7人秋物語」の主題歌となり大ヒット。私にとっては、P・バラカン MC「ポッパーズMTV」のアシスタントだが、まさかオリビア・ハッセーのあとの布施明夫人になるとは……。

逆光線　　491
Char

詞／阿久悠　曲／Char　1977

「気絶するほど悩ましい」（P38）のヒットを受けた続編。これもヒットし、ツイスト、原田真二と並ぶ「ニューミュージック御三家」の1人に。阿久の詞にいちばんハマった男性歌手って、ジュリーじゃなくChar かも。

北ウイング　　835
中森明菜

詞／康珍化　曲／林哲司　1984

衣裳などセルフプロデュースを意欲的に進めていった明菜は、ついに自ら作曲家・林哲司を指名。意を決して異国に住む彼のもとへ深夜に飛ぶ女性は、未知の領域へ突き進む明菜の姿とかぶる。秀逸なタイトルも本人の案だ。

原爆で弟を亡くしたサトウハチローの思いが込もる

悲しくてやりきれない

89

ザ・フォーク・クルセダーズ

詞／サトウハチロー　曲／加藤和彦　1968

「帰って来たヨッパライ」に続くフォークルの第2弾シングル。「イムジン河」が直前になって発売中止となり、急きょ代わりに作られたのが本曲である。フォークルの原盤権を持っていたパシフィック音楽出版の石田達郎社長は、加藤和彦を呼び出すと、「今から曲を書いて。3時間もあれば書けるでしょ」と社長室に鍵をかけて缶詰にした。

とはいえ、すぐに曲が浮かぶわけもない。2時間ほど経って加藤は「イムジン河」の譜面を紙に書いてみた。二番煎じを作るのはイヤだなと、遊びで音符を逆にたどっていたらモチーフが浮かび、すぐに曲が完成したという。さすが天才だ。

3時間後「書けた?」と言って現れた石田は、加藤を連れて詩人・サトウハチロー宅に直行した。「リンゴの唄」を書いた、当時64歳の大御所と20歳の加藤を組ませたのは、Pとしての鋭い直感だろう。しかし、その場ではサトウと石田が雑談しただけで、特に詩と曲の打ち合わせはしなかったという。

1週間後に送られてきた詞を見て加藤は、「こんな詞でいいの?」

と思った。自然の風景を眺めながら「悲しくてやりきれない」という心象風景を綴っただけの歌詞。だが実際に歌ってみて驚いた。打ち合わせなど全然しなかったのに、詞がメロディにぴったりハマっていて、一見なんでもない言葉が曲に乗ると心にじんわり沁みてくる。「これがプロか!」。

またサトウも、加藤の曲に何か感じるところがあったのではないか。たんたんとしているが、人を前向きにさせる明るさがこの曲にはある。若き才能が、大御所詩人を本気にさせた。

サトウは、広島の原爆で実弟を亡くしている。現地に行って弟を探し回ったが、遺品すら見つからなかった。そのときのやりきれない思いが、この詞にも込められている気がする。

「やるせないモヤモヤ」を包み込み、聴く者を励ます力を曲に感じたからこそ、サトウはただ、嘆きだけを綴った。2人はこの曲がきっかけで交友関係を持つようになり、加藤はサトウ宅をたびたび訪れた。名曲誕生を予見し2人を引き合わせた石田社長の慧眼に感謝。

旅立ちはフリージア　990
松田聖子

詞／Seiko　曲／タケカワユキヒデ　1988

初めて聖子自らシングルＡ面を作詞。フリージアは「風立ちぬ」(P77)にも登場した花だ。オリエント急行を日本で走らせるイベントのイメージ曲で、「999」の連想からのタケカワ起用か。聖子にとっては昭和最後のシングル。

出航 SASURAI　664
寺尾聰

詞／有川正沙子　曲／寺尾聰　1980

伸ばして、止めて、伸ばして、止めて……という不思議な旋律が耳に残る曲だ。次作「ルビーの指環」(P42)の大ヒットで、「SHADOW CITY」と共に3曲同時チャートインの快挙も。最近、本人出演のCMでもリバイバル。

アザミ嬢のララバイ　390
中島みゆき

詞・曲／中島みゆき　1975

中島のデビュー曲。ジャケ裏、アザミについての本人コメントが、「一見針に包まれて強そうであるが、実際は菜の花や桔梗よりももっと弱い花ではないか」。アザミ嬢とは中島自身？　本曲を研ナオコが聴き、新たな展開が(P56)。

だれかが風の中で　222
上條恒彦

詞／和田夏十　曲／小室等　1972

市川崑監督のドラマ「木枯し紋次郎」主題歌。西部劇のイメージで撮ると決めた市川監督は小室に作曲を依頼し、ウエスタン風の雄大な曲が完成。「出発の歌」(P34)の縁で上條が歌い大ヒット。中村敦夫によく似合う大傑作。

フライディ・チャイナタウン　717
泰葉

詞／荒木とよひさ　曲／海老名泰葉　1981

先代・林家三平師匠のDNAを兄弟姉妹の中でいちばん濃く受け継いだのは泰葉だ。疾走感と起伏の激しい曲調。デビュー曲から大天才だった。ジャケ裏を見ると「フライディ」は金曜日ではなく「FLY-DAY」＝飛翔の日。

花・太陽・雨　201
PYG

詞／岸部修三　曲／井上堯之　1971

ジュリー＆ショーケンを擁するPYG結成については(P170)に。冒頭の鐘の音は、もろにジョン・レノンの「マザー」だが、ロック新時代を告げる音でもあった。岸部(現・一徳)の刺さる詞が、若き日のジュリーの声にマッチ。

ハイスクールララバイ　710
イモ欽トリオ

詞／松本隆　曲／細野晴臣　1981

「欽ドン！良い子悪い子普通の子」発のユニット。萩本欽一の吸収力は半端ない。細野の曲提供の形で、テクノすら埋り込み大ヒットさせてしまった。イモ欽は「たのきん」のパロディでもあり「YMO欽」でもあった。

好奇心　363
黒木真由美

詞／阿久悠　曲／都倉俊一　1975

「スタ誕」出身、決戦大会では18社の札が上がった。インディアンスタイルで人気に。デビュー曲はアップテンポの好作だがオリコン50位止まり。77年、同じスタ誕出身者たちと3人で「ギャル」を結成した(P127)。

旅の終りに　484
冠二郎

詞／立原岬　曲／菊池俊輔　1977

苦節10年、初のヒット。私が作家をやっていた「のってけラジオ」のゲスト常連で、来ると毎回サウナの話(笑)。16年に31歳年下の女性と結婚。サウナの行きすぎで倒れたが、愛妻の助けで乗り越えた。お幸せに！

くちびるヌード 842
高見知佳

詞・曲／EPO　1984

元気で明るい高見をバラエティで見ない日はなかったが、歌はなかなかヒットしなかった。これは資生堂のCM曲となり、オリコン最高16位と待望のヒット。いかにもEPOらしい曲で、自身もアルバムでセルフカヴァー。

前略、道の上より 862
一世風靡セピア

詞／SEPIA　曲／GOTO　1984

路上パフォーマンス集団「劇男一世風靡」から生まれたユニットで、これがデビュー曲。全員で叫ぶ「素意や！」の連発はインパクトがあった。リーダーの小木茂光をはじめ、柳葉敏郎、哀川翔らは現在も俳優として活躍中。

ラブ・ステップ 549
越美晴

詞・曲／越美晴　1978

華麗にピアノを弾きこなし、デビュー曲は自作のハイセンスなシティポップ。ただし当時はアイドル枠にくくられ、「レッツゴーヤング」にもレギュラー出演した。80年代からは細野晴臣とつながり「テクノの女王」に変身。

ヤンキーの兄ちゃんのうた 817
嘉門達夫

詞・曲／嘉門達夫　1983

笑福亭鶴光の弟子だったが破門に。アミューズ・大里会長に拾われ桑田佳祐と親しくなった。「嘉門」は桑田が名付け親。関西のヤンキーの生態をあるあるネタでつづった本曲は、当初自主制作盤だった。客前でのライブ録音。

或る日突然 134
トワ・エ・モワ

詞／山上路夫　曲／村井邦彦　1969

スクールメイツ出身の山室（現・白鳥）英美子と、歌手を目指していた芥川澄夫をナベプロが組ませてデュオに。この曲でデビューし大ヒット。2人の声の取り合わせが絶妙だった。73年に解散したが、98年から活動再開。

夏女ソニア 803
もんたよしのり with 大橋純子

詞／阿久悠　曲／芳野藤丸　1983

コーセー化粧品CM曲。当時2人ともサブちゃんの北島音楽事務所に所属していた縁で、異色のデュオが実現。サビの♪ WOW WOW WOW ～」の絡みは涙モノ。もんたはこの年、ヒデキに「ギャランドゥ」の詞曲を書くなど絶好調。

女優 630
岩崎宏美

詞／なかにし礼　曲／筒美京平　1980

スバルレオーネのCM曲。本人が出演し若葉マークを付け運転。不慣れな女性でもラクラク乗れる親切設計が売りで、「宏美、やさしいから好き！」のバックに「♪女優なんです～」。ああ、この運転って演技なんだ、と思ったりして……。

君は薔薇より美しい 561
布施明

詞／門谷憲二　曲／ミッキー吉野　1979

カネボウCM曲。女優オリビア・ハッセーがCMに出演した縁で、布施と彼女は結婚。三谷幸喜がカラオケ十八番にしていて、映画「ラヂオの時間」に布施をキャスティングしたのは、打ち上げで本人を前に歌いたかったという説も。

恋の綱わたり 642
中村晃子

詞／福田陽一郎　曲／三木たかし　1980

超絶キュートだった60年代末の中村（P155）。80年代の彼女は妖艶さが増した。ドラマ「離婚ともだち」の挿入歌では、クラブのママ役で登場。この曲をピアノ弾き語りで歌って反響を呼び、久々のヒットとなった。

燃えてパッション 696
堤大二郎
詞／岡田冨美子 曲／鈴木キサブロー 1981
デビュー曲。「♪パッション！熱く熱く熱く〜」と、ずっと熱血路線で行くのかと思いきや、翌82年に一転、美樹克彦の「花はおそかった」をカヴァー。「♪かおるちゃん　遅くなってごめんね〜」でガクッとなった記憶が。

恋の十字路 272
欧陽菲菲
詞／橋本淳 曲／筒美京平 1973
菲菲ナンバーの中でもひときわ光るR&Bの傑作。筒美のアレンジが素晴らしく、冒頭の女声コーラスで気分はソウルトレイン。そこに菲菲のドスの利いた声が。歌詞だけ読むと「待つだけ女」も、菲菲が歌えばはっきりと意思を持つ。

二十世紀の終りに 605
ヒカシュー
詞・曲／巻上公一 1979
「ひと口で説明できないバンド」の代表がヒカシューだ。ヴォーカル・巻上公一の演劇的なパフォーマンス、超然とした歌詞……単純にニューウェーブでくくれない深さがあった。21世紀になっても、私は彼らを理解できていない。

悲しみのアリア 179
石田ゆり
詞／なかにし礼 曲／筒美京平 1970
いしだあゆみの実の妹。石田家をモデルにしたNHK朝ドラ「てるてる家族」で、石原さとみが演じたのが彼女だ。宝塚では小柳ルミ子と同期。これがデビュー曲で、作詞を手掛けたなかにしとのちに結婚し引退。才人を支えた。

みちのくひとり旅 650
山本譲二
詞／市場馨 曲／三島大輔 1980
18歳で夜汽車に飛び乗り上京後、長い下積み生活を続けた山本。30歳になってめぐり逢ったのが、大ヒットしたこの曲だった。甲子園に出場した元高校球児という経歴から、歌番組で無人の甲子園のマウンドで熱唱したことも。

パープル・モンスーン 637
上田知華＋KARYOBIN
詞・曲／上田知華 1980
上田は、東京音大に在学中すでに、上田知華＋KARYOBINを結成。弦楽四重奏をポップスと融合した、80年代の幕開けを飾る画期的な1曲だった。上田は作曲家としても、薬師丸ひろ子、今井美樹ら女性歌手に曲を提供し活躍。

デカメロン伝説 936
少年隊
詞／秋元康 曲／筒美京平 1986
ゆうていの「ワカチコ　ワカチコ〜」はこの曲からだが、正確には「ワカチコン」。この言葉を取り入れたのはニッキーのアイデアで、ネタ元はスペクトラム（P8）の曲「トマト・イッパツ」の、「ワッチコンワッチコン」だ。

としごろ 276
山口百恵
詞／千家和也 曲／都倉俊一 1973
百恵のデビュー曲。当時14歳で、キャッチフレーズは「大きなソニー、大きな新人」。「スタ誕」審査員の都倉が作曲したが、同じく審査員の阿久悠は絡まず。結局、百恵に1作も書かずに終わったのは歌謡界七不思議の1つだ。

Tシャツに口紅 825
ラッツ＆スター
詞／松本隆 曲／大瀧詠一 1983
シャネルズとしてデビューする前から、彼らに目を掛けてきた大瀧が初めて書き下ろした1曲。「♪バドゥビドゥン」のコーラスが心地良い名曲。大瀧が提供曲を自ら歌ったアルバム「DEBUT AGAIN」にも収録されている。

「あんなのを出して、君は恥ずかしくないのか？」

ペッパー警部 435
ピンク・レディー
詞／阿久悠　曲／都倉俊一　1976

　76年3月、「スター誕生！」の決戦大会で、ビクター代表としてピンク・レディーに札を上げたのは、元ロカビリー歌手の飯田久彦Dだった。飯田によると、実は独断で上げていて、会社からは大目玉を食らったという。

　飯田は、「スタ誕」審査員でもあった阿久悠にすべてを託した。決戦大会ではさほど2人に興味を示さなかった阿久だが、飯田の「この子たちで、今のチャートにないヒット曲を作りたいんです！」という言葉でスイッチが入った。

　結果、「ペッパー警部」という国籍不明の歌を、脚をバカバカ開いて歌い踊る2人組デュオが誕生したのである。飯田は上司から「あんなのを出して、君は恥ずかしくないのか？」と説教まで食らったそうだ。デビューは新人賞レースに不利な8月。つまり会社からは期待されていなかった。

　ところが、2人は空前のブームを巻き起こし、ビクターに巨額の利益をもたらした。飯田は言う。「阿久さんには、常に世間の逆を行くことの大切さを教えられました」。

日本の「ボヘミアン・ラプソディ」は佐世保発

大都会 611
クリスタルキング
詞／田中昌之・山下三智夫・友永ゆかり　曲／山下三智夫　1979

　ポプコンが生んだアーティストの中でも、クリスタルキングの完成度は群を抜いていた。

　ムッシュ吉崎のドスの利いた低音と、田中昌之の突き抜けるようなハイトーンは、日本の歌謡曲史上、最強の2トップだったと言える。

　ところで、この曲で歌われている「裏切りの街」とはどこの街なのか、作詞者の1人、田中に聞いたことがある。当然東京だと思っていたら、意外にも答えは違った。「博多です」。

　クリキンは長崎・佐世保市で結成された。佐世保から見ると、博多はじゅうぶんに都会。田中には殺伐とした寒い街に映ったという。

　佐世保のクラブやディスコで演奏する生活に疲れ果て、クリキンのメンバーたちは一時解散を決意。その前に1度、自分たちの曲をちゃんと聴いてもらおうとポプコンに応募してみたら、なんとすんなりとグランプリに輝いたのである。

　構成も素晴らしいこの曲、私は日本の「ボヘミアン・ラプソディ」だと思っている。

川の流れを抱いて眠りたい 712
時任三郎

詞／岡本おさみ　曲／鈴木キサブロー　1981

自身出演のドラマ挿入歌でヒット。誰もが「とき・にんざぶろう」だと思い、私もそうだと確信。「ときとう・さぶろう」だと知ったときの衝撃たるや！三谷幸喜が「古畑任三郎」を書いたのは、マジで時任のおかげである。

恋はダンダン 344
浅野ゆう子

詞／有馬三恵子　曲／川口真　1974

デビュー第2弾。当時14歳。「♪大人になるのダンダン　秘密を持つのドンドン」まではいいのだが、2番で制服をひるがえして「♪感じているのドンドン　妖しいものをダンダン」って、一度生活指導したほうがいいと思う。

恋の暴走 373
西城秀樹

詞／安井かずみ　曲／馬飼野康二　1975

当時このジャケを見て、ヒデキのあまりの黒さに驚いた。松崎しげる（P66）と比べても遜色ないというか、勝っている。タイトルどおり、ロック道を突っ走る痛快な1曲。間奏が途中「ダイアナ」になるのはご愛嬌。

GET BACK IN LOVE 981
山下達郎

詞・曲／山下達郎　1988

達郎の昭和最後のシングルはオリコン6位まで上昇。前作「踊ろよ、フィッシュ」のジャケは石田ゆり子の水着写真だったが、久々に本人顔出しで勝負。当時35歳のオッサンが快挙である。このまま大仏にしたい写真だ。

そんな女のひとりごと 476
増位山太志郎

詞／木лес野奈　曲／徳久広司　1977

歌がプロ級で、現役時代に、「そんな夕子にほれました」と本曲が公称ミリオンの大ヒット。歌手として賞レースに参加しつつ、土俵でも大関になったのは驚異。相撲協会を定年退職後、再び歌手活動を再開したのは嬉しい限り。

純愛 354
片平なぎさ

詞／山上路夫　曲／三木たかし　1975

「2時間ドラマの女王」も実は「スタ誕」出身で、デビュー時はアイドル歌手だった。ホリプロの先輩・山口百恵からドラマの仕事を継承的な流れに。「スチュワーデス物語」では、後輩・堀ちえみをいじめる役で脚光を浴び、今がある。

恋のブロックサイン 455
アパッチ

詞／伊藤アキラ　曲／森田公一　1977

アコ・ミッチー・ヤッチンの3人組。デビュー曲は、木之内みどり主演の映画版「野球狂の詩」主題歌。彼氏とブロックサインで愛を交わす歌。「♪クネクネ背中に手をまわす　サインじゃないのよ　かゆいのよ」って（笑）。

花のかおりに 121
ザ・フォーク・クルセダーズ

詞／北山修　曲／加藤和彦　1968

B面曲だが、個人的にフォークルの中でいちばん好きな曲。加藤和彦の訃報が伝わったとき、テリー伊藤氏と「番組でかける追悼曲はこれにしよう」と意見が一致した。加藤の味のある、独特のヴォーカルが味わえる名曲。

うなずきマーチ 732
うなずきトリオ

詞・曲／大瀧詠一　1982

「オレたちひょうきん族」発、「相方の横でうなずいてるだけじゃないか」と言われた、島田洋七・ビートきよし・松本竜介によって結成。こういうノベルティソングは大瀧の出番。B面は「B面でうなずいて」（笑）。

守ってあげたい　　　700
松任谷由実

詞・曲／松任谷由実　1981

薬師丸ひろ子主演「ねらわれた学園」主題歌。ユーミンの故郷・八王子市では平日の午後2時、下校時の子どもたちを見守るための防災行政無線でこの曲を流している。向井秀徳＆峯田和伸によるアコギパンクカヴァーも必聴。

ロンリー・ハート　　　694
クリエーション

詞／大津あきら　曲／竹田和夫　1981

曲のギタリスト・竹田を中心に結成、元ザ・カーナビーツのアイ高野を新ヴォーカルに迎えたクリエーション、最大のヒット曲。B面の英語ヴァージョンも素晴らしいので、ぜひレコードを探して両面をアナログの音で！

恋のしずく　　　85
伊東ゆかり

詞／安井かずみ　曲／平尾昌晃　1968

オリコン週間チャートで最初に1位になった女性歌手は彼女で、この曲でゲット。「小指の思い出」（P44）に次ぐ大ヒットに。佐川満男（P60）は、この曲で彼女の歌にシビれ、71年に結婚。オリコン1位同士夫婦誕生！　いったんは……。

心の旅　　　918
有頂天

詞・曲／財津和夫　1985

チューリップの名曲をパンクスタイルでカヴァーし注目。86年にメジャーデビュー（P158）。私は上京直後、インディーズ中心のレコード店・CSV渋谷でこの曲を聴き衝撃を受けた。ヴォーカルのケラは今や演劇界の大御所に。

真夜中のドア〜Stay With Me　610
松原みき

詞／三浦徳子　曲／林哲司　1979

シティポップの国際的ブームで、世界各国のサブスクで何百万回も再生、リバイバルヒットになったこの曲。昔から、DJでかけると必ず「ありがとう！」と言われる曲だった。名曲には国境も時代も関係ない。早世が本当に残念だ。

哀愁トゥナイト　　　465
桑名正博

詞／松本隆　曲／筒美京平　1977

関西ロックの雄・桑名がソロ転向後、松本-筒美の曲を歌ったことは「ロック×歌謡曲の融合」という実験でもあった。この試みは2年後に「セクシャル・バイオレット No.1」で実を結ぶ（P53）。ジャケはピラミッドパワー？

星空の二人　　　113
ザ・ジャガーズ

詞／橋本淳　曲／筒美京平　1968

橋本-筒美コンビのGS曲というとオックスだが、ジャガーズに書いたこの曲も捨てがたい。歌詞はもろ歌謡曲だが、イントロからブラスを導入するなどしっかりR&B。「♪ヘイ ヘヘイヘイ〜」のコーラスや口笛も絶妙なセンス。

TVの国からキラキラ　　　753
松本伊代

詞／糸井重里　曲／筒美京平　1982

キャプテンの2人をバックに従え踊っていた伊代。この曲では4人に増員、「トッピング増量サービス」のようだった。「ねえ、君ってキラキラ？」というセリフに、「ううん、ムラムラ！」と答えていた友人S君は元気だろうか？

舞・舞・舞　　　709
竹宏治

詞／山川啓介　曲／網倉一也　1981

竹の子族出身のアイドルは沖田浩之だけじゃない。このジャケはルーツが一目瞭然。しかも「竹」を芸名に入れてるのに売れなかった彼は、本名の清水宏次朗に改めると、「ビー・バップ・ハイスクール」で大ブレイクした。

泣かないで 867
舘ひろし

詞／今野雄二・宮原芽映

曲／舘ひろし **1984**

バイクチームの発祥・クールスのヴォーカルとして「紫のハイウェイ」でデビュー。その後、俳優業も始め石原軍団入りしたが、音楽も忘れていなかった。名古屋人の大先輩として尊敬。

星の砂 459
小柳ルミ子

詞／関口宏 曲／出門英 **1977**

作詞・作曲家以外のタレントが曲を作るTVの特番で、沖縄に伝わる伝説をもとに関口宏が作詞、由紀さおりが歌った優勝曲。それを出演者の小柳が「歌いたい」と希望し、譲り受けて代表曲に。作曲はヒデとロザンナの出門英。

男達のメロディー 575
SHOGUN

詞／喜多條忠 曲／ケーシー・ランキン **1979**

沖雅也が探偵役で主演、大好きなドラマ「俺たちは天使だ！」の主題歌で、SHOGUNのデビュー曲。ヴォーカルの芳野藤丸は、カントリー調のこの曲が大嫌いでふてくされて歌ったが、ヒットしたとたん大好きになったとか。

結婚してもいいですか 503
竹下景子

詞／中里綴 曲／仲村ゆうじ **1978**

この方も名古屋人だ。「お嫁さんにしたい女優No.1」と呼ばれた。人気絶頂期にこの曲を出して歌手デビュー。好きだった彼に、見合い話が来たことを告げるセリフが泣ける！ 曲の舞台は鎌倉で、名古屋でなかったのがと残念。

結婚するって本当ですか 328
ダ・カーポ

詞／久保田広子 曲／榊原政敏 **1974**

「雨あがりの朝」という題名だったこの曲、担当Dの提案で変更し2人の最大のヒットになった。タイトルって大事。80年に結婚し夫婦デュオに。現在はフルート奏者の長女・麻理子がメンバーに加わり、親子3人で活動中。

Woman "Wの悲劇"より 874
薬師丸ひろ子

詞／松本隆 曲／呉田軽穂 **1984**

ユーミン（呉田軽穂）の提供作の中でも指折りの名曲。薬師丸のクリスタルボイスを最大限に生かした曲構成はさすが。松本も負けじと「♪ああ時の河を渡る船にオールはない」の名文句で対抗。何、このハイレベルな応酬。

時代を越えて 773
紅麗威甦

詞／嵐ヨシユキ 曲／TAKU **1982**

バンド名は「グリース」と読む。横浜銀蠅の弟分として、嶋大輔に次いで銀蠅メンバーの曲でデビュー。一番右に映っているのがヴォーカルの杉本哲太で、今や実力派俳優となった。06年に一夜限りの再結成ライブを行った。

NEVER 859
MIE

詞・曲／D.Pitchford・M.Gore

日本語詞／松井五郎 **1984**

ピンク・レディー解散から3年後、待望のソロ初ヒット。洋楽カヴァーで、伊藤麻衣子主演ドラマ「不良少女とよばれて」の主題歌に。シンプルなジャケの自然な笑顔がなんかいい。

太陽の翼 59
ザ・スパイダース

詞・曲／利根常昭 **1967**

このジャケは何度見てもいい。ミリタリールックがトレードマークだった彼らを象徴する1枚。日航が世界一周路線を開設した記念に作られたタイアップ曲。B面「空の広場」は、メンバーが交互にソロを取る貴重な1曲。

たのきん解散から男の生きざまを歌う路線に

ミッドナイト・ステーション　792
近藤真彦
詞／松本隆　曲／筒美京平　1983

83年1月に発売されたこの曲、マッチの「今年もよろしく!!」という手書きのあいさつが入った特製袋（左）にレコードが入っている。この年は「たのきんトリオ解散」という、マッチにとって大きな出来事があった。エンターテイナーを目指す田原俊彦、ロックを追求する野村義男の2人とは別々の道を歩むことになった。そして彼が選んだのは、愚直に男の生きざまを歌っていくことだった。そのターニングポイントから4年後、「愚か者」のレコ大受賞へとつながっていく。

R&Bシンガーとしての才能発揮で初のヒット

どしゃぶりの雨の中で　133
和田アキ子
詞／大日方俊子　曲／小田島和彦　1969

デビュー第2弾。R&Bシンガーとしての非凡な才能を発揮した曲で、冒頭の「♪とてもさびっしいぃぃわはぁ〜」からガツーンとくる。オリコン19位まで上昇、自身初のヒット曲となった。この時代にメジャー歌謡シーンでR&Bをヒットさせたすごさ。YMOの「増殖」を先取りするようなジャケットも最高。初期のアッコ作品ではいちばん好き。なお、詞・曲の大日方と小田島は、「ひろ まなみ」「むつ ひろし」名義で、ザ・キング・トーンズに「グッド・ナイト・ベイビー」（P14）を書いたコンビだ。

国民的イベントの高揚感にハマる三波の歌声

東京五輪音頭　12
三波春夫
詞／宮田隆　曲／古賀政男　1963

64年の東京五輪前年、前アオリで古賀政男が作った。当時は専属作家制度があったため、本来なら古賀と同じコロムビア所属の歌手しか歌えないところ、この曲は特別にレコード各社に開放され、それぞれ看板歌手が歌った。古賀は、キングの三橋美智也を想定して書いたが、レコードが爆発的に売れたのはテイチクの三波春夫だった。70年大阪万博の「世界の国からこんにちは」しかり、こういう国民的イベントには三波の堂々たる歌声がよく似合う。♪オリンピックの顔と顔〜。

梨園の妻のデビューは史上最強の制服ジャケ

駈けてきた処女（おとめ）　743
三田寛子
詞／阿木燿子　曲／井上陽水　1982

制服モノのジャケットで、これを超えるものに出逢ったことがない。私はすぐ握手会に行きFCに入った。三田は81年に「2年B組仙八先生」（TBS）に出演。その美少女ぶりで注目を浴び、82年、CBSソニーからこの曲でデビュー。いきなり、詞曲が阿木燿子・井上陽水で話題を呼んだ。第2弾「夏の雫」では同じコンビに坂本龍一が編曲で加わったが、セールスは伸びず。ファンとしては残念だった。現在は梨園の妻として夫（浮気すんなよ）と3人の子を支えている。

抱きしめてTONIGHT　980
田原俊彦

詞／森浩美　曲／筒美京平　1988

この当時、田原はシングルの売上げが低迷。「も
う一度、トシが踊れる曲を」とジャニー喜多川が
用意したのがこの曲。ドラマ「教師びんびん物語」
の主題歌となり復活の大ヒット。還暦を迎えた今
も田原は脚を振り上げ踊っている。

にがい涙　356
スリー・ディグリーズ

詞／安井かずみ　曲／筒美京平　1975

当時全米で人気絶頂の彼女らに、CBSソニーが
「日本語で歌わせよう」と企画して通したのがす
ごい。となれば、洋楽を知り尽くした職人・筒美
の出番。安井の詞によるカタコトの「♪ミテタ～
ハズヨ～」がたまらなくグルーヴィー！

アンジェリーナ　628
佐野元春

詞・曲／佐野元春　1980

デビュー曲。独特の歌唱法、1音に語を詰める詞
のたたみ込み方、「♪今晩誰かの車が来るまで
闇にくるまっているだけ」の頭韻など、80年代の
新たな「ロックの文法」を創り、EPICソニーは彼
の加入でひとクセある才能が集う場に。

私は風　535
カルメン・マキ＆OZ

詞／Maki Annette Lovelace
曲／春日博文　1978

ジャニス・ジョプリンを聴いてロックに目覚め、マ
キ＆OZを結成したマキ。1stアルバムヴァージ
ョンは10分を超す長尺だが、シングル盤は4分
弱に編集され魅力凝縮で、さらに濃密。

雨に泣いてる…　557
柳ジョージ＆レイニー・ウッド

詞・曲／柳ジョージ　1978

萩原健一に見出され、ツアーのバックバンドを務
めた彼ら。萩原は主演ドラマの主題歌に、彼らの
アルバム曲を選んだ。もとは英語詞だったが、萩
原が柳に日本語で歌うよう指示してヒット。柳の
しゃがれ声は最強。

色・ホワイトブレンド　929
中山美穂

詞・曲／竹内まりや　1986

デビューから3曲連続で、松本一筒美コンビの曲
を歌ってきた中山。資生堂のCM曲となった第
4弾は竹内が担当。竹内は直々に歌唱指導、自
分もセルフカヴァーした。中山は19年に出した
新アルバムで本曲をリメイク。

トップ・シークレット・マン　620
プラスチックス

詞／中西俊夫　曲／立花ハジメ　1980

中西俊夫はイラストレーター、立花ハジメはグラ
フィックデザイナー、佐藤チカはスタイリスト。楽
器は素人の3人と、元・四人囃子の佐久間正英
＋作詞家・島武実が出逢い、海外ツアーも行う
バンドに発展。絶頂期の解散もかっけー！

世界は笑う　114
コント55号

詞／岩城未知男　曲／すぎやまこういち　1968

土曜8時に放送、30%超の視聴率を誇った「コ
ント55号の世界は笑う」(68～70年)のテーマ曲。
裏で「8時だョ!全員集合」が始まり視聴率を抜
かれると、萩本は「欽ドン!」を開始……と「土8
でドンパチ」してた時代。

レーダーマン　858
戸川純

詞／フォックス　曲／泉水敏郎　1984

80年代サブカルのアイコンだった戸川。ソロ第
2弾は、画一化された人々を「レーダーマン」に
たとえたハルメンズの曲をカヴァー。目をカッと
見開き、時に白目をむき変幻自在な声でシャウ
ト！最近はYouTubeで人生相談も。

阿久悠＆大野克夫によるキザな"ボギー路線"の源流

時の過ぎゆくままに　383

沢田研二

詞／阿久悠　曲／大野克夫　1975

　熱烈なジュリーファンの私だが、俳優・ジュリーも大好きだ。特に映画「太陽を盗んだ男」でハンドメイドの原爆を作るイカれた理科教師の役は最高だった。その監督・長谷川和彦が、阿久悠の原作をもとに脚本を書き、久世光彦が演出、沢田が主演したTVドラマが「悪魔のようなあいつ」(75年／TBS)。この頃のジュリーは、男が見てもホレボレするくらい美しい。

　68年、東京・府中で発生し、この年時効を迎えた3億円事件をモチーフにしたドラマで、ジュリーが演じる可門良はその真犯人という設定だ。良は横浜・山下町のバーで働く歌手で、劇中で自らギターを弾き歌ったのが本曲である。

　阿久が先に詞を書き、曲はコンペで決めることになった。参加した作曲家の顔ぶれがすごい。荒木一郎、井上大輔、井上堯之、大野克夫、加瀬邦彦、都倉俊一……！

　6人がそれぞれ力作を書き下ろし、阿久も久世も悩んだが、最後は演出家判断で、久世が大野の作品を選んだ。ドラマ自体は尖りす

ぎていたせいか視聴率はあまり芳しくなかったが、曲は91万枚(オリコン調べ)を売り上げ、ジュリーにとって最大のヒット曲となった。

　「時の過ぎゆくままに」というタイトルは、ハンフリー・ボガート主演の映画「カサブランカ」の挿入歌「As Time Goes By」の邦題を拝借したものである。阿久は本曲をきっかけに大野とコンビを組み「勝手にしやがれ」(P47)や「カサブランカ・ダンディ」とつながるキザな"ボギー路線"を押し進めていった。

　大野以外の5人が書いた曲も聴いてみたが、加瀬が書いた曲は、アルバム「いくつかの場面」(75年)で聴ける。「燃えつきた二人」がそれで、松本隆が新たに詞を書いた。音数が微妙に違うが、音符をうまく調整すれば「時の……」の歌詞でも歌うことができるので、興味のある方はお試しあれ。

　また、この曲を最後に、ザ・タイガースの時代からジュリーを支えてきたベーシスト・岸部修三がバンドを離れ、俳優・岸部一徳が誕生している。

一番星ブルース 397
菅原文太・愛川欽也

詞／阿木燿子 曲／宇崎竜童 1975

映画「トラック野郎」シリーズの主題歌。「寅(さ
ん)にはトラ(ック)」と、松竹の「男はつらいよ」に
対抗した東映の心意気。桃次郎が毎回マドンナ
に失恋するのも寅さんと同じ。10作目の石川さ
ゆりは、ほんとカワイイ。

バナナの涙 920
うしろゆびさされ組

詞／秋元康 曲／後藤次利 1986

アニメ「ハイスクール!奇面組」のエンディング曲。
おニャン子クラブ内のユニットで、高井麻巳子
(左)＋岩井由紀子(右)のコンビは絶妙な人選だ
った。88年に高井が秋元康と結婚、引退したと
きは、古本屋に写真集の山が。

水虫の唄 141
カメとアンコー

詞・曲／山本進一 補作詞／足柄金太
補作曲／河田藤作 1969

フォークルが変名「ザ・ズートルビー」で出した曲
を、「オールナイトニッポン」の社員DJ・亀渕昭
信と斉藤安弘がカヴァーしヒット。ジャケの絵が
若い! カメちゃんはのちに社長に。

少女 259
五輪真弓

詞・曲／五輪真弓 1972

五輪のデビュー曲。71年夏にロスでアルバムと
同時に録音、しかもキャロル・キングが五輪のデ
モテープを聴いて感銘を受け参加。当時五輪は
20歳。アルバムも売れて、これを機に海外録音
を行うアーティストが増えていく。

さらば恋人 202
堺正章

詞／北山修 曲／筒美京平 1971

スパイダース解散の翌年、堺のソロデビュー曲。
「♪さぁよっならっとぉ〜」とリズミカルな歌いっ
ぷりは天性のセンス。イントロのティンパニと、北
山の詞「♪ふるさとへ帰る地図は 涙の海に捨て
ていこう」も心に残る。

GOOD MORNING-CALL 977
小泉今日子

詞／小泉今日子 曲／小室哲哉 1988

カップスープのCMで、Kyon^{2}が初めてシング
ルA面を自ら作詞。小室作品でもあり、どこかで
聴いたようなTM NETWORK風のイントロに思
わずニヤリ。小泉はアルバム「HIT FACTORY」
で本曲をセルフカヴァー。

青空オンリー・ユー 698
ひかる一平

詞／松本隆 曲／加瀬邦彦 1981

「金八先生」第2シリーズ出身でジャニーズ所属。
本名の谷口一郎が地味なので、インパクトのある
芸名に。デビュー曲はその名前どおりの明るい
1曲。必殺シリーズにも出演。今は芸能事務所
社長で、子役の指導には定評がある。

雨やどり 451
さだまさし

詞・曲／さだまさし 1977

コンサート会場での収録で、観客の笑い声入りの
盤。雨宿りで出逢った男性との恋の行方を女性
視点でコミカルに歌い初のオリコン1位に。願掛
けで「ドラゴンズを勝たせてちょうだいませ」
とつぶやいてしまうのはこの曲のせい。

燃えるブンブン 320
マギー・ミネンコ

詞／橋本淳 曲／鈴木邦彦 1974

「うわさのチャンネル」で人気者に。「乳揉みメェ〜
ッ!」のフレーズは強烈だった。実は外国ではな
く台東区生まれ。デビュー曲で、彼氏がバイク野
郎という痛快ソング。2曲目「涙の河」は一転聴
かせる名曲でそちらもぜひ。

リバーサイドホテル　758
井上陽水

詞・曲／井上陽水　1982

最初の発売時は振るわず、88年にドラマ「ニューヨーク恋物語」の主題歌に採用され再発売、オリコン11位のヒットに。「夜明けが明けたとき」「金属のメタルで」「川沿いリバーサイド」と重複表現の嵐がいかにも陽水。

ホワット・ア・フィーリング　815
（フラッシュダンス）　麻倉未稀

詞／K.Forsey・I.Cara　日本語詞／麻倉未稀
曲／G.Moroder　1983

本家は「フラッシュダンス」主題歌だが、麻倉版はドラマ「スチュワーデス物語」の主題歌。私は聴くたび、堀ちえみじゃなく、片羽なぎさが手袋を歯で引き抜く図が目に浮かぶ。

とん平のヘイ・ユウ・ブルース　303
左とん平

詞／郷伍郎　曲／望月良道　1973

左の持ちネタ、「HEY YOU WHAT'S YOUR NAME？」を取り込み、歌というよりも魂の叫びでグイグイ押す1曲。「人生はすりこぎだ！」「すりこぎははたらけばはたらくほどすりへるんだよ！」って、もろ今のブラック的な歌じゃん！

さすらいのギター　205
小山ルミ

詞／千家和也　曲／J.A.Schatrow　1971

もとは満州で戦死した友を偲んでロシアの作曲家が作り、フィンランドのバンド、ザ・サウンズがエレキインスト化。それをベンチャーズがカヴァー。そこに日本語の詞を付け、父がアイルランド人の小山が歌う、超絶国籍不明のエレキ歌謡。

ひとかけらの純情　305
南沙織

詞／有馬三恵子　曲／筒美京平　1973

タイトル、つらい別れを経て純情はもはやひとかけらしか残っていないのか、ひとかけらは保っていたのか、酒井政利Pは「喪失と誇り、両方の意味がある」と言う。深い。コーラスで始まりコーラスで終わる構成もグッとくる。

WONDERFUL MOMENT　601
松崎しげる

詞／三浦徳子　曲／佐瀬寿一　1979

「噂の刑事トミーとマツ」は最高のドラマだった。マツ（松崎）が軟弱なトミー（国広富之）を「お前なんか男じゃない、トミコー！」と怒鳴りつけると突然強くなり敵を倒す（笑）。エンディングはマツが歌う極上のバラードだ。

必殺勉強野郎　461
マッハ文朱

詞／長沢ロー　曲／馬飼野俊一　1977

マッハは13歳で「スタ誕」の決戦大会まで進んだが、札が上がらず涙を飲んだ。その後、大柄な体格を生かして女子プロレスラーに。スター選手となりリングで歌って、歌手デビューの夢を叶えた。人生、回り道も悪くない。

男の勲章　748
嶋大輔

詞・曲／Johnny　1982

横浜銀蝿の弟分。自身も出演したドラマ「天まであがれ！」の主題歌となり大ヒット。05年に続編のCD「大人の勲章」を出したほか、10年、名古屋に「焼肉 男の勲章」をオープン。行こうと思ってるうちに閉店は残念だった。

回転禁止の青春さ　33
美樹克彦

詞／星野哲郎　曲／北原じゅん　1966

「回転禁止」って、レコード聴きたいのにそりゃないよ！ のちに「ひょうきん族」に青春歌謡仲間・山田太郎とユニットを組んで出演。2人で歌った「好きさブラックデビル」のB面が「回転禁止の新聞少年」って、何がなんだかもう。

愛するってこわい　103
じゅん＆ネネ
詞／山口あかり　曲／平尾昌晃　1968
じゅん（右）とネネ（左）はナベプロから64年に
「クッキーズ」としてデビューしたがヒットせず。
68年に改名し再デビュー。いわば"2人宝塚"。
72年に解散したが、03年にTVの特番で再会し
たのを機に再結成し活動中。

月曜日はシックシック　755
三井比佐子
詞／高平哲郎　曲／筒美京平　1982
北原佐和子（P151）、真鍋ちえみ（P132）とで
「パンジー」というトリオを組むも、なぜか歌では別々にデビュー。本曲は「シック さんじゅう
Rock!」というダジャレコーラスで始まり、歌の
制球難もあり不発に終わる。

春うらら　407
田山雅充
詞／最首としみつ　曲／田山雅充　1976
田山は、作曲家としては浜口庫之助の弟子で、
男女デュオ「たやまと夕子」を結成。このとき書
いた「人恋しくて」が南沙織のシングルとなり注
目される。76年、サビの「♪あーうー」が印象的
なこの曲でソロデビューしヒット。

日本全国酒飲み音頭　614
バラクーダー
詞／岡本圭司　曲／ベートーベン鈴木　1979
ディズニー映画の「ビビディ・バビディ・ブー」を、
留学生が日本の行事を覚えるため替え歌にして
いた。それをメロディを変え、全国を回る2番を
付け加えたら大ヒット。日本は何月でもどこでも
酒が飲めることを教えてくれた曲。

銀河鉄道999　ゴダイゴ　584
英語詞／奈良橋陽子　日本語詞／山川啓介
曲／タケカワユキヒデ　1979
主題歌の依頼を受けたタケカワは、最初のフレ
ーズを作ったとき「これはいい曲になる」と確信。
最初はスローなバラードだったが、編曲のミッキ
ー吉野が、機関車が力強く走るイメージでアップ
テンポに変え、映画も曲も大ヒット。

メロンのためいき　935
山瀬まみ
詞／松本隆　曲／呉田軽穂　1986
第10回ホリプロタレントスカウトキャラバンに優
勝した山瀬は、松本ーユーミン（呉田軽穂）コンビ
のこの曲でデビュー。ジャケは正統派アイドル寄
りだが、キャッチコピーは「国民のおもちゃ新発
売」。バラドル路線がすでに。

ヴィーナス　950
長山洋子　1986
詞・曲／R.Leeuwen　日本語詞／篠原仁志
私が上京した年、ディスコで死ぬほどかかってい
たバナナラマ（原曲はショッキング・ブルー）のカヴァ
ーで、長山は初のオリコン10位入り。演歌歌手
になるとは思っていなかったが、もともと民謡歌
手だったので、その転身には納得。

BOY　558
クリッパー
詞／島武実　曲／都倉俊一　1978
78年、フィリピンからやって来た5人組で、お姉
ちゃん＋弟4人という編成。まさに「逆フィンガー
5」だ。この曲は都倉俊一の手による来日3枚
目のシングルで、メインの長男・デニスと姉・弟
たちの掛け合いがみごとな超名曲。

くれないホテル　132
西田佐知子
詞／橋本淳　曲／筒美京平　1969
当時セールスは伸びなかったが、初期の筒美作
品の中では重要な1曲。69年の日本に、バー
ト・バカラックを消化して自分のものにしていた
作曲家がいたのだ。「くれない」は、「紅」「暮れ
ない」「〜してくれない」と三重の意味。

自らヘソ出しを提案し過去の自分と決別する覚悟を

どうにもとまらない　244
山本リンダ
詞／阿久悠　曲／都倉俊一　1972

「ちびまる子ちゃん」にもよく出てくる山本リンダ。私はTVでヘソを出して踊る彼女を初めて観たとき「何か悪霊にでも取り憑かれたのではないか?」とつい心配したほどだ。

「こまっちゃうナ」(P18)以来、ヒットに恵まれず低迷。「リンダ、こまっちゃう」状態だった彼女を救ったのが、阿久悠ー都倉俊一コンビだった。

まず都倉が、サンバのリズムで曲を書いた。冒頭からボンゴ&コンガの乱れ打ち。そのあとのカーニバル風な展開に、一気に心をつかまれる。阿久も曲に乗せられ、これまでのリンダの路線とは真逆の情熱的な詞を書いた。

リンダも曲を聴いて感激、ヘソ出しルック(ジャケ写)は自身の提案によるもので、彼女も過去の自分と決別する覚悟ができた。まさに「1人リオのカーニバル」状態だったリンダ。

本曲は爆発的ヒットとなり、リンダはみごと復活。阿久ー都倉によるピンク・レディーの一連のヒット曲の原点が、実はリンダにある。

ライブ飛び入り時の2人にオファーし「やります!」

A面で恋をして　720
ナイアガラ・トライアングル
詞／松本隆　曲／大瀧詠一　1981

82年発売の「NIAGARA TRIANGLE Vol.2」は、大滝にとって念願のアルバムだった。さかのぼること6年前の76年、大滝は、伊藤銀次と山下達郎の3人で、第1期ナイアガラ・トライアングルを結成。「Vol.1」を出したが、評価のわりにセールスは伸びなかった。

「いつか第2弾を」と考えていた大滝の目に留まったのが、佐野元春と杉真理である。

大滝は2人が出演するライブに飛び入り参加。ステージ上で「一緒にやるかい?」とオファーし、2人は「やります!」と即答。アルバム「Vol.2」から3人で歌う本曲がシングルカットされ、アルバム共々ヒットした。

大滝はいつも歌入れを1人で行うが、この曲はスタジオ内に佐野と杉を招き入れ3人で一緒に歌った。杉が大滝に理由を聞くと、「君たちがオファーを快諾してくれたお礼だよ」。杉は言う。「新人の僕らと対等に接してくれて、いろいろ教えてくれた大滝さんには、本当に感謝です」

愛する人へ 166
岡林信康

詞・曲／岡林信康 1970

70年、第2弾アルバム「見るまえに跳べ」収録曲。
はっぴいえんどがバックで演奏、元ジャックスの
早川義夫がDを務めた。この頃岡林は、女優・
吉田日出子と交際していたが破局へ。当時の心
情をそのまま吐露していて沁みる。

しなの川〜雪のさだめ 296
由美かおる

詞／阿久悠 曲／市川昭介 1973

由美主演、同名映画主題歌。冒頭、由美のセリ
フが強烈！「指を噛んで もっと強く もっと痛く
血が出てもいい 千切れてもいい あなたにあげ
てもいい」……噛みたくはないが、一緒に入浴し
たいお父さんは多いのでは。

花とみつばち 318
郷ひろみ

詞／岩谷時子 曲／筒美京平 1974

キンクス「All Day And All Of The Night」
のイントロを歌謡曲化すると、こうなるのか！
筒美の職人技。ヒロミ・ゴーを通じて僕らは洋楽
を知った。ところでこの衣裳、もしかしてジュデ
ィ・オングに継承？

少年は天使を殺す 983
ラ・ムー

詞／売野雅勇 曲／和泉常寛 1988

88年、菊池桃子が突然発表した「ロックバンド
結成宣言」は、79年、さだまさしの「関白宣言」
(P67)、89年、森高千里の「非実力派宣言」と
並ぶ「歌謡界三大宣言」である。当時揶揄されて
いたが、これは名曲だ。

大阪ビッグ・リバー・ブルース 982
憂歌団

詞／康珍化 曲／羽場仁志 1988

大阪で木村充揮がステージに登場すると、必ず
「アホー！」という声が掛かる。「じゃかあしいわ！」
という心温まるやりとりがあって、ギターをかき鳴
らし歌い出す木村。彼らを観るなら「アホ」
「ボケ」が飛び交う大阪で。

夏をあきらめて 775
研ナオコ

詞・曲／桑田佳祐 1982

研の勘はよく当たる(P56、P110)。サザンのア
ルバム「NUDE MAN」収録のこの曲を聴き、
「私の声で歌ったらヒットする予感がする」とカヴ
ァーを熱望し予感的中。桑田とは全然違う歌唱
法で、自分の歌にしているのはさすが。

バイバイグッドバイサラバイ 293
斉藤哲夫

詞・曲／斉藤哲夫 1973

「宮崎美子のCM曲、ピカピカに光って、の人」
(P68)としか認識していない人には、ぜひこの曲
を聴いてほしい。抜群のメロディセンスとポップ
な感覚。ファルセットで歌われると、切なさが倍々
グッと倍、さらに倍！（大橋巨泉）。

東京チークガール 683
河合夕子

詞・曲／河合夕子 1981

カーリーヘアー＋アラレちゃんメガネ＋キーボード
弾き語りだけでも相当なインパクトだったが、
「♪キンラメNightに踊ろうよ」って80年代っす
ねえ。サビの「♪トコナツ〜ココナツ〜」は、今も
口を突いて出てきたり。

おゆき 416
内藤国雄

詞／関根浩子 曲／弦哲也 1976

タイトルも獲った将棋の現役トップ棋士(当時)
が、プロも驚く美声で演歌を歌い、デビュー曲が
大ヒット。これぞホントの二刀流。内藤は「王将」
(P40)のモデル・坂田三吉の孫弟子。作曲家・
弦哲也のデビュー作。

鏡の中のあなた　392
ジュテーム
詞／なかにし礼　曲／加瀬邦彦　1975
GSブーム再興を目指すバンド「ローズマリー」を脱退したメンバーが74年、新たに結成。演奏力とコーラスが評価されたが、事務所が倒産し1枚のみで活動休止は切ない。前列右のギタリスト・武東冬樹は、頭髪豊かな頃のモト冬樹。

イメージの詩　170
吉田拓郎
詞・曲／吉田拓郎　1970
若き日の拓郎がボブ・ディランに触発され一気に書き上げた曲で、デビューシングル。半世紀以上経った21年、この曲を愛する明石家さんまのプロデュースで、10歳の少女・稲垣来泉がカヴァー。名曲は時代も世代も超える。

風のように　582
斉藤とも子
詞／五十嵐ひろみ　曲／藤本あきら　1979
ドラマ「ゆうひが丘の総理大臣」に優等生役で出ていた斉藤。その頃出た1枚でジャケに可憐さが真空パック。28歳年上の芦屋小雁と結婚したが、のち離婚。子育てをしながら大学を受け、福祉を学び卒業。彼女らしい生き方だ。

星空サイクリング　782
ヴァージンVS（ヴィズ）
詞・曲／ヴァージンVS　1982
あがた森魚（ここでは変名でA児）が結成したニューウェーヴバンド。アニメ「うる星やつら」の挿入歌になった「コズミック・サイクラー」が好評で、エンドテーマに昇格。歌詞を一部直し改題で再発売。♪ラララララナウェイホ～ム。

ブルー・シャトウ　60
ジャッキー吉川とブルー・コメッツ
詞／橋本淳　曲／井上忠夫　1967
GSがレコ大を受賞した歴史的な曲だ。だが、書いた井上は本来洋楽指向。この曲以降、GS全体が歌謡曲寄りになったことはジレンマだった、とのちに告白。その後悔が「ランナウェイ」（P16）など作曲家としての先鋭的な作品に。

東京娘　444
桜たまこ
詞／石坂まさを　曲／杉本真人　1976
藤圭子の恩師・石坂まさをの門下生。61年に渡辺マリがヒットさせた「東京ドドンパ娘」の70年代的リメイクでヒット。「♪おっじさん～」は、今聴くとパパ活を連想させる。続編の「おじさんルンバ」は残念ながらヒットせず。

ミ・アモーレ　890
中森明菜
詞／康珍化　曲／松岡直也　1985
日本のラテンフュージョンの第一人者・松岡直也を作曲に迎えた明菜渾身の曲。本曲で20歳にしてレコ大を受賞し、アイドルを超えた孤高の領域に突入。曲が同じで歌詞が違う「赤い鳥逃げた」も12インチシングルで発売。

You Were Mine　976
久保田利伸
詞／川村真澄
曲／久保田利伸・羽田一郎　1988
トレンディドラマ「君の瞳をタイホする！」の主題歌となり、自身初のオリコントップ3ヒットに。一連のドラマ主題歌でブラックミュージックを浸透させた彼の功績は大きい。

ムキムキマンのエンゼル体操　504
かたせ梨乃＆カツヤクキン
詞／景山民夫　曲／小坂忠　1978
ムキムキマンはボディビルダーで、古代ローマ戦士のイメージでブレイク。これは森永のCMタイアップ曲で、作詞は人気放送作家・景山民夫。医薬品の注意書きを見て書いたとか。大学時代の佐野元春もピアノで参加した貴重盤。

雨のバラード　　　198
湯原昌幸

詞／こうじはるか　曲／植田嘉靖　**1971**

「スウィング・ウエスト」のリードヴォーカルだった湯原昌幸が、ソロ転向後、バンド時代のシングルB面曲をリメイクして出したところ大ヒット。ややビブラートのかかった歌声が切ない。バラエティではせんだみつおと名コンビ。

たそがれマイ・ラブ　　　536
大橋純子

詞／阿久悠　曲／筒美京平　**1978**

森鴎外を描いた3時間ドラマ主題歌。『舞姫』を生んだ鴎外とドイツ人女性との熱愛を、阿久は女性側から書いた。1番は鴎外がいた夏、2番は日本に帰った冬。「♪手紙の文字が赤く燃えて」彼女は日本行きを決意する。

土曜の午後のロックン・ロール　334
弾ともや

詞／阿久悠　曲／井上忠夫　**1974**

ジャケに「クリスタル星から来た16才のロックンローラー！」。歌謡界初、宇宙から来日したアイドルだ。ドイツ人の恋も書けば、宇宙人の恋も書く阿久のキャパの広さ。そして……故郷の星から持参したこの透明のアンプ、欲しい！

スマイル・フォー・ミー　　　142
ザ・タイガース

詞・曲／B.Gibb・M.Gibb　**1969**

雑誌の企画でビージーズと国際電話対談し意気投合。曲をプレゼントしてもらえることになったタイガース。翌年、映画のロケで訪英した際にこの曲を録音。転調部のキーがジュリーには高く、同行の中尾ミエが一緒に歌いアシスト。

ハイサイおじさん　　　485
喜納昌吉＆チャンプルーズ

詞・曲／喜納昌吉　**1977**

志村けんの「変なおじさん」の原曲で、沖縄民謡レベルのスタンダード曲に。おじさんのモデルは喜納の隣人で、沖縄戦の影響などで酒量が増え生活が荒れていたとか。このメジャーデビュー盤のジャケは赤塚不二夫が描き下ろし。

虹いろの瞳　　　741
新井薫子

詞／三浦徳子　曲／網倉一也　**1982**

女性アイドル大豊作の82年、「瞳・少・女」のキャッチフレーズで名古屋から乗り込んだのが彼女だ。すごく瞳が大きく、チャームポイントを織り込んで勝負したが、"目力"は発揮できず不発。今はアート方面で活動中。

ブルーロマンス薬局　　　569
ポップコーン

詞／林春生　曲／都倉俊一　**1979**

「スタ誕」からはこんな兄妹グループも誕生した。アップリケの付いたお揃いのサロペットが強烈。「おはよう！こどもショー」に出てこの曲を歌ったが、残念ながらピンク・レディーのようには子どもに浸透せず。

雨音はショパンの調べ　　　852
小林麻美

詞／Gazebo　日本語詞／松任谷由実
曲／P.Giombini　**1984**

原曲は、イタリアの男性歌手・ガゼボの「I Like Chopin」。旧友・小林のためにユーミンが日本語詞を書き下ろし、小林は初のオリコン1位に。「♪気休めは麻薬」のフレーズが素敵。

イブ…飛びきりの愛の中で　828
風間杜夫

詞／大津あきら　曲／鈴木キサブロー　**1983**

「スチュワーデス物語」の教官役で人気沸騰の風間が歌った、スクーターのCMソング。B面には、ドラマ挿入歌で、サバイバーの曲を風間がカヴァーした「100℃でHEARTBEAT」も収録。教官、一生ついていきます！

巨大事務所の起点は米軍宿舎と野球とこの4人

涙くんさようなら　　　43
ジャニーズ

詞・曲／浜口庫之助　1966

65年、坂本九、ジョニー・ティロットソンが歌い大ヒットした浜口庫之助ナンバーをカヴァー。60年代初頭、代々木の在日米軍宿舎に住んでいた米国帰りのジャニー喜多川は、近所の子どもたちを集めて野球の指導を始めた。このチームは「ジャニーズ」と呼ばれ、芸能界にも顔が利いたジャニーは野球少年たちの中から4名を選抜しデビューさせた。ジャニーズ事務所の出発点は野球であり、ゆえに今も所属タレントは野球大会を開くのである。ちなみにタイトル、レコードでは「さよ"う"なら」

自分で「広島にすごいヤツがいる」と手紙を!

モニカ　　　841
吉川晃司

詞／三浦徳子　曲／NOBODY　1984

高校時代、水球のジュニア日本代表だった吉川。海外遠征で自分の限界を知り、次に目指したのが芸能界だった。自分で「広島にすごいヤツがいる」とナベプロに手紙を送った理由は、ジュリーが所属していたから。首尾よくスカウトとなり、この曲でデビュー。独特の歌唱法は佐野元春に影響を受けている。「ザ・ベストテン」初登場のとき、母校・修道高校のプールサイドで熱唱。歌終わりでバック転してプールに飛び込んだのは、さすが元日本代表!

75、79、83年と4年ごとにヒットの五輪歌手!

速達　　　786
ばんばひろふみ

詞／竜真知子　曲／馬場章幸　1982

昔、私は「青春キャンパス」(文化放送)の熱心なリスナーで、谷村新司とばんばのくだらないトークが大好きだった。ラジオの仕事でご一緒したとき、記念にサインをお願いした盤がこれ。75年にバンバンで「『いちご白書』をもう一度」(P40)、79年に「SACHIKO」、83年にこの曲がヒットしたばんばは、「4年に1度のオリンピック歌手」とリスナーに呼ばれていた。サインの横に「五輪マークを入れてください」と言えばよかったなあ。フランス五輪の際には40年ぶりにヒットを!

ソロで出たスタ誕出身の3人をトリオで

マグネット・ジョーに気をつけろ　　　502
ギャル

詞／阿久悠　曲／川口真　1978

左から、目黒ひとみ、黒木真由美、石江理世の3人で結成されたギャル。3人とも「スター誕生!」出身者で、それぞれソロでデビューしたが、77年にトリオとなって「薔薇とピストル」で再デビュー。これは第2弾で、デビュー曲に続き、スタ誕審査員の阿久が詞を担当。ディスコ&ソウル風のアレンジに加えて、磁石のように女の心を引きつける男、というベタで強引な設定がいい。だが人気を引き寄せることはできず、2年で解散したのは惜しい。私は自動車ショーで、彼女らの生歌を聴いたのが自慢だ。

ひとつぶの涙　　　240
シモンズ

詞・曲／瀬尾一三　1972

可憐なハーモニーが魅力だったシモンズ。特に、明治チェルシーのCMソングだったこの曲はキュンとくる。左の玉井タエの結婚〜離婚を機に解散。その相手が後藤次利で、彼女が最初の夫人である。現夫人は下に。

横浜いれぶん　　　505
木之内みどり

詞／東海林良　曲／大野克夫　1978

清純派で人気があったのにレコードは売れなかった木之内は、この曲からアウトロー路線に変更しヒット。「無鉄砲」「一匹狼」と出したところで作曲家・後藤次利と突然渡米して、電撃引退。現在は竹中直人夫人。

Wa・ショイ！　　　899
堀ちえみ

詞／鈴木博文　曲／白井良明　1985

アイドル歌謡と音頭を融合させた画期的な作品。「ワッショイ！」という掛け声はサンプリングを使用。詞・曲・編曲は、ムーンライダーズの2人。神輿に乗って歌った堀ちえみは、さすが大阪人だ。左の2枚＆下段左との関係やいかに？

涙の茉莉花（ジャスミン）LOVE　908
河合その子

詞／T²　曲／後藤次利　1985

おニャン子クラブで最初にソロデビューしたのは愛知出身の彼女だった。オリコン1位に輝き、おニャン子勢がチャートを席巻する先駆けに。その後はシンガーソングライターとして活動。現在は作曲家・後藤次利夫人。

ねがい　　　445
西郷輝彦

詞／山上路夫　曲／いずみたく　1976

西郷が遠山金四郎を演じた「江戸を斬る」シリーズ主題歌。山上―いずみコンビの名曲！ 私のお目当ては桜吹雪だけじゃなく、松坂慶子演じる魚屋の娘・おゆきが覆面剣士・紫頭巾に変身するシーン。どんだけ慶子好きなんだ。

リックサック　　　987
レピッシュ

詞・曲／杉本恭一　1988

80年代後半のバンドブームを支えた彼らは、87年にメジャーデビュー。第2弾の本曲はスカ調で聴くだけでアガる。ヴォーカルのMAGUMIは草野球チーム「レピッシュ」のピッチャーでもあり、私は対戦し三振した。今度は打つ！

夜へ急ぐ人　　　477
ちあきなおみ

詞・曲／友川かずき　1977

ちあきが独自の道を行く友川の歌に心打たれ、曲を依頼。その友川も、ちあきのライブでジャニス・ジョプリンのカヴァーを聴いて泣き、心揺さぶられてこの曲ができた。ちあき・友川・ジャニスが三位一体で狂気となった大傑作。

顔　　　869
コンセントピックス

詞・曲／よしだみつぐ　1984

ポプコン出身の4人組女性バンド。あなたはとてもいい人だけど「♪顔がキライ　顔がキライ！」と絶叫するこの曲でグランプリを受賞しデビュー。ジャケットは中央が鏡仕様になっていて、化粧にも使える……1枚だ。

真冬の帰り道　　　81
ザ・ランチャーズ

詞／水島哲　曲／喜多嶋修　1967

若大将・加山雄三が結成。加山のいとこ、喜多嶋瑛・修兄弟が中心となり「旅人よ」ではバックを務めた。67年に加山から独立しこの曲でデビュー。全員慶應ボーイ。修は女優・内藤洋子（P159）と結婚、喜多嶋舞のパパに。

長崎のキャバレーで見い出され桑田佳祐少年に影響を

長崎は今日も雨だった

内山田洋とクール・ファイブ

詞／永田貴子　曲／彩木雅夫　1969

125

　前川清のヴォーカルが大好きだ。いわゆるムード歌謡の歌い手とはひと味違った独特の魔力。桑田佳祐も子どもの頃から前川の歌を愛する1人だ。その前川は、もともと真剣に歌手を目指していたわけではなかった。とにかく勉強が嫌いで、高校も中退。職を転々とした末に流れ着いたのが、長崎市のキャバレー「銀馬車」だった。

　前川は、店の専属バンドだったクール・ファイブに声を掛けられ、はじめは裏方として加入。ときどきステージに出て歌っていたところ、店を訪れた楽団のリーダー、チャーリー石黒の目に留まった。石黒は森進一の才能を見出し、歌手デビューさせたPでもある。

　クール・ファイブはトントン拍子で、森と同じビクターからレコードを出すことが決定。デビュー曲は石黒の紹介で、森の「花と蝶」を書いた作曲家・彩木雅夫が担当することになった。

　前川は最初に曲を聴いたとき、「あれ?」と思った。石原裕次郎の「夜霧よ今夜も有難う」に出だしがそっくりではないか。しかも歌詞は「銀馬車」のマネージャーがペンネームで書いた素人作品で、彩木が

大幅に手直ししたものだった。

　「全然、いい曲だと思わなかった」と言う前川は、なんの思い入れもなくレコーディングに臨んだが、その曲が大ヒットするのだから世の中はわからない。ついこの前までくすぶっていた20歳の前川は一躍トップスターになり、クール・ファイブは69年暮れの紅白歌合戦に初出場を果たした。

　勝因はやはり、前川の「声」だろう。もともと日本の音楽には興味がなく、プレスリーなど洋楽を聴きまくっていた前川。どこかロックやブルースを感じさせる独特の歌い回しは洋楽由来であり、前川の生きざま同様、無欲で自由である。そんなところが人々の心をとらえたのではないか。

　そしてこの前川の歌唱法は、日本語が乗せにくいと言われるロックを歌う際の大きなヒントになった。桑田は当時中学生。教壇に立って前川のものまねをしていた。前川は本曲を通じて、桑田少年に「日本語ロックの歌い方」を伝えたのだ。

バイオリンのおけいこ　317
ケメ(佐藤公彦)

詞/永田幸一　曲/佐藤公彦　1974

中性的な声とルックスで、アイドル的人気を博したケメのコミカルな1曲。お母様は「立派なバイオリニストになるのですよ」と言うけれど、僕の憧れは「長嶋と(高倉)健さんだもんね」って、この時代はそんなだった!

三番目に大事なもの　265
RCサクセション

詞/忌野清志郎　曲/肝沢幅一　1972

RCの第5弾。いちばん大事なものは「自分」、次が「勉強」、3番目が「恋人」と、女子高生の本音を歌う清志郎。当然、女性ファンには嫌われ売れず。ヒッピー風の衣裳に日の丸ハチマキ。若き日の彼は何と戦っていたのだろう。

とまどいトワイライト　564
豊島たづみ

詞/阿木燿子　曲/宇崎竜童　1979

豊島は大学在学中からCMの仕事を始め、77年、シンガーソングライターとしてデビュー。この曲は倉本聰のドラマ「たとえば、愛」の主題歌となりヒット。結婚後引退したが、09年から「キッチンシンガー」として復活。

春感ムスメ　853
可愛かずみ

詞/岡田冨美子　曲/水谷竜緒　1984

「ひょうきんベストテン」では中森明菜のものまねをしていた可愛。かわいらしさと色っぽさが同居した雰囲気のある歌声で、歌唱力を評価する声も多かった。もっと歌の仕事をしていれば……と思わずにはいられない。

星影のワルツ　38
千昌夫

詞/白鳥園枝　曲/遠藤実　1966

最初はB面曲だった。発売は66年だが売れたのは2年後。自ら各地の有線放送を回る地道なプロモーションが実って、GS全盛期の68年、彼らを押しのけオリコン年間売上げ1位に。ジャケが選挙ポスターに見えてくる。

HAPPINESS　967
A・R・B

詞/石橋凌　曲/白浜久　1987

久留米が生んだスターといえば、松田聖子、チェッカーズ、そして彼らだ。ピンク・レディーのコンサートで前座を務め、ビクターからデビュー。俳優・石橋凌の原点は、社会派の曲を歌う、骨太なロックヴォーカリストだった。

甘ったれ　499
森進一

詞/阿久悠　曲/アダモ　1978

森の、ヴォーカリストとしての豊かな才能を示す1曲。森はアダモと昔から親交があり、コンサートでは「雪が降る」(P56)のカヴァーも披露していた。阿久の「♪心が寒い からだが寒い」は、第二の「雪が降る」を意識?

18才の彼　362
岩下志麻

詞/P.Sevran　日本語詞/岩谷時子
曲/P.Auriat　1975

ダリダが歌った曲で、越路吹雪のカヴァーが有名だが、岩谷は岩下用に訳詞を書き直した。18歳の少年にのめり込む年上女性の悲哀を、セリフ入りで熱唱。新宿2丁目でも人気曲だ。

イヴニング・スキャンダル　618
倉田まり子

詞/亜蘭知子　曲/都倉俊一　1980

デビューから6曲連続で都倉が書き下ろし。都倉らしいスリリングな構成でタイトルにふさわしい曲。そして、芸名・倉田の「倉」は、都「倉」から。それだけ期待されていたわけだが、まさか本人がスキャンダルで芸能界を引退するとは。

かまっておんど　969
大竹しのぶ

詞/つかこうへい　曲/中村弘明　1987

「ひらけ!ポンキッキ」挿入歌。作詞はつかこうへい!「♪かまってかまってかまってくれなきゃ グレちゃうぞー」と音頭に乗せて大竹が熱唱。翌88年、右隣りの方と結婚。もしやこの曲、大竹からのプロポーズ要請?

Mr.アンダースロー　599
明石家さんま

詞/阿蓮赤　曲/藤山節雄　1979

さんまはかつて、巨人・小林繁投手に似ていると言われていた。その小林がこの年、江川問題収拾のため阪神へトレードされ、世間の同情が集中。これに乗っからない手はない。B面曲は今思うと、左の方へのプロポーズ?

晴れのちBLUE BOY　807
沢田研二

詞/銀色夏生　曲/大沢誉志幸　1983

とにかく時代の先端が、80年代ジュリーの合言葉。ジャングルビートをいち早く採り入れ、EXOTICSのメンバーと共に紅白でもアーミールックで歌った。ベトナム戦争のイメージだが、紅白司会のタモリが「歌う日露戦争」と。

さらばハイセイコー　353
増沢末夫

詞/小坂巖・山田孝雄　曲/猪俣公章　1975

最初のアイドルホースと呼ばれる、名馬・ハイセイコーの引退記念盤。主戦騎手の増沢は競馬界きってのノド自慢だった。曲は大ヒットし増沢は歌番組でも熱唱。「♪愛の右ムチ打ちつけた恨んでないかいこの俺を〜」が泣ける。

バカンスはいつも雨(レイン)　777
杉真理

詞・曲/杉真理　1982

この年「ナイアガラ・トライアングル」(P123)のヒットで注目された杉。グリコセシルチョコのCMソングとなりヒット。制服姿の堀ちえみが赤い傘をさして、チョコをほおばり駅で彼を待つCMは胸キュン。「恋知ル、セシル」。

夜が明けて　215
坂本スミ子

詞/なかにし礼　曲/筒美京平　1971

朝丘雪路「雨がやんだら」(P58)に続き、酒井政利Pが手掛けたのが、CBSソニーに移籍してきたおスミさんの復活。朝丘と同じく、なかにし―筒美コンビが詞曲を担当し久々のヒット。筒美のフォルクローレ調のアレンジが光る。

想い出がいっぱい　800
H₂O

詞/阿木燿子　曲/鈴木キサブロー　1983

アニメ「みゆき」主題歌。H₂O待望の大ヒットになったが、オリジナルで勝負できただけに、阿木らの手を借りたことには複雑な思いもあったという。だが、アニソンを超えたスタンダード曲になったのは彼らの歌唱力の賜物。

海の底でうたう唄　156
モコ・ビーバー・オリーブ

詞/尾崎きよみ　曲/関口直人　1969

『平凡パンチ』提供、ニッポン放送「ザ・パンチ・パンチ・パンチ」初代パンチガールのデビュー曲。左から、モコ=高橋基子、オリーブ=シリア・ポール、ビーバー=川口まさみ。3人の息の合ったハーモニーが絶品だ。

ねらわれた少女　　　750
真鍋ちえみ

詞／阿久悠　曲／細野晴臣　1982

バンジー(P122)のメンバー・真鍋は、CBSソニーからデビュー。阿久の詞がやや難粋で、曲の細野も作り込んだせいか、当時は売れず。のちにテクノ歌謡として高評価され、「元祖テクノアイドル」と呼ばれることに。

ジェームス・ディーンのように　724
Johnny

詞・曲／Johnny　1981

横浜銀蝿ギタリストのソロデビュー曲。本人出演ドラマの主題歌にもなりヒット。実は作ったときは、「サタデー・ナイト・フィーバー」のトニーをイメージして書いたとか。でも「トラボルタのように」としなくて正解。

恋は紅いバラ　　　29
加山雄三

詞／岩谷時子　曲／弾厚作　1965

殿さまキングスの曲(P107)とは同名異曲。こちらは純粋なラブバラードだ。ジャケの一部がカットされ窓になっていて、加山が「ヤァ！」と右手を上げる。二重ジャケの外側をはずしたらタイトルが消えピンナップ写真に。考えたな〜。

夏の少女　　　466
南こうせつ

詞・曲／南こうせつ　1977

南によると、この少女はデビューしたばかりの榊原郁恵がモデルとか。本人もジャケで脱ぎ、乳首をさらしたのが実って(?)首尾よくヒット。当時ラジオで「実は冬に撮影したので、鳥肌が立ってた」と告白していた。

そんなヒロシに騙されて　822
高田みづえ

詞・曲／桑田佳祐　1983

サザンのアルバム「綺麗」収録曲をカヴァー。高田にとって「私はピアノ」(P68)以来3年ぶりのオリコントップ10入り。そちらも原由子が歌ったサザンの曲。ちなみに、ジューシィ・フルーツのイリア版は、よりGS調。そっちもぜひ。

YAKIMOKI　　　686
コスミック・インベンション

詞／星川スナヲ・くら美あきら
曲／小田啓義　1981

電子楽器メーカーの社長令嬢・森岡みま(前列中央、当時14歳=私と同じ)を中心に結成された小中学生テクノバンド。YMOの前座も務めた。後列左は若き日の井上ヨシマサ。

アナタトOVER-HEATシタイ　778
伊藤さやか

詞／Heart Box　曲／K.Brown　1982

ドラマ「陽あたり良好！」のヒロインを好演し人気に。花の82年デビュー組の中では独自の道を行き、歌ではロック路線を主張。ジャケで名前を「SAYAKA」と表記したが大ヒットには至らず。このKOジャケはキュート！

天使の顔につばを吐け　550
川崎麻世

詞／阿木燿子　曲／宇崎竜童　1978

たのきんトリオ登場前のジャニーズを支えた1人。シングル5枚目で阿木=宇崎コンビを起用、サビで「♪ままよ　まよまよまよ　迷わずに〜」と自分の名前を連呼したが、セールスは伸びず。のちにミュージカル俳優へと成長。

恋の免許証(ライセンス)　861
麻生真美子＆キャプテン

詞／荒木とよひさ　曲／三木たかし　1984

松本伊代の後ろで踊っていた2人組・キャプテンが、セクシー系の麻生(中央)と組んだユニット。何を歌ってもB級感漂うところが好きだった。ちなみに第2弾は「恋の低空飛行」って、それ絶対売れないだろ！

後楽園に舞った紙テープ5万本はファンが投げた涙の石

哀愁のシンフォニー 441
キャンディーズ
詞／なかにし礼 曲／三木たかし 1976

12枚目のシングル。前作「ハート泥棒」までの11曲と、本曲以降ラストの「微笑がえし」(P19)までの6曲はあきらかに趣が違う。キャンディーズを本格的な大人のグループに成長させた曲だ。

作詞はなかにし礼。特に印象的なフレーズが「私の胸の奥の湖にあなたは 涙の石を投げた」。この部分、私は下のなかにし作品と対になっていると思う(続きは下の項で)。

全キャン連のアイデアで、ライブでは「♪こっちを向いて～」のところで紙テープを投げるのが恒例となり、毎回大量の紙テープがステージに降り注いだ。ファンにとっても重要な1曲だった。

後楽園解散コンサートで、同時に舞った5万本の紙テープは、ファンが投げた涙の石でもあった。

ところで、Perfume「ポリリズム」のジャケットはこのジャケと構図がよく似ている。3人を広島から呼び寄せた所属事務所・アミューズの大里洋吉会長はキャンディーズの元マネージャーだ。巡る巡るよ時代は巡る。

なかにし礼が8年後にアンサーソングとして↑を!?

エメラルドの伝説 101
ザ・テンプターズ
詞／なかにし礼 曲／村井邦彦 1968

GS全盛時、ザ・タイガースと人気を二分したのが「大宮のストーンズ」こと、ザ・テンプターズだ。彼らはタイガースと違い、デビューから2作(P78、P24の順)はリーダー・松崎由治の曲で勝負。いずれもヒットした。これは讃えられるべきことだ。

しかし、レコード会社サイドは「続けてヒット曲が書けるのか?」という懸念を抱き、第3弾の本曲はプロの手に委ねた。松崎は不本意だっただろうが、首尾よく初のオリコン1位となり、ショーケンはジュリーと並ぶGSのトップスターとなった。

ところで私は、上の「哀愁のシンフォニー」は、なかにしが本曲のアンサーソングとして書いたのだと思っている。「湖に君は身をなげた」は、上の解説で挙げた箇所と「湖」「なげた」が共通。両曲は対をなしている。

エメラルドの瞳を持つ女性は、恋人の愛の深さにおびえて不安になり、湖に身を投げた、という解釈なのだがどうだろう?……しまった、ご本人に会ったとき聞いとくんだった!

哀 戦士　　704
井上大輔

詞／井荻麟　曲／井上大輔　1981

映画「機動戦士ガンダムII 哀・戦士編」主題歌。作詞の井荻は、富野由悠季監督。曲も大ヒットを狙い、実際にヒットさせたが、「阿久悠さんの『宇宙戦艦ヤマト』(P64)を抜けなかった」と悔しがるのが富野監督らしい。

あなたと、熱帯　　986
MINAKO with WILD CATS
(本田美奈子)

詞／松本隆　曲／忌野清志郎　1988

本田が結成した女性だけのロックバンドに、清志郎が曲を提供した。松本とのコンビは珍しい。「♪あなたと熱帯(寝たい)～」という掛詞は、RC「♪お前に乗れないなんて」(P25)の女版?

ダスティン・ホフマンに　　428
なれなかったよ
大塚博堂

詞／藤公之介　曲／大塚博堂　1976

「愛を歌う吟遊詩人」大塚は、1度デビューするも不発。32歳のとき、この曲で再デビューしヒットするが、81年、37歳で脳内出血のため急逝。今も彼の曲を愛するファンは多い。

約束　　770
渡辺徹

詞／大津あきら　曲／鈴木キサブロー　1982

「太陽にほえろ!」のラガー刑事で人気に。本曲で初めて「ザ・ベストテン」に出たとき、「♪小さな夢をくちびるに」を「♪小さな胸をくちびるを」と歌い、頭が真っ白に。そのあと歌詞を勝手に作ったのは伝説の迷シーンだ。

恋のエンジェル・ベイビー　　104
弘田三枝子

詞／林春生　曲／筒美京平　1968

「渚の天使」も好きなんだけど、B面曲も最高!低音をしっかりと、パワフルに。R&B色満点の京平サウンドをノリノリで歌うミコの弾けっぷりが素晴らしい。半世紀以上も前に、こんな国産R&Bがあったとは。Great!

夏ざかり ほの字組　　902
Toshi & Naoko(田原俊彦&研ナオコ)

詞／阿久悠　曲／筒美京平　1985

歌番組でよく共演していた2人は息もピッタリ。2人が企画し、阿久─筒美が書き下ろし。研にとっては、「夏をあきらめて」(P124)以来3年ぶりのヒットとなった。19年、田原の40周年ライブでも久々のコンビ復活!

Deep　　530
渋谷哲平

詞／松本隆　曲／都倉俊一　1978

「渋谷」といえば「すばる」じゃなく「哲平」だ。私のカラオケ愛唱歌。「♪Deep 青い海～」と歌うと、同世代なら何も言わなくても「ウミウミ!」と合いの手を入れてくれる。「♪Deep 青ざめた～」は「メタメタ!」だ。

老人と子供のポルカ　　158
左卜全とひまわりキティーズ

詞・曲／早川博二　1970

当時76歳の俳優・左卜全が歌って大ヒット。「♪ズビズバー」「♪やめてケレ ゲバゲバ」は今聴いてもインパクト絶大。が、左は翌年逝去。この曲を流して出棺した話は泣ける。ひまわりキティーズの1人がル・クプルの藤田恵美。

Ya Ya (あの時代を忘れない)　　779
サザンオールスターズ

詞・曲／桑田佳祐　1982

桑田の学生時代のことがベースになった曲。歌詞に登場する「better days」は青山学院大で所属していた軽音サークルの名前。サザンは青学を母体に生まれ、様々な人との巡り逢いがあって(P41)、40年以上続くバンドになった。

川の流れのように 995
美空ひばり

詞／秋元康 曲／見岳章 1989

89年1月11日発売。ひばりの平成初シングルで、遺作になった。作詞した秋元はこの頃ニューヨークで生活。窓からイーストリバーを見て望郷の念に駆られ、「この川を流れる水も日本につながってるんだ」と思ったことがヒントに。

生きるってすばらしい 399
豊川誕

詞／片桐和子 曲／平尾昌晃 1975

児童養護施設出身で、16歳でジャニーズからデビュー。芸名はメリー喜多川が命名。孤児院出身の「あしたのジョー」から名前は「じょう」。物憂げな表情と声は彼にしか出せない味があり、70年代男性アイドルとしては異彩を放った。

蘇える金狼のテーマ 592
前野曜子

詞／浅野裕子 曲／ケーシー・ランキン 1979

ペドロ＆カプリシャスの初代ヴォーカリスト(P13)。脱退後はライブを中心に活動。本曲で再び表舞台へ返り咲き、アニメ「スペースコブラ」の主題歌も歌ったが、88年に40歳で没。あのハスキーな声はアナログ盤が似合う。

エスケイプ！ 974
五十嵐いづみ

詞／石川あゆ子 曲／朝倉紀幸 1987

セーラー服と機関銃、ではなく、こちらはセーラー服とバズーカだ。五十嵐主演「少女コマンドーIZUMI」の主題歌で、ストーリーもハードボイルド。「♪あなたを殺す夢をみたから もうこの街にもいられないわ」。かっけー！

YES MY LOVE 739
矢沢永吉

詞／ちあき哲也 曲／矢沢永吉 1982

コカ・コーラCMソングで、CM内では「♪ YES COKE YES〜」に変えて歌っていた。レコード袋に文字だけというこのシンプルな作りはまるで、＜YAZAWAの音だけ聴いてもらえたらそれでいいから＞という確かな自信を感じる。

センチ・メタル・ボーイ 865
キララとウララ

詞／売野雅勇 曲／井上大輔 1984

伝説のテクノ歌謡アイドル。近未来を意識した衣裳やヘンテコな振付、当時珍しかったインカムの導入など先駆的だったが、尖りすぎてよくわからぬまま消えた印象。キララこと大谷香奈子(右)は解散後、小室哲哉の最初の妻に。

夜が明けたら 139
浅川マキ

詞・曲／浅川マキ 1969

寺山修司に見出され、新宿の小劇場「蠍座」(さそり)(ジャケ写)で歌い注目を浴びたマキ。あの寺山が、自作の「かもめ」をB面に回してマキの自作曲をA面に据えたのは、マキの、内から湧き出る歌に圧倒されていたからだ。ライブ録音盤。

夜明けのマイウェイ 604
バル

詞・曲／荒木一郎 1979

代官山のレストランを舞台にしたコメディドラマ「ちょっとマイウェイ」主題歌。桃井かおりの魅力はもちろん、バルの奏でるハーモニーも絶品で、ドラマ共々ヒット。番組の音楽担当でもある荒木一郎(P103)の才能がほとばしる。

魔法の黄色い靴 243
チューリップ

詞・曲／財津和夫 1972

彼らの記念すべきメジャーデビュー曲だが、さっぱり売れず。ジャケは「イエロー・サブマリン」を意識？ ビートルズの強い影響を受けつつも、財津のポップセンスは独自のものがあった。それが花開くのが翌73年(P60)。

少年ケニヤ 836
渡辺典子

詞／阿木燿子 曲／宇崎竜童 1984

渡辺のデビュー曲で、「心の花」と両A面扱い。私は「♪口移しにメルヘン下さい～」のこっちのほうが好き。角川3人娘の中では少し地味な印象だったが、私は彼女推しだった。結婚した元ヤクルトの西岡洋がうらやましかったり。

花の首飾り 854
中川勝彦

詞／菅原房子 補作詞／なかにし礼
曲／すぎやまこういち 1984

ザ・タイガースの名曲をカヴァーし、紅茶のCMに出た中川。お花畑の中、ティーカップ片手に立って絵になる美青年は、しゃべるとキャラも立っていた。中川翔子の、今は亡き父。

水の星へ愛をこめて 903
森口博子

詞／売野雅勇 曲／ニール・セダカ 1985

森口のデビューは、「機動戦士Zガンダム」の後期オープニング曲で、もとはニール・セダカの未発表曲だ。ガンダムファンにも人気が高い曲で、森口は、ガンダムシリーズの曲を集めたカヴァーアルバムを2枚発表している。

帰らざる日のために 325
いずみたくシンガーズ

詞／山川啓介 曲／いずみたく 1974

中村雅俊主演の学園ドラマ「われら青春」主題歌。曲中に出てくる「涙は心の汗だ」の名フレーズはドラマ内でもよく使われ大ヒットした。ただし視聴率は伸び悩み、半年で終了。キャンディーズもアルバムでカヴァー。

赤いハイヒール 420
太田裕美

詞／松本隆 曲／筒美京平 1976

オーバーオールでこちらを見つめるジャケにもキュン！とくるが、冒頭の「♪ねぇ～友達なら 聞いて下さる～」の敬語でさらにキュン！「木綿のハンカチーフ」(P79)同様、太田の男女演じ分け歌唱が堪能できる名曲。

長い髪の少女 91
ザ・ゴールデン・カップス

詞／橋本淳 曲／鈴木邦彦 1968

彼らの代表曲で、デイヴ平尾、マモル・マヌーの掛け合いが印象的。ジャケには、初期メンバーのケネス伊東(右端)の姿が。このあと彼がビザの関係で帰国。代わりのキーボードとして、ミッキー吉野が加入することに。

イエロー・サブマリン音頭 788
金沢明子

詞・曲／J.Lennon・P.McCartney
日本語詞／松本隆 1982

ルーツミュージックとしての「音頭」を追求していた大瀧詠一Pは、金沢明子を起用し、ついにビートルズを音頭化。冒涜と言う向きもいたが、原曲のガチャガチャ感も再現した、心あるカヴァーだ。

そして僕は途方に暮れる 870
大沢誉志幸

詞／銀色夏生 曲／大沢誉志幸 1984

大沢が他人用に書いた曲だったが、結局誰も歌わず、大沢が自分のアルバムで歌った。これがシングルとなり、カップヌードルのCMに採用され大ヒット。一瞬「あれ、スピーカー割れてる？」と思ってしまう、大沢の歌声が独特の味。

うぐいすだにミュージックホール 374
笑福亭鶴光

詞・曲／山本正之 1975

架空のストリップ小屋を舞台に、自ら司会と呼び込みを演じてヒット。しかし、鶴光は松鶴師匠から「ろくに落語もできんくせに！」と怒られ、以降落語に本腰を入れた。オールナイトニッポン、毎週聴いてたなぁ。ええか～、ええのんか～。

震災時に椎名林檎がカヴァーし再度脚光が

夜明けのうた　20
岸洋子

詞／岩谷時子　曲／いずみたく　1964

日本のシャンソン界で越路吹雪と人気を二分し、「魅せる越路」に対し、「聴かせる岸」と呼ばれた彼女。この曲で64年のレコ大歌唱賞を受賞した。大きく時は流れて11年、東日本大震災直後、椎名林檎は犠牲者の冥福を祈ると共に、「それでも生きている今日のわたしたちに、こっそり贈り物をくださっていた作家のお二人(岩谷時子、いずみたく)へ胸一杯の敬意を込めて」と、東京事変でこの曲をカヴァーし再び光を当てた。新型コロナ禍の中においても深く刺さる名曲だ。

園遊会で眞子さまが話題にした「小室」曲

Get Wild　962
TM NETWORK

詞／小室みつ子　曲／小室哲哉　1987

アニメ「シティハンター」のエンディング曲で、TMN は初のオリコンベスト10入りを果たした。小室哲哉は渡辺美里に書いた「My Revolution」(P103)をヒットさせていたが、自分のバンドからビッグヒットが出ず、「次がラストチャンス」とこの曲に賭けていた。まさに大願成就の1曲だ。17年、秋の園遊会に招かれた小室は、眞子さまと歓談中、本曲の話題が出たことに感激したという。アメリカ留学した小室圭氏も、せっかくなのでこの際、「K.Komuro」と名乗ってはどうか。

伊集院静プロデュース!で息を吹き返す

感じてナイト　653
レイジー

詞／伊達歩　曲／水谷公生　1980

アニソン界の雄・影山ヒロノブと、ラウドネスのギタリスト・高崎晃らを生んだレイジー。かまやつひろしに認められ上京したが、入った事務所の方針はアイドル路線。「8時だョ!全員集合」でコントを演じたことも。やりたい音楽とのギャップに鬱々としていた彼らのもとに、今や大作家となった、伊集院静(=作詞の伊達歩)が新しくPに。「ヘヴィー・メタル宣言」を彼が提案し実行。第1弾のこの曲は、5人が思う存分躍動。80年代の歌謡曲に新たな扉を開いた。

阿久悠が「あなたにぴったり」と直接渡して

鳥の詩　701
杉田かおる

詞／阿久悠　曲／坂田晃一　1981

西田敏行主演のドラマ「池中玄太80キロ PART2」(日テレ)の挿入歌。長女役の杉田かおるが歌ってヒットした。作詞は西田に主題歌の「もしもピアノが弾けたなら」(P90)を書いた阿久。杉田は阿久から直接詞を渡され「これは自分がすごく大切にしている詞で、いつか世に出したいと思っていた。あなたが歌うならぴったりじゃないか」と言われたという。杉田は阿久への感謝を込め、40周年の20年に新録音版を出している。不思議な浄化作用がある曲だ。

Remember　　　　972
風間三姉妹

詞／湯川れい子　曲／来生たかお　**1987**

左から、大西結花、浅香唯、中村由真。ドラマ「スケバン刑事Ⅲ 少女忍法帖伝奇」の主役3人が、役名のまま歌いオリコン1位に。27年後の15年、3人は三姉妹コンサートを開きセーラー服姿を披露。「ファンのために着ました」。

燃えろジングルベル　　　　608
加藤登紀子・河島英五

詞・曲／河島英五　**1979**

親交のあった2人のデュエット曲。各々の会社から2種類の盤が発売された。これは加藤のほう。かつて学生運動に身を投じた男女が結婚、子を持つ親になっても内なる炎はまだ赤々と……。こんなクリスマスソングもあっていい。

恋♥あなた♥し・だ・い！　　　　814
岩井小百合

詞・曲／TAKU　**1983**

「横浜銀蝿の妹分」として83年にデビュー。ツッパリとは無縁のポニーテールが似合うアイドルに、銀蝿メンバーのTAKUが書き下ろしヒット。そして、初コンサートが武道館。15歳1ヶ月での武道館ソロは、当時の最年少記録。

哀愁の一丁がみ小唄　　　　487
小松政夫　スージー・白鳥

詞／田村隆・左真樹　曲／宮川泰　**1977**

「みごろ！たべごろ！笑いごろ！」で、キャンディーズが「あんたが憎い あんたが憎い バカバカバカバカ！」とやっていたあの曲。小松の親分さんには本当に笑わせてもらった。このキメポーズはトラボルタよりカッコいい。

ミスティー　　　　699
桜田淳子

詞／小林和子　曲／小田裕一郎　**1981**

オリビア・ニュートン・ジョンの「フィジカル」を意識した曲。ピンクの光る全身タイツ姿（金ピカのもあった）でTVに登場。身をくねらせ妖艶に歌った。オリビアのライブ映像を観て自らデザイナーに依頼。プロ魂！

受験生ブルース　　　　86
高石友也

詞／中川五郎　曲／高石友也　**1968**

もとは、フォークシンガー・中川五郎が受験生時代、ボブ・ディランの「炭鉱街のブルース」の替え歌として作ったもの。これを聴いた高石が、曲を軽快なカントリー調に作り変え大ヒット。全然ブルースじゃなくなったけど……。

娘ごころ　　　　283
水沢アキ

詞／山上路夫　曲／筒美京平　**1973**

「ソニー家の三女」のキャッチフレーズでデビュー。ドラマやバラエティでも活躍。私も大ファン。林家たい平師匠の落語会の打ち上げで偶然ご一緒し、カラオケでこの曲をデュエットしてもらったのは一生の思い出に。

月世界旅行　　　　864
アポジー＆ペリジー

詞／松本隆　曲／細野晴臣　**1984**

細野晴臣PによるアルバムⅠ超時空コロダスタン旅行記」からのシングルカット曲。ニッカウヰスキーのCMにも登場して話題になった、ロボットキャラ・アポジーとペリジーの歌を覆面で歌っているのは、三宅裕司と戸川純。

クスリ・ルンバ　　　　196
アントニオ古賀

詞／アントニオ古賀　曲／J.M.Perroni　**1971**

古賀政男の弟子で、どんなジャンルの歌でも弾きこなし歌う才人。「コーヒー・ルンバ」（P14）に、「♪アリナミン エスカップ オロナイン パンビタン～」と医薬品の商品名を乗せて歌いヒット。ギターも超絶技巧。

横須賀と百恵に共通する「陰がある」イメージから

横須賀ストーリー

山口百恵

詞／阿木燿子　曲／宇崎竜童　1976

426

　75年「港のヨーコ・ヨコハマ・ヨコスカ」(P36)で、夫・宇崎竜童とコンビを組み作家デビュー。いきなりヒットを飛ばした阿木燿子。翌年、2人のもとに突然、CBSソニーからこんな依頼が舞い込んだ。「山口百恵に、曲を書いてもらえないだろうか?」。

　同時に「これは百恵本人の希望らしい」という噂も耳に入ってきた。しかし当時は、10代のアイドルが自己主張するなんてありえない時代。阿木は「まさか……」とこの噂を信じなかった。

　百恵サイドからの最初の発注は、「アルバム用に3曲ほど書いてほしい」だった。阿木は百恵と年齢が少し離れていたため、何を書けばいいのか迷ったが、ふと百恵が横須賀出身ということに気付く。阿木は横浜出身だが、実家は横須賀に移ったため土地勘があった。「横浜は明るい港町ですけど、横須賀は軍港で軍艦も停泊していて、どこか陰があるんです」と言う阿木。

　そんな横須賀のイメージが、同じく「陰がある」と言われた百恵と重なった。阿木は横須賀を舞台に、煮えきらない態度の男に翻弄さ

れる女性のストーリーを描いていった。「これっきり　これっきり　もう　これっきりですか」というキャッチーなフレーズも浮かび、曲は完成。ところが……。

　収録予定のアルバムに、この曲だけがなぜか入っていなかった。阿木は「ああ、ボツになったんだな」と落胆したが、その後、アルバムではなくシングルで発売するという報せが届く。でき上がった「横須賀ストーリー」は想像以上に大人っぽい仕上がりとなり、百恵を大人の歌手へと導く1曲となった。

　阿木は12年に、宇崎も交え百恵と久々に再会、一緒に食事をした。その席で阿木は、長年の疑問をぶつけてみた。

　「私たちに曲を依頼したのは、百恵さん自身だ、っていう噂は本当なんですか?」……答えは「はい、そうです」。　阿木は言う。「あの時代に、アイドルでありながら事務所に自分の意見を言えたのがすごい。結婚・引退もそうですけど、百恵さんは自分の運命を、自分で作っていったんですね」。

21世紀まで愛して　934
水谷麻里

詞／松本隆　曲／筒美京平　1986

デビューから松本ー筒美コンビの曲、期待のアイドルだった。86年に、「♪覗いてみたい　14年後の二人の未来」って松本サン、00年はまだ20世紀では？90年に江口寿史と結婚、引退。

心のこり　367
細川たかし

詞／なかにし礼　曲／中村泰士　1975

大御所のデビュー曲。第一声が「♪私バカよね～」で、実は最初のタイトルがそれだった。キャンペーンで「『私バカよね』の細川たかしです！」じゃあんまりと、スタッフの発案で変更。歌詞には入ってないが、いいタイトル。

ふられ気分でRock'n'Roll　876
TOM★CAT

詞・曲／TOM　1984

ポプコン終期のグランプリ受賞曲。音楽界に革命を起こしたシンセの名機・ヤマハDX7を弾き、さっそうと歌うヴォーカリスト・TOMは、まさに「ヤマハが生んだヤマハ使い」。グラサンのデカさはフィンガー5の晃といい勝負。

俺らの家まで　572
長渕剛

詞・曲／長渕剛　1979

私の中で長渕というと、この頃のイメージだ。長髪で細身で、歌ってる曲も軽かった。「♪機嫌なおして（ツヨシー！）　来いよ～　来いよ～」というファンの合いの手も入ってたり。あのときの彼はどこに拉致されたのか……？

水色の恋　214
天地真理

詞／田上えり　曲／田上みどり　1971

ドラマ「時間ですよ」で人気を集めた「となりのマリちゃん」のデビュー曲。大ヒットし、歌詞にも出てくる「白雪姫」がキャッチフレーズになった。彼女と、小柳ルミ子、南沙織がデビューした71年は、「アイドル元年」である。

織江の唄　674
山崎ハコ

詞／五木寛之　曲／山崎ハコ　1981

映画「青春の門」テーマソングで、「♪抱いてくれんね　信介しゃん」と方言で迫る歌詞が沁みる。一時、事務所の倒産で路頭に迷ったが、渡辺えりなどの演劇人に救われた。暗いと言われる山崎の曲を必要とする人は大勢いるのだ。

短編小説　533
桂木文

詞・曲／さだまさし　1978

郷ひろみの恋人役オーディションで選ばれ、78年にドラマ「ムー一族」でデビュー。清楚さの中に男子の心をくすぐる独特な陰の雰囲気があった。デビュー曲はさだが書き下ろし。線は細いが美声で、埋もれるには惜しい名曲。

一気！　881
とんねるず

詞／秋元康　曲／見岳章　1984

この前に企画モノでレコードを2枚出しているが、実質デビューは、作家・秋元と初めて組んだこれ。オリコン19位とヒット自信を得た彼らは、「高卒のカリスマ」として「一気！」に、お笑い界のトップへと上り詰めていく。

意気地なし　403
森雄二とサザンクロス

詞／高畠じゅんこ　曲／中川博之　1976

「ザ・ムード歌謡」のサザンクロス。「足手まとい」と並ぶ代表曲だ。ハッピー＆ブルー、アローナイツとよくごっちゃになるけれど、02年に、3組のヴォーカルが集って「ハッピー・サザンアロー」を結成。混乱に拍車が。

ブルー・エトランゼ　　818
河上幸恵

詞／三浦徳子　曲／高生鷹　1983

「スタ誕」出身、芦屋のお嬢様で美形だった。デビュー曲は王道だったが、3曲目から横にロボットを従えテクノ歌謡を歌うなど迷走。4年で引退は残念……と思ったら19年、32年ぶりに電撃復帰。変わらぬ雰囲気に驚愕！

じれったい　　963
安全地帯

詞／松井五郎　曲／玉置浩二　1987

玉置の歌を聴いていると、「歌唱力」なんて言葉を使うのが失礼に思えてくる。この曲なんてAメロとサビしかないのに、玉置は変幻自在の声だけでもたせてしまう。20年の紅白は、玉置が出てくるまで本当にじれったかった。

OK！マリアンヌ　　776
ビートたけし

詞／大津あきら　曲／鈴木キサブロー　1982

たけしの声はすごく耳に残る声だ。化粧品のCMでよく聴いたこの曲、サビの「♪OK！マリアンヌ Wow Wow〜」のシャウトは、今もフッと脳内を駆け抜けるときがある。このジャケ、自分のレコードなのに中央にいないのもいい。

ギター仁義　　13
北島三郎

詞／嵯峨哲平　曲／遠藤実　1963

63年、サブちゃん初の紅白で歌った曲。ただし、ギターは持たず手ぶらで熱唱。かつてギター片手に流しをやっていた北島。「♪おひけえなすって手前ギター一つの渡り鳥にござんす」ってキメゼリフがカッコいい。

生きがい　　184
由紀さおり

詞／山上路夫　曲／渋谷毅　1970

由紀のささやくような歌声がキュート！途中のセリフ「私はあなたとしか生きられない それだけが私のよろこび」も沁みる。松田聖子は子どもの頃、この曲を聴いて由紀の美声に感動し、何度もレコードをリピートしたという。

恋は春感　　795
山口美央子

詞・曲／山口美央子　1983

「シンセの歌姫」と呼ばれ、当時から海外でも評価が高かったシンガーソングライター。昨今のシティポップブームで再び脚光。シンセにベストマッチな声だった。18年、周囲の要望を受け新アルバムを出し活動を再開！

あせるぜ　　492
阿部敏郎

詞・曲／阿部敏郎　1977

「ジャケ買い」した1枚。なぜケーキの間に顔を突っ込んでいるのか？曲自体は「小学校の同級生たちがどんどん出世、比べられてあせるぜ！」のくり返しばかり。で、それ以上書くこともないから、解説のスペースが余って、あせるぜ！

ff（フォルティシモ）　　905
HOUND DOG

詞／松尾由紀夫　曲／蓑輪単志　1985

この人もよくラジオのゲストに来てくれた。テリー伊藤氏の番組に新曲のPRで来てるのに、第一声は必ず「曲なんかどうでもいいから、テリーさん、巨人の話をしましょうよ！」……今は「1人でHOUND DOG」。大友康平、信念の人だ。

おやじの海　　570
村木賢吉

詞・曲／佐義達雄　1979

村木は、香川県・直島の精錬所で働いているときに佐義と出会い意気投合。彼が書いたこの曲を歌い自主制作盤を作った。有線で火がつき、メジャーでもヒット。新人賞レースで、アイドルの横に並ぶ47才の姿は強烈だった。

恋をアンコール 843
おかわりシスターズ

詞／峰岸未来 曲／佐藤準 1984

「オールナイトフジ」出演者による3人組ユニット。左から松尾羽純、山崎美貴、深谷智子。命名は片岡鶴太郎。80年代の女子大生ブームを作ったのも、たどたどしさが武器になるとおニャン子に教えたのも、彼女たちだ。

わかんねェだろうナ 364
（夕やけこやけ） 松鶴家千とせ

原詩／中村雨紅 挿入詩／元木すみお・進しげお 曲／草川信 1975

「俺が昔、夕焼けだった頃、弟は小焼けで、父さんは胸やけで、母さんは霜やけだった。わかるかなぁ、わかんねぇだろうなぁ〜」。一世を風靡したあのネタは、ちゃんと音楽でもあったとわかる1枚。

OUR SONG 553
原田真二

詞・曲／原田真二 1978

原田はこの6作目から松本隆の手を離れ、自分で詞も書くようになった。彼が歌いたかったのは、強いメッセージを込めたロックバラード。「♪心に愛を 持てるだろう」は、ミュージシャン・原田の再出発宣言だ。

父さん 708
祐子と弥生

詞／さいとう大三 曲／宮坂実 1981

ザ・ピーナッツ以降では、私の中の「三大歌謡ツインズ」は、「ザ・リリーズ」(P8)、「リンリン・ランラン」(P64)と、この2人だ。デビュー曲がヒット。今も姉妹で活動し、千葉・南行徳でカラオケ教室も開催している。

身も心も 478
ダウン・タウン・ブギウギ・バンド

詞／阿木燿子 曲／宇崎竜童 1977

彼らの最高傑作といえばやはりこれ。「♪言葉は虚しいけど ぬくもりなら信じよう」……ドラマ「探偵物語」最終回、松田優作演じる探偵・工藤が、ナイフで刺され崩れ落ちるラストシーン。バックに流れたのがこの曲だった。

野バラ咲く路 61
市川染五郎

詞・曲／市川染五郎 1967

歌舞伎だけでなく、現代劇やミュージカルにも取り組んできた、現・2代目松本白鸚。染五郎時代は、シンガーソングライターでもあった。自作自演が珍しかった時代にヒットさせたこの楽才は、娘・松たか子に継承された。

古い日記 315
和田アキ子

詞／安井かずみ 曲／馬飼野康二 1974

「♪あの頃は〜 ハッ!」でおなじみの曲、レコードを聴くと「ハッ!」はここではなく後ろ。歌い出しですぐの気がするのは、ものまねの影響だが、本家・和田は88年にこの曲をリメイクした際、「♪あの頃は〜 ハッ!」と歌っている。

ラブ・シックは好き 996
FAIRCHILD

詞／麻生圭子 曲／戸田誠司・川口浩和 1989

SHI-SHONENを率いる戸田誠司が、途中加入したヴォーカル・江原由希子を誘って、88年に新たに結成したバンド。江原は「YOU」に改名。そう、今バラエティで活躍中のあのYOUである。彼女のヴォーカルは独特だった。

傷心 556
大友裕子

詞・曲／大友裕子 1978

大友は、ポプコンで優秀曲賞に輝いたこの曲でデビュー。「コッキーポップ」で初めて聴いたとき、その情熱的でハスキーな声に圧倒された。82年に結婚し引退。葛城ユキ「ボヘミアン」(P48)を最初に歌ったのは彼女だ。

「もう歌えない」と泣く姿に若松Pが考えたのは…

「青い珊瑚礁」(P39)で大ブレイクを果たした松田聖子。しかしデビュー2年目の81年、試練を迎える。スケジュールの苛烈さもあってか、最大の魅力である突き抜けるような高音が思うように出せなくなったのだ。

担当の若松宗雄Pによると、当時聖子は舞台裏で「もう歌えない……」と泣いていたという。若松は聖子を励ましつつ、この危機を乗りきる方策を考えた。

「声が出なくても、みずみずしさを引き出せれば、聖子らしさは失われないと思った」という若松。「一般の人はフレッシュさに反応するんです」。

そして、作曲の財津和夫、本曲からシングルに起用した作詞家・松本隆と、何度も打ち合わせを重ね完成させたのが本曲である。

聖子はこの曲で、抑え気味の歌い方でも自分らしさを表現できることを知り、結果的に歌手としての幅を広げることができた。

文学性の高い松本とのタッグは、この曲があったからこそ成立していったのである。

白いパラソル　　706
松田聖子
詞／松本隆　曲／財津和夫　1981

心の内をさらけ出す虚飾のないヴォーカル

私が上京直後の86年、毎日聴いていたのがジャックスだ。69年に解散したので、当時すでに「伝説のバンド」だったが、どの曲も密度が濃く、ズシンと胸に響いた。しかも詞が刺さる。

早川義夫のヴォーカルが大好きで、心の内をそのままさらけ出しているような虚飾のない歌声は、極上の吟醸酒のような深い味わいがある。特に好きなのがこの曲だ。

東芝移籍第1弾シングルなのだが、彼らが活動中に出した2枚のアルバムには収録されていない。86年に東芝から出たスタジオライブ盤にライブ音源が収録されていて、私はそのレコードでこの曲を初めて聴いた。早川の声が沁みた。

シングル盤の音源も聴きたくなったが、ネットもサブスクもない当時は、稀少で高価なこの盤を中古盤店で探して聴くしか手がなかった。やっと巡り逢えたのが30年後の16年で、そのときの喜びたるや……。針を落としたとき、つい涙があふれたのは内緒だ。

この道　　115
ジャックス
詞・曲／早川義夫　1968

恋をするなら 　　　　　　18
橋幸夫
詞／佐伯孝夫　曲／吉田正　1964

サーフィンのリズムをいち早く採り入れた、橋のリズム歌謡第1作。作曲の吉田は62年、ロスでこのリズムを体感。「♪アッアアアアア〜 イッイイイイイ〜 エッエオウオウ アイオ〜」に、大御所の意気込みが伝わってくる。

SOPPO 　　　　　　603
ツイスト
詞・曲／世良公則　1979

ツイストはこの曲を出す直前、新ギタリスト・松浦善博を迎えた。間奏部の派手なギターソロはそのお披露目を兼ねたもので、泥臭くてめちゃくちゃカッコいい。本書に寄稿のスージー鈴木氏はこれを聴いてギターを始めたとか。

ぼくの先生はフィーバー 　　　　　　546
原田潤
詞／橋本淳　曲／平尾昌晃　1978

水谷豊が小学校の先生を演じたドラマ「熱中時代」主題歌。この年日本で公開された「サタデー・ナイト・フィーバー」の影響ありあり。歌った原田は当時9歳。曲の平尾のミュージックスクール出身で、畑中葉子と同じパターン。

どきどき旅行 　　　　　　746
岩崎良美
詞／安井かずみ　曲／加藤和彦　1982

「♪わたしの恋は〜 のぼりつめて行かせて〜」は初めて聴いたときドキドキしたが、「♪ハワイに行かせて〜」でズルッ。スカっぽい出だしから、サビはよく聴けばストーンズの「黒くぬれ！」。加藤＆安井夫妻の遊び心満載。

夢想花 　　　　　　554
円広志
詞・曲／円広志　1978

「サビの歌詞、なぜ9回も『とんで』るのか？」という私のラジオ取材に、円は真摯に返答を。「モヤモヤした心の叫びを、息が切れるまで『♪とんでとんで』と吐き出したときの回数。僕の肺活量に合わせた数字ですわ（笑）」。

冬が来る前に 　　　　　　482
紙ふうせん
詞／後藤悦治郎　曲／浦野直　1977

私は小5のとき、名古屋駅地下街へラジオの公開生番組を観に行き、この歌を生で聴き、2人の美しいハーモニーと曲の良さに感動。紙ふうせんのことを調べ、赤い鳥というバンドにいたことを知ったのが、本書を書く原点かも。

ラブユー東京スポーツ 　　　　　　896
なぎら健壱
詞・曲／なぎら健壱　1985

東スポをこよなく愛するなぎらが作った、愛があふれる応援歌。終了したけれど、私も東スポで、歌謡曲を紹介する「ジャケットお立ち台」という連載を持てたときは本当に嬉しかった。担当の森中記者、本書の特集もお願いします！

脱・プラトニック 　　　　　　798
桑田靖子
詞／売野雅勇　曲／芹澤廣明　1983

女性アイドル大豊作の82年組に比べて不作と呼ばれる83年組だが、逸材もいた。デビュー曲が「少女A」の売野ー芹澤コンビ。抜群の声量と表現力。キャッチコピーが「これは、16歳の戒厳令だ」……握手会行けないじゃん。

摩天楼ブルース 　　　　　　873
東京JAP
詞／売野雅勇　曲／筒美京平　1984

小泉今日子の初主演ドラマ「少女に何が起こったか」の主題歌となりヒット。ユーミンにアルバムをプロデュースしてもらうなど期待されながら、シングル6枚で解散は惜しい。ジャケ左上文字「摩」の下は、若き日の赤坂泰彦。

炎のファイター／　　　　493
アントニオ猪木のテーマ
アントニオ猪木とザ・ファイターズ
曲／M.Masser　1977

モハメド・アリとの激闘のあと、アリからテーマ曲
を贈られ、「猪木のテーマ」として定着。B面曲
では、なかにし礼が詞で、当時の猪木の妻・倍賞
美津子が熱唱した「いつも一緒に」を収録。

風来坊　　　　472
ふきのとう
詞・曲／山木康世　1977

北海道出身・山木康世と細坪基佳の2人組。ライ
ブを中心に、地に足の着いた活動を続けてきた
が、92年に惜しまれつつ解散。厳しい自然に立ち
向かい歩き続ける風来坊が、音楽とまっすぐ向き
合ってきた彼らの姿とかぶる。

天使の爪　　　　496
西村まゆ子
詞／喜多條忠　曲／三木たかし　1978

第2回ホリプロタレントスカウトキャラバン優
勝者。熊本出身。ポスト山口百恵と期待され、
彼女の地元・有明海が舞台のデビュー曲は名曲
ながら、わずか半年で事務所から解雇。アイドル
の制約が窮屈だったのか、惜しい。

ハンダースの想い出の渚　　　531
ザ・ハンダース
詞／鳥塚繁樹　曲／加瀬邦彦　1978

「ぎんざNOW!」の「素人コメディアン道場」出身
者たちで結成、清水アキラ、アゴ＆キンゾーも在
籍。ワイルドワンズの名曲(P34)を有名人のもの
まねで歌っていき、最後はキャンディーズ。似てな
いけど、解散ネタは泣けた。

難破船　　　　971
中森明菜
詞・曲／加藤登紀子　1987

おトキさんはTVで明菜を観て、この曲の雰囲気
が彼女にぴったりと感じ連絡。「あなたが歌った
ほうがいい」と譲り、しばらく歌うのを封印した。
当時、孤独を深めつつあった明菜の心情ともシ
ンクロ、代表曲の1つに。

季節の中で　　　　540
松山千春
詞・曲／松山千春　1978

TV出演を拒んでいた千春だが、1度限りの条件
で「ザ・ベストテン」に生出演。出ない理由も語
ってからこの曲を歌った。話した内容はまったく
覚えていないが、今とは別人のピュアな千春がそ
こにいたことは鮮明に覚えている。

自動車ショー歌　　　　21
小林旭
詞／星野哲郎　曲／叶弦大　1964

アキラの「恋の山手線」と並ぶダジャレソング。
自動車名、1番の最後は当初「♪ここらで一発
シトロエン」だったが、エロ的に要注意歌謡曲に
指定され、「♪ここらで止めても　いいコロナ～」
と歌い直して再発売された。

JODAN JODAN　　　　583
海援隊
詞／武田鉄矢　曲／木村昇　1979

大ヒットした西城秀樹「YOUNG MAN」(P27)
の「Y→M→C→A」パワーにあやかろうと、
「J→O→D→A→N」のハンドサインを考案した
が、オリコン最高86位と不発に終わった。次に
出したのが「贈る言葉」(P28)。なんちゅう落差。

売れ残ってます　　　　174
梓みちよ
詞／増永直子　曲／鈴木淳　1970

曲調が「恋の奴隷」にそっくりな、やさぐれ女の
ブルース。なんとか久々のヒットを、という必死
さは伝わってくるが、このタイトルとジャケ写じゃ、
レコード自体も「売れ残ってます」になる。つい買
っちゃったけど(笑)。

男の世界 175
ジェリー・ウォレス
詞／H.Cain 曲／M.Cain **1970**
「ウ～ン、マンダム」。チャールズ・ブロンソン出
演、大林宣彦監督が撮った「マンダム」のCM曲。
これは日本独自のシングルなので、私の中では
洋楽ではなく歌謡曲だ。オリコン通算12週1位。
CMタイアップヒットの先駆け。

今だから 897
松任谷由実・小田和正・財津和夫
詞・曲／松任谷由実・小田和正・財津和夫 **1985**
超豪華コラボ曲。発売直後、85年6月15日に
国立競技場であった国際青年記念イベント
「ALL TOGETHER NOW」で、この3人によっ
て披露された。いまだにCD化されず、ラジオで
はこのアナログ盤音源をかけている。

邦子のかわい子ぶりっ子 729
(バスガイド篇) 山田邦子
詞／山田邦子 曲／渡辺直樹 **1981**
「右手をごらん下さいませ 一番高いのが中指
でございます」。山田がバスガイドに扮しギャグ
を炸裂させる。曲の渡辺直樹はスペクトラム(P8)
のベースで、山田は彼らの「遠足ロックロール」
にバスガイド役で出演した。

私のしあわせ PARTII 731
石野真子
詞・曲／石野真子 **1981**
石野が長渕剛と結婚、引退して3ヶ月後に出た
シングル。詞も曲も石野が書いている。幸せにな
ることは、歌うことでも踊ることでもなく「♪貴方
のもとへ飛んでいくこと」。そのあとの展開を知
るだけに、ちょっとウルッとくる曲だ。

前略おふくろ 460
萩原健一
詞／藤公之介 曲／森田公一 **1977**
ショーケンが髪をバッサリ切って、倉本聰と組ん
だドラマ「前略おふくろ様」。母親役・田中絹代
のセリフが曲間に挿入され、ドラマの雰囲気が蘇
ってくる1枚。B面のショーケン版「酒と泪と男
と女」も聴き応えたっぷり。

雨の慕情 635
八代亜紀
詞／阿久悠 曲／浜圭介 **1980**
前年発売の「舟歌」は男歌だったが、こちらは切
ない女心を歌ってみるとレコ大賞。「♪雨々ふ
れふれ もっとふれ」で、手のひらを天に向け上
下させる振付は自然に出てきたそうで、八代曰く
「エクササイズにもオススメ」。

しどけなくエモーション 925
SHOW-YA
詞／湯川れい子 曲／中村美紀 **1986**
日本のガールズロックバンドの先駆。寺田恵子
はソロデビューを持ちかけられたが、「みんなで
デビューしたい」と拒否。あくまでバンドとしての
活動にこだわった。アイドル路線を求められ拒
み、やりたい音楽を貫いた姿勢は尊敬。

シビレ節 36
植木等
詞／青島幸男 曲／宮川泰 **1966**
俺はあの娘にシビレ、かあちゃんは有名校にシビ
レ、学生はマンガにシビレ、国じゅうみんなシビ
レて「♪シビレチャッタ シビレチャッタ シビレチ
ャッタヨ～」……さすが植木等。銭湯の電気風呂
に入ると、つい歌ってしまう曲。

シティ・コネクション 705
エマニエル
詞／M.Sugar 日本語詞／佐藤由佳
曲／D.Long **1981**
クラリオンのCMに出演したところ、「エマニエ
ル坊や」と呼ばれて大人気に。自ら日本語で歌っ
たこのCMソングも大ヒット。曲のダニー・ロン
グは、ビーイング・長戸大幸のペンネーム。

映画「愛と誠」主演は自ら原作者に直談判

激しい恋　327
西城秀樹
詞／安井かずみ　曲／馬飼野康二　1974

「♪やめろと言われても～」でおなじみ、ヒデキ9枚目のシングル。74年は彼にとって重要な1年になった。映画「愛と誠」に主演。ヒデキは映画化の話を聞きつけ、原作者の梶原一騎に「僕を主演で使ってください！」と直談判。さらに8月には、大阪球場でコンサートを開催。男性アイドルが1人でスタジアムライブを行うのは史上初で、毎年恒例となり、10年間続いた。やめろと言われてもやめずに突っ走ったヒデキ。ジャケもカみなぎってるよなあ。

演歌歌手の意地でコブシを入れて渋々歌い

三百六十五歩のマーチ　120
水前寺清子
詞／星野哲郎　曲／米山正夫　1968

「どこの運動会の歌ですか？　マーチなんて絶対イヤです！」と、チータは恩師・星野哲郎に言った。説得されて渋々歌ったものの、「ワントゥー」を「ワン"ツー"」と歌い、コブシを入れたのは演歌歌手としての意地だった。ところが曲は大ヒット。星野が「スケールの大きい歌手になってほしい」という願いを込めてこの詞を書いたことを、水前寺はあとになって知った。16年の熊本地震の際、被災地でこの曲を歌ったとき、ふと星野の顔が浮かんだという。

新趣向「ブラスロック歌謡」に仕上げた筒美

恋の追跡　233
欧陽菲菲
詞／橋本淳　曲／筒美京平　1972

ベンチャーズ作曲「雨の御堂筋」(P51)でデビューした欧陽菲菲だが、育ての親は橋本一筒美コンビだ。シングル第2弾から8曲連続で担当。これは第3弾のブラスロック歌謡である。当時、チェイスの「黒い炎」が日本でもヒット。そこで、ブラスロックのエッセンスを歌謡曲に採り入れた筒美の手腕はさすが。「ラブ・チェイス」と、サブタイトルで引用元を示しているのもニクイ。菲菲はこの曲で紅白に初出場。ステージを縦横無尽に動き回り、喝采を浴びた。

未発表の2曲をミックスさせたリサイクル曲

クリスマス・イブ　953
山下達郎
詞・曲／山下達郎　1986

毎年、クリスマスが近づくと売れ始める超ロングセラー曲。竹内まりやのアルバム用に書いた曲が使われず、達郎自身が歌うことに。歌い出しの「♪雨は夜更け過ぎに」は、昔書いた別の未発表曲からの詞でミックス、曲のリサイクルというわけだ。この曲で思い出すのは「クリスマス・エクスプレス」のCMだ。牧瀬里穂主演の89年版は名古屋駅で撮影。牧瀬が彼氏を待つ改札口は私もよく使っていたが、柱の向こうで女性が待っていたことは1度もなかった。

高校野球 624
壺井むつ美
詞／山上路夫　曲／平尾昌晃　1980

時代に逆行する青春歌謡路線を歩まされ、デビュー曲が「自転車通学」でこれが2曲目。野球帽＋ポンポン持って「♪理想は高く 甲子園〜」とけなげに歌っていたが、逆転ホームランとはならず、これが最後のバッター（シングル）に。

面影 377
しまざき由理
詞／佐藤純彌　曲／菊池俊輔　1975

「Gメン'75」のエンディング曲にして超名曲。少女時代から「ハクション大魔王」などアニソンを歌ってきたしまざきは、発売当時まだ18歳の女子大生！　詞曲は「非情のライセンス」（P10）の、佐藤純彌─菊池俊輔コンビ。

サマー・ガール 48
ザ・スパイダース
詞／ささきひろと　曲／かまやつひろし　1966

ジャケが全員若い！（堺に特に）。ビーチ・ボーイズ風のコーラスが絶品の大傑作。ムッシュが歌うB面「なればいい」は、海外のガレージパンクマニアたちがこぞってカヴァーするサイケな名曲。GS好きなら持っとけ、の1枚。

涙の take a chance 882
風見慎吾
詞／荒木とよひさ　曲／福島邦子　1984

日本で初めてブレイクダンスを取り入れた歴史的な曲！　風見は、NYに出向いて独学で練習。自ら集めたバックダンサーと共にTVで披露した。青アザを作りながらガチで歌い踊った風見がいて、今のダンスミュージックがある。

禁じられた恋 129
森山良子
詞／山上路夫　曲／三木たかし　1969

カレッジフォーク界で「日本のジョーン・バエズ」と呼ばれた森山。突然の歌謡曲路線戦略には本人もとまどったが、オリコン1位の大ヒットに。歌手・森山のポテンシャルの高さを証明した。三木作品の中でも指折りの佳曲。

愛のオーロラ 816
荻野目慶子
詞／岩谷時子　曲／林哲司　1983

映画「南極物語」の宣伝用に作られたイメージソング。劇中で犬の飼い主を演じた彼女が歌うことになり、タロとジロ役の犬と一緒にPRで全国を回った。妹・洋子と違って、お姉ちゃんの歌は薬師丸ひろ子っぽい澄んだ声。

奥飛騨慕情 646
竜鉄也
詞・曲／竜鉄也　1980

盲目の歌手・竜は、奥飛騨温泉郷の伝説の流しだった。独学で覚えたアコーディオンを抱えて店を回る日々。その奥飛騨を舞台に作った曲が大ヒットに。歌番組で初めて聴いたときの衝撃は、レイ・チャールズ並みだった。

マンデー・モナリザ・クラブ 598
ピンク・レディー
詞／阿久悠　曲／都倉俊一　1979

全米で発売された「Kiss In The Dark」がビルボード37位と上々の結果を収めたことを受け、阿久─都倉コンビも、そろそろ2人が望む曲を、と書き下ろし。大人のエンターテイナーに成長したミーとケイがここにいる。

わたし祈ってます 341
敏いとうとハッピー＆ブルー
詞・曲／五十嵐悟　1974

ハッピー＆ブルーといえば、本曲や「星降る街角」（P66）のヒットなど、森本英世（中央）の果たした功績は大きい。新田洋の名前で歌った有名アニソン「行け！タイガーマスク」も、実は彼のヴォーカルだったり。

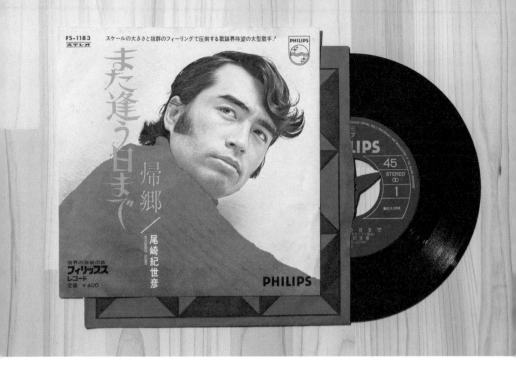

ヒマな頃偶然聴いて「オレに歌わせてくれないかな」

また逢う日まで

尾崎紀世彦

195

詞／阿久悠　曲／筒美京平　1971

　世代を問わず誰もが知っているこの曲。作詞・作曲は歌謡界のレジェンド、阿久悠－筒美京平……「ザ・歌謡曲」である。だが本曲は、はじめから尾崎のために書き下ろされたのではない。実はヒットするまでに2度も生まれ変わっているのだ。

　筒美は当初この曲を、エアコンのCMソングとして書いた。そこに、やなせたかし（「アンパンマン」原作のあの方）が詞を付けたが、スポンサーの意向でお蔵入りとなった。

　しかし、名曲には"拾う神"あり。「いい曲なのに、このまま埋もれるのはもったいない」と再生に乗り出したのが、この曲を管理していた音楽出版社・日音の村上司Pだった。

　村上は阿久に新たな詞を依頼し、まずは70年に、ズー・ニー・ヴー（P96）の新曲「ひとりの悲しみ」として世に出た。安保闘争に敗れた悲しみも暗に込められたこの曲は、けっして悪くない出来だったが、なぜか売れなかった。阿久もがっかりしたという。

　この「ひとりの悲しみ」をたまたま耳にして、「いい曲だな。オレに歌わせてくれないかな」と思ったのが尾崎である。生前、私が本人に直接聞いた話では、仕事がなくてヒマで日音の事務所へ顔を出したら、机の上にレコードが置いてあったそうだ。

　ザ・ワンダースのメンバーだった尾崎の歌唱力を買ってソロ転向を勧めたのが村上だった。尾崎は「あの曲、オレにくださいよ」と村上に直談判。村上は了承したが、もとの歌詞だと尾崎には合わないと考え、阿久に書き直しを依頼した。

　はじめは渋っていた阿久だったが、村上の再三にわたる説得に折れ、男女の別れを「新たな人生のスタート」として描いた新発想の詞を書いた。それが「また逢う日まで」である。

　アレンジと演奏は「ひとりの悲しみ」とほぼ同じ。歌手と歌詞だけが入れ替わったこの曲は大ヒットとなり、71年のレコード大賞を受賞。尾崎もトップスターの仲間入りを果たした。ちょっとした偶然と、尾崎のカン、そして、「いい曲を世に送り出したい」という村上の情熱が、この名曲を生んだのだ。

あなたを・もっと・知りたくて　900
薬師丸ひろ子

詞／松本隆　曲／筒美京平　1985

この年、角川春樹事務所から独立。民営化間もないNTTのCMに出演し、CM曲も歌った。映画絡みではないシングル曲は初めて。「もしもし、私、誰だかわかる？」と電話トークも披露。この頃はまだ電話が「家電」の時代。

番長ブルース　151
梅宮辰夫

詞／もず唱平　曲／不詳　1969

梅宮主演の東映映画「不良番長シリーズ」主題歌。映画は当初、バイクアクション映画を目指していたのに、次第にコメディ化。主題歌もだんだん演歌化していった。あらためて見ると、辰兄ってこまわり君の原型だったのかも。

ハートブレイク太陽族　760
スターボー

詞／松本隆　曲／細野晴臣　1982

地球に降臨した宇宙三銃士、という設定で、地球の言葉が話せず、楽屋で黙っていた話は大好きだ。松本─細野コンビの力作テクノ歌謡も不発で、2曲目は即キャラ変。一転アイドル衣裳で「たんぽぽ畑でつかまえて」(笑)。

尾崎家の祖母　365
（おざきんちのばばあ）
まりちゃんズ

詞／まりちゃんズ　曲／藤岡孝章　1975

小3のとき、担任の先生が「面白いよ」とラジカセで聴かせてくれた意地悪ばあさんの歌。ジャケ左右の2人はのちに「藤岡藤巻」を結成。まさか「ポニョ」で紅白歌手になるとは。

ジョニーの子守唄　524
アリス

詞／谷村新司　曲／堀内孝雄　1978

アリスの魅力は、カラーが違う2人のヴォーカリストとソングライターがいたことだ。谷村の詞は、堀内が曲を書き歌うほど良くソフトになる。これは、3人がそれぞれの持ち場でいい仕事をした、いちばんアリスっぽい曲。

みんな夢の中　127
高田恭子

詞・曲／浜口庫之助　1969

68年、カンツォーネコンクールに優勝した高田は、ハマクラ作品でデビュー。演歌っぽく聴こえる彼女の声の魅力がうまく引き出されている。「♪恋はみじかい　夢のようなものだけど」は名フレーズだ。

ボーンフリー・スピリット　654
ロブバード

詞／岡村冨美子　曲／瀬尾一三　1980

カップヌードルのCM曲でイチオシを挙げるなら、中村あゆみでも大沢誉志幸でもなく、この曲だ。根室出身の3人組で全員いい声！　幼なじみゆえの絶妙のハーモニー。冒頭1分近くアカペラで押すB面「ユリア」も名曲。

私は忘れない　258
岡崎友紀

詞／橋本淳　曲／筒美京平　1972

同じ橋本作詞の、奥村チヨ「北国の青い空」と内容がよく似た姉妹作。去った恋人を思うのは同じだが、岡崎のほうが次の人生への前向きな意思を感じる。奥村はベンチャーズ、こちらは筒美が作曲。ぜひ両方聴いてほしい。

バージンブルー　863
SALLY

詞／さがらよしあき　曲／鈴木キサブロー　1984

元かぐや姫の山田パンダにスカウトされ、この曲でデビュー。キリンレモンのCMソングとなりヒットしたが、曲調などがチェッカーズの二番煎じっぽく聴こえ、2年もたずに解散。素材は悪くなかったのに、惜しかった。

演歌チャンチャカチャン　489
平野雅昭

複数曲メドレー　1977

六本木のバーのマスター・平野が「♪チャーカチ
ャチャチャチャチャ」というつなぎを入れながら、演歌
を1節ずつメドレーで歌った1枚。大ヒットして
経営危機はしのいだが、売れすぎて多忙になり
結局閉店したとか。

サバの女王　247
グラシェラ・ススアーナ　1972

詞・曲／M.Laurent　日本語詞／なかにし礼
菅原洋一に見出され、71年にアルゼンチンから
来日した「南米の歌姫」が、72年に日本語で歌
ってデビューヒット。69年、本家・ミシェル・ロー
ランが、なかにしの訳詞で歌った日本語版をカヴ
ァー。DHAを多く含む青魚とは無関係。

ネコ・ニャンニャンニャン　567
あのねのね

詞／犀泪弾　曲／鹿王院嵐山　1979

当時は、動物の鳴き声とダジャレで構成された
「くっだらない歌だな」としか思わなかったが、よく
歌詞を見たらこれ「ノアの方舟」伝説じゃん！
ジャケでいい表情の原田伸郎は、94年に嘉門達
夫と組んでこの曲をリメイク。

原宿キッス　752
田原俊彦

詞／宮下智　曲／筒美京平　1982

トシちゃんが軽快に歌って踊って口説くナンパソ
ング。待ち伏せして迫る「I love motion」も、
肩をふいに抱いて唇を奪う「原宿motion」も
「♪AH- どっちがいい？」って、どっちも今なら間
違いなく即逮捕だ。

海は恋してる　105
ザ・リガニーズ

詞／垣見源一郎　曲／新田和長　1968

バンド名は「ザリガニ」から。「海も失恋するのか
なあ？」というセリフが印象的。解散後、新田和
長は東芝レコードに入社、Pとしてオフコースら
を育て数々のヒット曲を生み、内山修と常富喜雄
は「猫」(P30)を結成。

シンデレラ サマー　685
石川優子

詞・曲／石川優子　1981

彼女も我が「憧れのお姉様」（ほかはP20、98）。
ポプコンから79年デビュー。自身で書いたこの
曲はJALのCMで使われ、初のヒット曲になり嬉
しかった。埼玉西武の7回に流れる応援歌「吠
えろライオンズ」の詞曲も彼女だ。

マイ・ボーイフレンド　740
北原佐和子

詞／堀口マリ　曲／梅垣達志　1982

パンジー(P122/三井比佐子)の3人の中ではい
ちばん正統派のアイドルだったが、豊作の82年
組女性アイドルの中では埋もれてしまった。女優
として活動しながら、05年にホームヘルパー2級
の資格を取得し、介護現場でも活躍中。

野生の馬　200
シローとブレッド＆バター

詞・曲／岩沢二弓　1971

岸部シロー(四郎)のヴォーカリストとしての才能
は、もっと評価されていい。タイガース時代はビ
ージーズの曲を歌ってファンに紹介、解散後はブ
レバタと組んで、ウエストコーストの匂いがする
こんな傑作も残している。

君は人のために死ねるか　619
杉良太郎

詞／杉良太郎　曲／遠藤実　1980

杉主演の刑事ドラマ「大捜査線」主題歌。杉は
作詞も自ら手掛け、殉職後は警察官のことを、
「♪君は人のために死ねるか あいつの名はポリ
スメン」と歌う。鶴田浩二(P98)と真逆の立場か
ら同じことを歌っている曲だ。

大きな恋の物語　767
よせなべトリオ

詞／島武実　曲／佐久間正英　1982

「欽ドン！」で「良いOL悪いOL普通のOL」を
演じた3人による、「イモ欽トリオ・女性版」。左
から松居直美、生田悦子、小柳みゆき。本業・演
歌歌手の松居は、コブシで実力を発揮。オリコン
最高8位のヒットに。

道化師のソネット　625
さだまさし

詞・曲／さだまさし　1980

さだの主演映画「翔べイカロスの翼」の主題歌。
さだが綱渡り中の事故で転落死した実在のピエ
ロを演じた。「♪笑ってよ君のために　笑ってよ
僕のために」は、前向きに生きていこうという意
思を与えてくれる言葉だ。

あなたのブルース　99
矢吹健

詞・曲／藤本卓也　1968

矢吹の歌は、魂を揺さぶる歌だ。ミスティーボイ
スと呼ばれたハスキーな声で「♪あなたあなたあ
なたあなた　あ～な～た」と絶唱するデビュー曲
は大ヒット。ほかにも「蒸発のブルース」など名
曲多数。もっと聴かれていい歌手。

恋のアメリカン・フットボール　335
フィンガー5

詞／阿久悠　曲／都倉俊一　1974

晃のトレードマークである大きな「トンボメガネ」
は、＜早く大人に近付きたい＞という思いから、
自分のアイデアでかけ始めたそうだ。とはいえ何
も、アメフトのヘルメットをかぶったときまでかけ
なくても……。

クライマックス御一緒に　834
あんみつ姫（小泉今日子）

詞／森雪之丞　曲／井上大輔　1984

小泉主演ドラマ「あんみつ姫」の主題歌。「ドッ
キン」「バッキン」「セッキン」とくるサビの歌詞
は、いかにも森雪之丞。お姫様に接近されて
「♪よろしければ　クライマックス御一緒に」って、
ドドドッキン！

男と女　644
サンタクララ

詞・曲／斉内はし羅　1980

男女の痴話ゲンカを、サンバのリズムに乗せてソ
ウルフルに歌うファンキーなデュエット。一戦交
えた感のあるこのジャケ、濃いなあ。CKB横山
剣と大西ユカリによるカヴァーも、本家に負けて
ないのでぜひ。

愛の化石　145
浅丘ルリ子

詞／並木六郎　曲／三木たかし　1969

浅丘の情感あふれる語り、「悲しみの涙があの人
の幸せに心をぬらした時　それをひとは愛と呼ぶ
のでしょうか」。それと歌が交互に展開し、久々
のヒットに。なんとB面は、詞がジュディ・オング、
曲が寺尾聰！

南回帰線　634
滝ともはる・堀内孝雄

詞／山川啓介　曲／堀内孝雄　1980

サントリービールCM曲。アリス全盛期の堀内と
無名の滝のコンビは話題にもなりヒットした。若手
を引っ張り上げ刺激も得ようという意図か。堀内
は本書でソロ（P32）、デュオ（本曲）、トリオ（P150）
の3パターンで登場！

浪花恋しぐれ　810
都はるみ・岡千秋

詞／たかたかし　曲／岡千秋　1983

これも異色のデュオ。歌手＆作曲家のコンビで、
岡は「酒や！　酒や！　酒買うてこい！」とセリフ入
りで「ど阿呆春団治」になりきり熱唱し、都も支
える妻を演じて、曲は大ヒットした。……あれ？
ジャケは都だけ？

152

0時までしか逢えない男女は不倫だったのか?

シンデレラ・ハネムーン 532
岩崎宏美
詞／阿久悠　曲／筒美京平　1978

デビュー曲から8枚目までのシングルA面は、阿久－筒美コンビの作品を歌ってきた岩崎宏美。筒美は9枚目で離れたが、1年半経って14枚目のこの曲で戻ってきた。

岩崎への提供曲でディスコサウンドを追求してきた筒美は、彼女の「お手並み拝見」と、「京平流ディスコ集大成」とも言える曲を書いた。

一方、「スタ誕」以来、P的存在だった阿久の手から岩崎は、この曲を最後にいったん離れることになった。そこで阿久は自分からの「卒業試験」とも言える詞を岩崎に書いた。

「シンデレラ・ハネムーン」は0時までしか逢えない男女を描いている。なぜこのカップルは短時間しか逢えないのか。不倫だと考えると、「いつまでつづくの」「しあわせだから　いいじゃないかなの」というフレーズも納得がいく。

こうして両巨匠が課したとんでもなく高いハードルを、難なくクリアして歌ってみせた岩崎。「傑作不倫ディスコ歌謡」と呼ばせていただこう。

洋楽で思いつき津軽弁で日本語ラッパーの始祖に!

俺ら東京さ行ぐだ 880
吉幾三
詞・曲／吉幾三　1984

77年に「俺はぜったい!プレスリー」(P38)がヒットしたあとは鳴かず飛ばず。ずっと低迷が続いていた吉幾三。打開策を考えていたとき、偶然聴いたのが、米国に渡った知人からもらったLPだった。

その中に、当時の日本ではほとんど知られていなかったラップの曲が入っていて、吉は「待てよ……これを津軽弁でやったら面白いんじゃないか?」と思いつく。さっそく曲を作ったが、どのレコード会社も相手にしてくれなかった。

落ち込む吉を救ったのが、東北出身の大先輩・千昌夫だった。「面白い曲じゃねえか。俺が売り込んでやる」と、吉に数百万円を渡して原盤権を買い取り、発売を決めてきてくれた。曲は大ヒットし、吉は再び表舞台に返り咲いた。

日本語ラップの元祖については諸説あるが、1つ声を大にして言っておきたいことは、「日本語でラップをやろう」と思いつき、自ら詞と曲を書き、発売してチャートインまでさせた最初のアーティストは、間違いなく吉幾三だということだ。

在中国的少年 932
ローザ・ルクセンブルグ
詞／久富隆司　曲／玉城宏志　1986
どんと（右端）がかつて在籍していたバンド。彼が
書くシュールな歌詞と、骨太な曲、魔力的なヴォ
ーカルにシビレた。私は、渋谷エッグマンでの解
散ライブを見届けて、新バンドの BO GUMBOS
を追っかけ。彼が逝ってはや20年以上……。

さざんかの宿 765
大川栄策
詞／吉岡治　曲／市川昭介　1982
69年の「目ン無い千鳥」以来、実に13年ぶりの
大ヒット。「ザ・ベストテン」に出演時に、特技の
「タンス担ぎ」を披露した。そのインパクトが強く、
今なお行く先々でタンスを用意されるのは気の
毒だが、面白いから仕方ない。

トンネル天国 82
ザ・ダイナマイツ
詞／橋本淳　曲／鈴木邦彦　1967
GSでは彼らも大好き。ギタリスト・山口冨士夫
が在籍したバンド。デビュー曲はオリコン73位
止まりだったが、ガレージバンク度が高く病みつ
きになる。籐の椅子を囲むジャケの構図が「そし
て、神戸」（P28）そっくり。

あの娘 829
中島みゆき
詞・曲／中島みゆき　1983
「♪ゆう子あい子りょう子けい子まち子かずみひ
ろ子まゆみ〜」という女性名連発のサビが圧巻。
そういや「〜子」って名前は今や絶滅気味。この
ジャケ、「♪私じゃ駄目ネ」と歌う曲とは裏腹に、
バリバリ本気メイクでゾクッ。

万里の河 662
チャゲ＆飛鳥
詞・曲／飛鳥涼　1980
デビュー第2弾の「流恋情歌」が思ったほどは売
れず、飛鳥はインパクト重視でこの曲を作った。
サビが強烈で、かつ東洋的なものを……。サビの
絶唱もハマり、まるで大河の流れに導かれるよう
に、オリコン6位のヒットを記録。

Mr.ブルー〜私の地球〜 668
八神純子
詞／山川啓介　曲／八神純子　1980
80年8月、NHK総合で「パノラマ太陽系」とい
う天文番組が6週連続で放送され、番組テーマ
が発売前のこの曲だった。「♪故郷を聞かれた
らまよわず地球と答えるの」というフレーズに、
「なんてスケールでけえ歌！」と感動した。

咲坂と桃内のごきげんいかが 682
1・2・3
YOU AN' ME ORGASMUS ORCHESTRA
詞／スネークマンショー　曲／細野晴臣　1981
スネークマンショーの咲坂と・畠山桃内コンビ（＝
小林克也・伊武雅刀）による日本最初のラップとも
言われる曲。志村けんもいち早く「全員集合」で
ネタに使用。さすが"耳が早い"。

甘い十字架 287
布施明
詞／安井かずみ　曲／加瀬邦彦　1973
大人の歌手にシフトしつつあった布施だが、新御
三家やニューミュージックの台頭に対抗してノリ
ノリなこの曲で勝負！ 73年紅白は白組トップで
さっそうと登場したが、いきなり歌詞を間違えた。
それでもカッコ良かった布施。

私・湘南マタンゴ娘 970
高田暢彦・川崎徹
詞／伊藤輝夫　曲／中村泰士　1987
「天才・たけしの元気が出るテレビ!!」の企画で
生まれた歌。ムード歌謡歌手の高田と、番組レギ
ュラーでCMディレクターの川崎徹という異色の
組み合わせでレコード発売。作詞の「伊藤輝夫」
は、番組の天才D・テリー伊藤氏だ。

「バンドのヴォーカル」という一貫した姿勢

ス・ト・リ・ッ・パ・ー 　　　716
沢田研二

詞／三浦徳子　曲／沢田研二　1981

ジュリーの後ろには常にバンドがいる。80年1月「TOKIO」(P87)を最後に解散した井上堯之バンドに代わって、「ALWAYS」が1年間バックを務めた。そのメンバーを中心に結成された新バンドが「EXOTICS」(エキゾティクス)で、イカ天審査員の吉田建がリーダーを務めた。この曲ではジャケットに「JULIE & EXOTICS」と銘打ち、メンバー全員で登場しているところに、「自分はバンドのヴォーカル」という強烈なポリシーが見える。作曲はジュリー自身によるストレートなロック。

GS調アレンジ＆実力派歌唱＆超絶キュート

虹色の湖　　　　　　　74
中村晃子

詞／横井弘　曲／小川寛興　1967

中村はこの曲をレコーディングするとき、GS調のアレンジを聴いて鳥肌が立ち、しばらく歌えなくなった。それで「この曲は絶対にヒットする」と確信したそうだ。60年代末の彼女のキュートさは群を抜いていて、映画「進め！ジャガーズ敵前上陸」(68年)にもヒロイン役で出演。ミリタリールック、フラメンコ衣裳、ビキニなど様々なスタイルで登場し、劇中でこの曲を歌っている。何やってても超絶カワイんで、とにかく観て！　そしてアダルトな姿も(P111)。

薬師丸ひろ子版発売でもめたが共にヒット

夢の途中　　　　　　730
来生たかお

詞／来生えつこ　曲／来生たかお　1981

角川映画「セーラー服と機関銃」(81年／相米慎二監督)の主題歌は、来生たかおが歌うはずだった。ところが角川サイドから、「主演の薬師丸ひろ子に歌わせる」という話が来る。来生姉弟にしてみれば冗談じゃないという話だ。もめた末に両方発売されることになり、薬師丸版が大ヒットしたことに引っ張られるように来生版もヒットし一件落着。しかし、ジャケットの来生はいったいどこを見ているのだろう？　本当は、右手のレモンを握りつぶしたい心境だったのかも……。

拓郎の詞曲で期待の「5人目のフォーライフ」

風になりたい　　　　414
川村ゆうこ

詞・曲／吉田拓郎　1976

拓郎、陽水、小室、泉谷の4人が創設したフォーライフレコードは、新たな才能の発掘も進めた。第1回新人オーディションでグランプリに輝いたのが、川村ゆうこだ。76年、拓郎が自ら書きプロデュースしたこの曲でデビュー。いかにも拓郎な曲で、のちに多くのアーティストがカヴァーしていった、隠れた名曲だ。川村は「5人目のフォーライフ」として大きく期待されたが、やがて活動休止。20年ほど音楽から離れたあと、現在はまた活動を再開している。

恋のシャロック 97
中尾ミエ

詞／松原智津子　補作詞／安井かずみ
曲／新居一芳　1968

「シャロック」はシャッフル＋ロックビートを融合
させた新たなリズム。名探偵とは関係ない。中
尾のリズム感覚と歌の上手さが光る。しかし、ジャ
ケの写真は別に反転させなくても……。

ドゥーチュイムニイ 298
佐渡山豊

詞・曲／佐渡山豊　1973

沖縄出身・佐渡山のデビュー曲。タイトルは沖縄
言葉で「ひとり言」。30番まであった詞を12番ま
で厳選。「♪大和ぬ世（ゆ）からアメリカ世　アメリ
カ世からまた大和ぬ世」は、本土の人間が噛みし
めるべき言葉だ。

街角のラブソング 473
南沙織

詞・曲／つのだひろ　1977

つのだによる軽快なポップスナンバー。南は直前
に髪型も変え、歌い方にも変化が見られ、これま
でと違った一面も。南はこの年の紅白でも本曲
を元気に歌っていたのに、翌78年、学業を理由
に引退、同年に篠山紀信と結婚……。

過激な淑女 820
YMO

詞／松本隆
曲／細野晴臣・坂本龍一・高橋幸宏　1983

松本─細野コンビが中森明菜向けに書いたがボ
ツになった曲を、YMOの新曲として再利用。採
用曲の「禁区」と似ているのはそのため。キーが
高いので幸宏は苦しそうに歌っている。

別れても好きな人 600
ロス・インディオス＆シルヴィア

詞・曲／佐々木勉　1979

本曲、大ヒットしたのはシルヴィアのおかげであ
る。この歌のキモは「♪だめよ　弱いから」。シル
ヴィアはこの部分を、満面の微笑みをたたえなが
ら歌う。まさに女神であり菩薩である。なんで私
が好きな人は早く逝くんだろう……。

いつまでもいつまでも 47
ザ・サベージ

詞・曲／佐々木勉　1966

彼らはエレキバンドだったが、当時のホリプロ・
堀威夫社長がカレッジフォーク調の曲を歌わせ
ヒット。寺尾聰（右から2人目）の心境やいかに。
一方、詞曲の佐々木はソングライターとして注目
され、後年、左隣りの曲を作った。

主人公 833
田尾安志

詞・曲／さだまさし　1983

中日＆西武OBで、楽天の初代監督・田尾は、
さだと親交があり、アルバムの名曲をカヴァー。さ
だとジョイントしたことも。夫人はロックシンガ
ー・MADAM REYとして活躍中で、息子・娘も
音楽活動。田尾家は音楽一家なのだ。

花ぬすびと 784
明日香

詞／すずきゆみ子　曲／菅美奈子　1982

82年、あみんがグランプリを獲った回のポプコン
で優秀曲賞を受賞。ピアノ弾き語りで、美しいイ
ントロからサビの「♪二度咲き　夢咲き　狂い咲
き」までつい聴き入ってしまう。彼女も名古屋出
身。13年に49歳で早世は本当に残念。

時代遅れの恋人たち 551
中村雅俊

詞／山川啓介　曲／筒美京平　1978

21年「筒美京平の世界 in コンサート」で中村は、
「僕は2曲しか書いてもらってませんが、その2
曲を歌います」と、A面B面（「ゆうひが丘の総理
大臣」オープニング＆エンディング曲）を歌った。ファン
には至福のひととき。

地球はひとつ 218
フォーリーブス

詞／北公次　曲／都倉俊一　1971

「元祖ストーカーソング」は「まちぶせ」(P50)ではない。江木俊夫のセリフで始まるこの曲だ。「ボクから逃げようたって駄目だョ　逃げれば逃げるほどボクに近づくってわけ　だって地球はまるいんだもん！」……(ゾクッ)。

0909(ワクワク)させて 754
本田恭章

詞／大津あきら　曲／鈴木キサブロー　1982

80年代、ヴィジュアル系アーティストの先駆として、中川勝彦(P136)と人気を二分したのが彼。「2年B組仙八先生」で美少年ぶりが注目されこの曲でデビュー。携帯の下4ケタが0909の女性は、まず恭章ファンと思うべし。

夏の終りのハーモニー 948
井上陽水・安全地帯

詞／井上陽水　曲／玉置浩二　1986

陽水と安全地帯の神宮球場ジョイントコンサートで初披露。私はこの曲、陽水と玉置の「2人だけの天下一武道会」だと思っている。野球にたとえるなら、＜玉置君、僕の170キロ打ち返せる？＞＜スタンドに、ですよね？＞みたいな。

Let's go! 青春 672
JUNKO & CHEER LEADERS(三原順子)

詞／亜蘭知子　曲／青山八郎　1980

三原の主演ドラマ「GOGO! チアガール」主題歌。チアの演技は吹き替えナシ。出演者はセリフとチア技術の習得に追われたが、三原はやり抜いた。このことが自民党からの出馬要請につながった……と私は勝手に思っている。

風 124
はしだのりひことシューベルツ

詞／北山修　曲／端田宣彦　1969

フォーク解散後、はしだが作ったグループが「シューベルツ」。次いで「マーガレッツ」、「クライマックス」(P87)、「エンドレス」だ。「シューベルツ」が「風」で、「クライマックス」が「花嫁」……覚えた？

夢の中へ 997
斉藤由貴

詞・曲／井上陽水　1989

崎谷健次郎プロデュースによって、陽水の曲をカヴァー。斉藤が、ハウス風アレンジになったこの曲を、ずっとロングだった髪をバッサリ切って、自分で考案した不思議な振付で踊ったとき、私の中で平成がスタートした。

仁義 136
扇ひろ子

詞／丘灯至夫　曲／和田香苗　1969

「入れ墨ジャケット」も昭和では普通。任侠映画の女侠として欠かせない存在だった扇。彼女が語りを入れていく「新宿ゴールデン街」という曲は、回転を落として聴くとゲイバーのママのグチに聞こえ、新宿二丁目の歌になる。

激しい雨が 826
THE MODS

詞／森山達也　曲／THE MODS　1983

博多で74年に結成された彼らは、「めんたいロック」の中心を担う存在になった。82年、日比谷野音ライブの途中で豪雨に見舞われても客は誰1人帰らず、彼らも最後まで演奏し、伝説となった。本曲はカセットテープCM曲。

真夏の夜の夢 576
野口五郎

詞／阿久悠　曲／筒美京平　1979

アイドルとして活躍する一方で、スタジオミュージシャン並みのギターテクニックを持っていた野口。その超絶技巧をTVで堂々と披露し始めたのはこの曲から。コロッケの「早送り形態模写」を有名にした曲でもある。

リターン・トゥ・アフリカ 623

ゴダイゴ

英語詞／奈良橋陽子　日本語詞／山上路夫
曲／タケカワユキヒデ　1980

このジャケはいつ見ても本当にカッコいい。まるで双六のような配置も好き。アフリカの日食を取材したドキュメンタリー「アフリカの黒い太陽」の主題歌として制作された。

雪列車 781

前川清

詞／糸井重里　曲／坂本龍一　1982

87年、クール・ファイブを脱退してソロ歌手となった前川。記念すべきソロ第1弾は糸井が作詞、坂本が作・編曲を担当。前川は、テクノ歌謡という名の列車に乗り、枠にとらわれないシンガーとして新たなスタートを切った。

ヤング・ボーイ 655

河合奈保子

詞／竜真知子　曲／水谷公生　1980

男子を惑わせた「大きな森の小さなお家」(P32)に次ぐデビュー第2弾。こちらは直球ど真ん中。初の「ザ・ベストテン」ランクインを達成。北海道日本ハムファイターズの応援団は、若手選手の応援用に本曲を使っていた。

ブルー 541

渡辺真知子

詞・曲／渡辺真知子　1978

天才・渡辺真知子の初期シングルでいちばん好きなのがこの第3弾。サビの「♪あなたと私いつも　背中合わせのブルー」は詞も曲も歌も満点。CBSソニーのレコードは盤面部分レーベルが通常オレンジだが、本曲は青もあるとか。

お座敷小唄 19

和田弘とマヒナスターズ
松平直樹・松尾和子

詞・曲／不詳　採譜／和田弘　1964

スナックでホステスと客が歌っていたのを和田が聴き採譜。手を加えて歌ったら大ヒット。宴会自粛のコロナ禍では、こういういうお座敷ソングが大ヒットした時代がまぶしい。

ラ・セゾン 756

アン・ルイス

詞／三浦百恵　曲／沢田研二　1982

詞が百恵、曲がジュリーという豪華版。ナベプロとホリプロの垣根を超えたコラボが実現したのは、アンがみんなに慕われていたからこそ。百恵はこの時点ですでに引退し、仏語を習っていて、タイトルはじめ、歌詞の随所に仏語が。

BYE-BYE 947

有頂天

詞・曲／有頂天　1986

彼らがメジャーデビューした86年、私は上京。当時は小劇場ブーム真っ只中で、鴻上尚史率いる第三舞台がサンシャイン劇場に進出、この曲をテーマに使っていた。→世間はバブル期へと突入。いろいろ思い出してしまう曲だ

東京 349

マイ・ペース

詞・曲／森田貢　1974

秋田の中学校の同級生3人で結成。曲を書いた森田は、彼女が秋田を離れ東京で就職したため、休日のたびに東京へ逢いに行っていた。サビの「♪東京へは　もう何度も行きましたね」は、そんな遠距離恋愛が生んだフレーズ。

廃墟の鳩 116

ザ・タイガース

詞／山上路夫　曲／村井邦彦　1968

タイガースを語る上で忘れてはならないのが、アルバム「ヒューマン・ルネッサンス」。愛と平和と人間愛を歌った名盤を締めくくるのが本曲で、ヴォーカルは加橋かつみ。彼は直後に脱退。GSの1つの頂点がここにある。

詞がAB面逆になっていて酒井Pが書き直す!

よろしく哀愁　346
郷ひろみ

詞／安井かずみ　曲／筒美京平　1974

10枚目のシングルで、初のオリコン1位曲である。郷はこの曲が出た半年後の75年4月にジャニーズ事務所を退所していて、悩む本人の心境にもぴったりハマった。実は本曲、レコーディング前に大変なことが起こった。なんと、安井かずみがA面B面の詞をうっかり逆に書いてしまい、そのままパリに行ってしまったのだ。制作スタッフは安井と連絡が取れずに困ってしまい、結局、酒井政利Pが詞をほとんど書き直したという。「よろしく改修」である。

可憐な声と牧歌的内容がマッチして大ヒット

白馬のルンナ　67
内藤洋子

詞／松山善三　曲／船村徹　1967

「元祖アイドル女優」こと内藤洋子、伝説の1枚。黒澤明監督に見初められ、65年に映画「赤ひげ」でデビュー。67年にはTVドラマ「氷点」のヒロインに選ばれるなど人気を集めた。この曲は、舟木一夫と共演した映画「その人は昔」(67年)の挿入歌。内藤の可憐な声と牧歌的内容が絶妙にマッチし大ヒットとなった。70年、ザ・ランチャーズの喜多嶋修と結婚し引退。昔も今もアイドルはとにかくミュージシャンに弱い。その娘が女優・喜多嶋舞だ。

音域広い難曲を余裕で歌い上げるカッコ良さ

白い小鳩　340
朱里エイコ

詞／山上路夫　曲／都倉俊一　1974

64年、16歳の若さで単身渡米。米国ショービジネスの世界に身を投じ、ラスベガスを中心に全米の一流ホテルやクラブで活躍していた朱里エイコ。日本では、「北国行きで」(P95)がヒットするまでなかなか評価を得られなかった。そんな彼女の魅力がたっぷりと味わえる曲。最後まで緩みがなく、音域が広い都倉俊一の難曲を余裕で歌い上げる朱里はひたすらカッコいい。椎名林檎も、アルバム「唄ひ手冥利 其ノ壱」(02年)でカヴァー。ぜひ聴き比べを。

デビュー前の自主盤はシンプルな楽器音の直球

人にやさしく　957
THE BLUE HEARTS

詞・曲／甲本ヒロト　1987

甲本ヒロトがブルーハーツ結成前に作った曲で、メジャーデビュー前に、自主制作でリリースした1枚。マーシーはこれを聴いて、ヒロトとバンドを組む決意を固めたのだとか。のちにメジャーから出たCDシングルは、楽器音が増やされているが、自主盤は極めてシンプル。「ガンバレ!」というド直球のメッセージがズシッと胸に響いてくる。聴き手は160キロ台の力のある真っ直ぐを受け続けるキャッチャーの心境だ。B面のマーシー作「ハンマー」も名曲。

Song For U.S.A.   943
チェッカーズ

詞／売野雅勇　曲／芹澤廣明　1986

デビュー以来、売野－芹澤コンビの曲を歌ってきた彼ら。これが「卒業の曲」に。「♪最後のアメリカの夢」は若い頃、バンドで全米進出を夢見ていた芹澤の気持ちを売野が代弁。芹澤はのちに米国デビューの夢を70代で実現！

いやんばか～ん   520
林家木久蔵

詞／林家木久蔵　曲／W.C.Handy　1978

ジャズの「セントルイス・ブルース」に乗せて、木久蔵（現・木久扇）師匠が暗がりでのイチャイチャを歌った曲。「笑点」で披露しヒット。木久扇一門に入門すると「いやんばか～んダンス」を踊るしきたりがあるとか。

今日までそして明日から   207
よしだたくろう

詞・曲／吉田拓郎　1971

「♪わたしは今日まで生きてみました　時にはだれかの力を借りて」は、なかなか言えない言葉だ。人の助けを借りたって、弱音を吐いたっていい。明日からも生きていくことが大事なのだ。生きづらい今だからこそ深く響く歌。

90's センチメンタルおせち   1000
スターリン

詞／遠藤ミチロウ　曲／スターリン　1989

89年12月21日発売、本書でいちばん新しいレコード。「クリスマスソングはたくさんあるのに、正月の歌は少ない」と、ミチロウの肝入りで制作。歌詞のあちこちにおせち料理の名前が。80年代と90年代、昭和と平成をつなぐ1曲。

太陽は泣いている   100
いしだあゆみ

詞／橋本淳　曲／筒美京平　1968

コロムビア移籍第1弾。歌手としてなかなか芽が出なかったいしだを再生させようと、橋本一筒美コンビがGS調の曲を書いてスマッシュヒット。これがあの名曲（P89）の下地作りに。ピチカート・ファイヴ「モナムール東京」の元ネタ。

Zokkon 命（LOVE）   806
シブがき隊

詞／森雪之丞　曲／水谷竜緒　1983

イントロはもろナイト・レンジャーだが、そこはお遊び、細かいことは気にすんな。曲本編のパワーはむしろシブがきの3人に軍配。「命」と書いて「LOVE」。本気と書いて「マジ」。最上級のアイドルソングさ、Zokkon！

サンセット・メモリー   678
杉村尚美

詞／竜真知子　曲／木森敏之　1981

フォークグループ「日暮し」のヴォーカルだった彼女のソロ第1弾。とにかく美人で美声だった。ドラマ主題歌となり大ヒットしたが、そこまで売れるとは思っていなかったそうで、急に脚光を浴び苦労したとか。今は専業主婦。

男が死んで行く時に   192
安藤昇

詞／阿久悠　曲／曽根幸明　1971

安藤は元安藤組の組長。「インテリやくざ」と呼ばれていたが、64年、自ら組を解散させた。自叙伝の映画化「血と掟」で銀幕にもデビュー。こういう人がレコードを出せたのが昭和という時代。そしてまたまた、ここにも阿久悠。

さよならの向こう側   652
山口百恵

詞／阿木燿子　曲／宇崎竜童　1980

1000曲の締めは、ステージに白いマイクを置いて芸能界を去った百恵のラストソングで。あのマイクは「いつかステージで歌われるときにどうか使ってください」と渡哲也に贈られ、88年、初のディナーショーで使われた。

昭和レコード堪能にコクを出す
7つの香ばしいネタ

「そしてカップにハローの文字が」と柏原よしえが歌った実物がこれ（P162）。

1

南こうせつの兄の店に
本当にあった紅茶のカップ。
「HELLO」と「GOOD-BYE」
行ったり来たりの作詞秘話

「**は**じめに」でも触れたように、私はかつてニッポン放送の昼ワイド「のってけラジオ」の構成作家だった。ある日、パーソナリティのテリー伊藤さんが、突然こんなことを言い出した。「柏原芳恵の『ハロー・グッバイ』に　出てくる『紅茶のおいしい喫茶店』ってどこの喫茶店なんだろう？　ちょっと調べてみて」（写真上／発売時の名前「柏原よしえ」）。

　たぶん想像で書いたのではと思いつつ、作詞した喜多條忠氏に電話して話を伺ったところ、意外な答えが返ってきた。

　「あの喫茶店は、南こうせつのお兄さんが、地元の大分で開いていた店なんです」。「神田川」（P24）を作詞した喜多條氏は当時かぐや姫のコンサートツアーに同行していて、九州公演の際、よくその喫茶店に立ち寄ったという。

　「本当にモデルがあったんだ！」と驚いたが、さらに話を聞いてみると、店名は「ハロー・グッバイ」。由来はやはり、ビートルズの曲名だった。紅茶を頼むと「HELLO」と「GOOD-BYE」の文字が刻まれたカップと白いお皿が出てきて「お茶を飲むたび行ったり来たり」……って、歌のまんまじゃん！

　喜多條氏は「HELLO」と「GOOD-BYE」が近付いていってはまた離れるさまを見て、恋や人生もそのくり返しだと思った。「実にいいカップだなと思って、それで詞に書いたんです」。

　取材した時点で、喫茶「ハロー・グッバイ」はすでに閉店して

いたが、喜多條氏はこんなことを教えてくれた。

　「最近、大分に仕事で行ったとき、こうせつの実家に寄ったら、このカップの話になったんですよ。そしたらこうせつが『ああ。あれならまだ家にあるよ』と物置から引っ張り出してきてくれましてね」……ええぇ、実物があるの!?

　喜多條氏は何セットか記念にもらって来たそうで、後日スタジオにゲスト出演してもらった際、そのカップとお皿を持参してもらった。既製品に店名を入れたのではなく、こうせつ夫人の父が手作りで焼いたものだった（P161が実物）。

　ついでに、この詞の創作秘話も聞いてみると、この詞はもともとアグネス・チャンのために書いたものだった。喜多條氏はアグネスの大ファンで、彼女の担当ディレクターに「今度、詞を書かせてよ」と言ったところ、「ちょうど今アルバムを制作中なんで、ぜひ書いてください!」という話になった。

　「締切は?」「実は今日なんです」「エー!」「今日じゅうに12曲、お願いできますか?」

　無茶な話だが、作詞家魂がメラメラと燃えた喜多條氏はこの依頼を引き受けた。すぐ仕事場に戻ると「1つ1つ書いてたんじゃ間に合わない。12曲いっぺんに書いてやろう」と考え、大きいテーブルに12枚の原稿用紙をズラリと並べ、まずタイトルを12個書き込んだ。

　それからグルグルと机の周囲を回りながら詞を書いていき、朝には12枚の原稿用紙がすべて埋まっていたそうである。その中の1曲が「ハロー・グッドバイ」だった。最初はビートルズの曲同様「ド」の1文字があった。

　アグネスが歌った「ハロー・グッドバイ」は、シングル「冬の日の帰り道」（写真下）のB面にも収録されたが陽の目を見ず、その後、讃岐裕子というアイドルがカヴァーしたが、売れなかった。81年に柏原が歌って、3度目の正直で大ヒットしたのである。

　喜多條氏は言った。「歌ってのは子どもと一緒。1度書いて世に出たら、そのあとどうなるかわからないもんですよ」

　……以上の話は、テリーさんが「紅茶のおいしい喫茶店って、どこなんだ?」と言い出さなければわからなかったことだ。以後、曲の舞台や背景を作詞家や歌手に聞く「歌謡Gメン」というコーナーができ、本書で紹介した様々なエピソードを聞くことができた。好奇心旺盛なテリーさんに、ただただ感謝。

ロザンナさんのお兄さんは日本で歌手をやっていたのか？収録前日に偶然入手したドーナツ盤ジャケが縁を

2021年1月、私はBSテレ東の「武田鉄矢の昭和は輝いていた」に解説役として出演した。毎回、ワンテーマに基づいて昭和の楽曲を紹介していく番組で、この日のテーマは「昭和を彩った外国人歌手」。まさか「金八先生」を相手に解説をする日がやって来るとは……。

ゲストは、海外から来日し、歌手として活躍したロザンナさんとマルシアさん。実は、ロザンナさんには前から聞いてみたいことがあった。東京で音楽活動をしていた伯父の勧めでロザンナさんが来日したことは（P49）でも触れた。

その伯父さんが当時プロデュースしていたのが、「カサノヴァ7」という日本人女性2人＋イタリア人男性5人のムード歌謡グループだ。

コロムビアからレコードも出していて、69年発売のデビュー曲「夜の柳ヶ瀬」（写真上）はそこそこヒット。ポップス＋演歌という感じで、イタリア人の男性ヴォーカルがエモい！　今聴くと演奏がソフトロックっぽく、和モノDJにも人気の高い1枚だ。ちなみに左端のTシャツを着た女性は、若き日のキャシー中島。ただし彼女はレコーディングには参加せず、すぐに脱退したという。

私が知りたかったのは、この「カサノヴァ7」に「ロザンナさんの実兄が在籍していた」という噂の真偽である。コロムビアの公式サイトはじめ、どの資料を見ても「在籍していた"らしい"」

となっていて「いた」とは書いてない。本当にいたのかいないのか？　もしいたなら、どの人がお兄さんなのか？

　そんなこと、どうでもいいじゃん、と思うかもしれないが、歌謡史の上ではけっしてどうでもよくない話だ。ロザンナさんは「来日外国人歌手」のパイオニア。同時期に兄が日本で活動していたなら、大きな心の支えになったはずだ。だがそのことはあまり語られていない。

　真偽はロザンナさんに聞けばわかることなので、番組スタッフ経由でロザンナさんの事務所にお願いすると、収録の休憩中に時間をいただけることになった。

　さっそくロザンナさんに「夜の柳ヶ瀬」のジャケットを見せて、「このグループにお兄さんはいらっしゃったんですか？」と伺うと、「ハイ、いました……でも、ココには写ってないネ」。在籍はしていたが、レコードデビュー時はまだ加入していなくて、あとからメンバーに加わったそうだ。

　これで長年の謎は解けたが、この話にはまだ続きがある。収録前日、私はディスクユニオンの新宿・昭和歌謡館にフラッと寄った。すると、こんなことってあるんだなぁ……。壁に飾ってあるオススメ盤の中に、彼らの「異邦人ブルース」（写真下）があったのだ！

　橋本淳－筒美京平コンビの作品で、私はこのレコードを前から探していた。ジャケを見ると、キャシー中島はもういない。男性陣メンバーには「夜の柳ヶ瀬」では見ない顔がいる。もしや……？

　ロザンナさんにこのジャケを見せて「こちらにはお兄さん、いらっしゃいますか？」と伺うと、表情がパッと変わった。

　「います！　いちばん右。懐かしいネ〜」……ありがとう、昭和歌謡館！

　「で、お兄さんは現在どちらに？」と伺うと「今はもういないネ。イタリアに帰ったんだけど、向こうで交通事故に遭って……」。数年前に亡くなられたそうで、知らなかったとはいえ、申し訳ないことを聞いてしまった。

　「すみません」と恐縮する私に、「久しぶりに兄に逢えて嬉しかった。こうして見ると、いい男だったネ（笑）」とやさしくフォローしてくださったロザンナさんに感謝。そして、天国にいるロザンナさんの兄・フラビアーノさん、安らかに。

外国曲を日本語でカヴァーが多い頃に逆輸入的な展開も。「ウナ・セラ・ディ東京」大ヒットは縁がつないだ

60年代前半、日本でカヴァーポップスが全盛だった頃は、オリジナル曲を歌う歌手が、日本のファンのために日本語ヴァージョンを特別にレコーディングすることがよくあった。

たとえば、中尾ミエがカヴァーして大ヒットした「可愛いベイビー」を、本家コニー・フランシスが、中尾と同じ漣健児訳の日本語詞で歌ったのはいい例だ。

コニーが歌う日本語版「可愛いベイビー」は、日本語を話せないはずなのに、日本人のような発音で歌っていて驚く。トップクラスの歌手は耳がいいので、外国語を「音」として捉え、正確に再現できるからだろう。英語を話せなかった美空ひばりが、ジャズのスタンダードをネイティヴのように流暢な英語で歌えたのと同じ理屈だ。

フランス・ギャルも、岩谷時子の訳詞で「夢見るシャンソン人形」を歌っている。こちらは「♪ウァーターシイーワー　ユーメーミィールー　シャンソンニンギイヨオー」という、いかにも「ローマ字読んでます」風な歌い方だ。

それでも日本のファンからすると「私たちのために、あんな海外の大スターが日本語で歌ってくれてる！」と誇らしい気分になる。本家による日本語セルフカヴァーが盛んに作られたのは、当時それだけ日本の市場規模が大きく、洋盤レーベルの販売戦略上も重要だった証拠だ。

中には、カヴァーが縁で、本家に自分のオリジナル曲を日本語でカヴァーしてもらったケースもある。

　ベートーベンの「エリーゼのために」にフランス語の歌詞を付けた「Tout　L'Amour」を大ヒットさせたカテリーナ・ヴァレンテ。これをザ・ピーナッツが日本語カヴァーしたのが「情熱の花」だ。このカヴァーをきっかけに両者の間で交流ができ、ヴァレンテはザ・ピーナッツのヒット曲「恋のバカンス」を日本語カヴァーした。ヴァレンテがそこまでして敬意を払ったのは、2人のカヴァーがそれだけハイレベルだった証拠だ。

　ザ・ピーナッツ絡みでは、こんなことも起こった。64年、イタリアのカンツォーネの女王、ミルバが来日。彼女は日本にもファンが多かった。このとき、ついでに日本語の曲もレコーディングしようということになり、同じキングレコードの曲からザ・ピー

ナッツの「東京たそがれ」という曲が選ばれた。あまり売れなかった曲だが、おそらく歌詞に「♪ウナ・セラ・ディ東京ムー…」というイタリア語（東京の一夜、という意味）が入っていたからだろう。

　ミルバが歌うなら、ということで、原曲のラテン色をさらに強めたゴージャスなアレンジでレコーディングが行われ、タイトルも「ウナ・セラ・ディ東京」に改題（写真上）。ミルバも見事な日本語で歌っているので、ぜひ聴いてみてほしい。

　このミルバのヴァージョンが反響を呼んだことで、「ピーナッツもこのアレンジで歌ったら？」という話になり、再レコーディングが行われた。タイトルもミルバと同じ「ウナ・セラ・ディ東京」に変更され大ヒット。2人の代表作となったのはご存じのとおりだ。ミルバが歌っていなければ、おそらくこの曲は埋もれたままだったろう。

　日本のファンのために日本語で歌ったのは、ロックバンドも例外ではない。日本から人気に火がついたクイーンは76年、ブライアン・メイが「手をとりあって」という日本語の歌詞が入った曲を書き（英語で書いて通訳が和訳）、フレディ・マーキュリーが日本語で熱唱。日本公演に欠かせない曲となった。

　また、ポリスも80年に来日記念で「ドゥドゥドゥ・デ・ダダダ」を湯川れい子の日本語詞でセルフカヴァー（写真下）。スティングがカン高い声で歌う「♪ドゥドゥドゥ〜・デ・ダダダ〜は　オレのコトバさ〜」は空耳アワー風の味わいがある。

4

B面に恋をして。
名曲ラッシュの聖子。
ちあき、細川、大滝、
売上げNo.1は450万枚の…

本書収録の1000枚の中には、「愛の奇跡」(P49)、「学生街の喫茶店」(P18)、「港のヨーコ・ヨコハマ・ヨコスカ」(P36)、「おもいで酒」(P40) など、「発売時はB面」だったのに大ヒットした曲がけっこうある。

穴埋め的に作られるB面曲もあるが、A面に入っても遜色ない曲が諸事情でB面に回った場合、こういうことが起こっても不思議はない。作り手側の自己評価と世間の評価は、往々にして食い違うものだから。

そしてここでは、紙数の都合で1000枚には取り上げることができなかった「B面曲」についてスポットを当ててみたい。

まずは、A面・B面といえばこの曲、ナイアガラ・トライアングル「A面で恋をして」(P123) のB面曲はなんだったか、ご存じだろうか?

正解は、大滝詠一「さらばシベリア鉄道」(写真上)。A面のジャケをクルッと裏返すと、この絵が登場。アルバム「ナイアガラ・トライアングル vol.2」から1曲カットすれば良さそうなのに、同じ81年に出た自身の「A LONG VACATION」収録曲をわざわざ持ってくるところが大滝(&大瀧)らしい。先に出た太田裕美版(P17)とは譜割りも若干違うので、ぜひ聴き比べをどうぞ。

松田聖子もB面に名曲が多いアーティストである。84年に「Touch Me, Seiko」というB面曲のみで構成したベストアルバム

を発表しているほどだ。それだけ聖子のもとに優れた才能が集まっていた証拠でもある。

「赤いスイートピー」（P107）のB面でユーミンが書いた「制服」や、「ガラスの林檎」（P10）B面でCMでも話題になった「SWEET MEMORIES」などが有名だが、「風立ちぬ」（P77）のB面「Romance」も壮大なA面とは対照的に軽快なナンバーでオススメ。作曲は平井夏美で、彼はアルバム曲「瑠璃色の地球」も書いている。

ちあきなおみの「矢切の渡し」もたくさんの人が歌った曲。細川たかし版はレコ大を獲ったほどだが、最初に出たちあき版は、「酒場川」を推すちあき本人の希望でB面曲となった。ところが、梅沢富美男がステージでこの曲を使ったことや、ドラマ挿入歌に採用されたことで話題となり、A・B面を入れ替えて再度発売。

売上げは細川版に及ばなかったが、私はこの曲、まるで芝居を観ているようなちあき版がいちばん好きだ。

ちあきは、ほかの歌手のB面曲にも光を当てた。水原弘の第2弾「黒い落ち葉」（59年）のB面「黄昏のビギン」である。デビュー曲「黒い花びら」（P29）と同じ永六輔－中村八大コンビによる作品で、B面だったこともあり、ずっと埋もれた曲になっていた。ちあきは91年、アルバム「すたんだーど・なんばー」の中でこの曲をカヴァー。

ちあきの歌いっぷりは、思わず溜息が出るくらい絶品だ。「何、この曲？」とじわじわ反響を呼び、以後ほかの歌手たちもカヴァー。今ではすっかりスタンダードナンバーになった。32年間も埋もれていたB面曲が、である。永はのちに「実はあの曲は、全部（詞も）八大さんが書いた。でも自分が関わった中ではいちばん好きな曲」とラジオで告白している。

最後に……「日本でいちばん売れたシングルB面曲」とは、どんな曲だろうか？　答えは、450万枚以上売れた「およげ！たいやきくん」（P32）のB面曲「いっぽんでもニンジン」（写真下＝裏面）。歌ったのは、なぎらけんいち（現・健壱）だ。

「たいやきくん」を歌った子門真人は、この曲を印税契約にしなかったため、受け取ったのは吹込料の5万円と、追加でもらった100万円とギターのみ、という話が伝わっている。

一方、B面担当のなぎらは「アタシは3万円だけですよ！　印税にしておけば……」。一生の不覚とはこのことだ。

ソロではなく「バンド」に
こだわり続けたジュリー。
いつも心に井上堯之バンドが。
お互いの道へのリスペクト

67年、ザ・タイガースのリードヴォーカルとしてデビューしたジュリー（写真上、第2弾「シーサイド・バウンド」）。タイガース解散と、ソロ第1弾「君をのせて」（P104）の発売が同じ71年なので、解散後そのままソロ活動に移行したように見えるがそうではなく、紆余曲折があった。

ソロシンガーではなく、あくまで「バンド活動の継続」を望んでいたジュリー。そこに、本格的なロック志向のバンドを作ろうという話が持ち上がる。解散したタイガース、テンプターズ、スパイダースからそれぞれ2人ずつが参加し、71年に結成されたのが「PYG」だ。

第2弾シングル「自由に歩いて愛して」（写真下）のジャケでは、左から岸部修三（現・一徳）、大野克夫、萩原健一、沢田研二、井上堯之、大口広司。GS全盛期に人気を二分したジュリーとショーケンのツインヴォーカルが売り物だった。

それなりの話題は集めたが、ショーケンのファンはジュリーファンにはならず、逆もまた真なり。PYGは結局、期待したほどの人気は集められなかった。

その後、俳優活動が忙しくなった萩原がちょくちょく不在となり、72年に入ると、PYGは実質「沢田研二＋井上堯之バンド」となって、ジュリーのソロ活動につながっていく。

当時TVの歌番組を観ると、ジュリーの背後には必ず堯之バンド

がいる。カメラはジュリー中心に映し、バンドのメンバーはチラッと映る程度、時には照明すら当たっていないことも。

　ジュリーがソロで売れていくに従い、曲がだんだん歌謡曲寄りになっていったことについては、ロック志向の井上をはじめほかのメンバーたちは複雑な思いもあっただろう。

　井上がラジオ番組のゲストに来てくれた際、当時どんな心境で演奏していたのか聞いてみた。

「沢田のことは大好きだけど、アイツのやってることに興味はなかった。でも沢田は一生懸命なヤツなんだよ。だから困った……」

　井上が悩んだ末に出した結論は「沢田とは、距離を置きながら一緒にいよう」。すなわち黒子に徹することだった。自分たちがやりたい音楽は、バンド単体でやればいい。

　ロック系アーティストのバックを務めたり、萩原が俳優として

出演した「太陽にほえろ！」「傷だらけの天使」のテーマやドラマの劇伴（げきばん）でも、堯之バンドは素晴らしい仕事をした。

　もちろん、ジュリーのバックでも名演を見せた堯之バンド。ジュリーは、PYG解散からなし崩し的にソロシンガーになったことで、この先1人でやっていけるのか不安があったという。

　今あらためて、堯之バンドが演奏した当時の楽曲やライブ盤を聴いてみると、井上はそんなジュリーの不安をかき消すように、歌に寄り添ったギターを弾いている。シンガーとバックバンドではなく、彼らはまさに1つの〝バンド〟だった。

　しかし、別れのときはやって来る。ジュリーとの蜜月関係は「TOKIO」（P87）の項で書いたように、彼がパラシュートを背負ったことで終焉を迎えた。

　1980年1月24日、ジュリーの日劇ライブを最後に、井上堯之バンドは解散。ジュリーは直後に胃潰瘍で入院したほどショックを受けた。だが、けっしてケンカ別れではない。「TOKIO」のB面曲はコピーライター・仲畑貴志が作詞した「I am I（俺は俺）」。作曲は井上で、「お前はお前を演じればいい。俺は俺が決めた道を生き抜くだけだ」という内容だ。私にはこの曲が「沢田、これが最後になるけど、しっかりやってけよ！」という餞別代わりの1曲に聴こえる。

　いつの時代も先鋭的な若手ミュージシャンたちを背後に従え、バンド形式にこだわり続けたジュリー。彼の心の中には、今も井上堯之バンドがいる。

6

なんでも「音頭」とMIXの時代。
五輪、酒飲み、交通安全、巨人、
ルパン、しんちゃん、ビバノン、
ハワイアンに…丼! 温度!? まで

日本人は本当に音頭が好きだ。神宮球場へヤクルトスワローズ戦を観に行って、7回に流れる「東京音頭」を聴くたびにそう思う。

音頭は別に古くさい音楽ではなく、最近ではダンスミュージックの1つとして認知され、地域の盆踊りにクラブDJを招いてイベント化、なんてことも普通になってきた。

本書の1000枚中にも「日本全国酒飲み音頭」(P122) や「イエロー・サブマリン音頭」(P136) など何枚か選んだが、ここではそれ以外の「音頭レコード」を紹介しよう。

やはり音頭といえば、三波春夫である(写真上)。いったいこの人は音頭を何曲レコーディングしているのだろう?「東京五輪音頭」(P117) の大ヒット以来「音頭は三波に頼め」という流れができたと推察する。写真にある「交通安全音頭」はまだわかるが、「丼音頭」「温度音頭」なんてのも。

ほかにも「ルパン音頭」「しんちゃん音頭」といったアニメ系音頭も歌ったり、とにかく手広い。萩本欽一とジャケで握手している「ニッコリ音頭」は、TV版「欽ドン!」(フジ) の主題歌だ。戦地に行き、シベリア抑留も経験した三波。世の中を明るく照らそうという思いは人一倍強かったはずだ。

ほかの歌手の企画モノでは、佐良直美が歌う「二十一世紀音頭」も、タイムカプセル的な意味でなかなか興味深い。69年の時点で、

30数年後の21世紀を予測する内容で「♪火星に金星　遠くの星に旅行に出かけているかしら～」と歌われると、人類って意外と進歩していないことがわかる。

　アイドル歌謡と音頭を融合した系で、堀ちえみ「Wa・ショイ！」（P128）とタメを張るのが、山本リンダ「ウブウブ（リンダ音頭）」。「♪ソラソラあなたはそれだけで～　カレカレ気取りは迷惑よ～」って、この人も仕事選ばないよなぁ。作曲は加瀬邦彦だ。

　「東京五輪音頭」に対抗して、81年に「埼玉オリンピック音頭」を出したのが「なぜか埼玉」（P74）のさいたまんぞう。「♪咲いた咲いた咲いた埼玉に　オリンピックの花が咲く～」というフレーズを聴くと、新型コロナがなかったこの頃に、埼玉で開催してたらなぁ……という気になってくる。この人は長年、草野球の審判員として2018年まで活動していた。

　野球といえば、ジェリー藤尾が歌う「巨人軍音頭」なんてのもある。70年代後半、第一次長嶋監督時代に出た曲で、作詞がなんと『巨人の星』の原作者・梶原一騎。「♪何の因果か惚れました～　色気の恋なら醒めもする～　醒めぬが因果の巨人軍～」と歌うジェリーに、「♪アソレ　長嶋、柴田、高田に吉田～」という選手名の合いの手が入る。2番では「♪ジョンソン、ライト、槌田に山本～」って、人選がシブすぎ！　この山本はのちにロッテの監督になる山本功児だ。

　ザ・ドリフターズも「8時だヨ！全員集合」でおなじみ、志村けんの「東村山音頭」と、番組テーマ「ビバノン音頭」を出している。「♪ババンババンバンバン　ハァ～ビバノンノン」は、デューク・エイセス「いい湯だな」の替え歌であり、原作詞は永六輔、作曲はいずみたく。ドリフ版のレコードは曲中にミニコントが入っており、荒井注の声も聴けるので貴重だ。

　最後に、ハワイアンと音頭を融合した意欲作をご紹介しよう。殿さまキングス「ハワイ音頭」だ（写真下）。いきなり「♪月が出た出た　カメハメハ～」と破壊力満点。「♪泣くなぼやくな　カメハメハ～　あしたがあるさカメハメハ～　引けばおみくじ大吉ばかり」と宮路オサムにあの笑顔で歌われると、なんだか生きる勇気が湧いてくる。

　締めは「♪ハァ～アアアア　カメハメハメハ　チョイトカメハメハ～」と強引に落とす。ハワイの大王の名前も、ちょいと音頭に。やはり殿さまキングス（King of Kings）は偉大だ。

7

プロ野球選手ならレコードを出して当然の時代。「イケメン編」「男くささ編」星野、江本、定岡、小林繁…

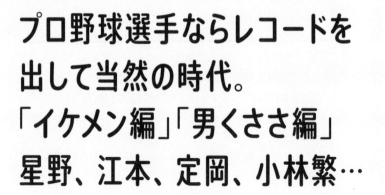

昭和のプロ野球選手は、こぞってレコードを出していた。オフにはTVの特番で力士との歌合戦が必ずあったし、プロ並みの歌唱力を誇る選手も多かった。当時はレコードを出すことが、スター選手の証しでもあったのだ。

好事家の間では「野球盤」と呼ばれる、プロ野球選手が歌ったレコード。私のコレクションの中からいくつかご紹介しよう。まずは「イケメン編」から（写真上）。

鹿児島実業高のエースとして甲子園を沸かせ、ドラフト1位で巨人に入団した定岡正二「ガラスの微笑み」（左上）。甘いマスクで多摩川ギャルたちをトリコにした。プロでは人気先行でなかなか芽が出ず、プロ8年目、15勝を挙げた82年にようやく出したのがこの1枚。ジャケもタイトルもアイドル風だ。3年後にトレードを拒否してそのまま引退。のちにタレントとなり「生ダラ」の企画で石橋貴明らとCDも出した。

公称10万枚のヒットになったのが、79年、小林繁「亜紀子」（右上）。なぜこんなに売れたかというと、この年、強引に巨人入団を果たした江川卓との理不尽なトレードで、急きょ阪神に移籍したからだ。当時、彼がいかに世間の同情を集めていたかがわかる。しかも歌が激ウマ！　作曲はなんと内山田洋。ちなみに当時の巨人・長嶋監督夫人の名前は「亜希子」だ。

プロ2年目の85年、早くもレコードデビューを飾ったのが、広

島・小早川毅彦（左下）。法政大から83年のドラフト２位で入団。新人ながらクリーンアップを打って優勝に貢献し、新人王を獲得。これなら文句は言われない。「魅惑のドレス」ではプロの女性歌手を相手に、打撃同様、堂々の歌いっぷりだ。

カープの先輩で、80年代の黄金期を支えたモテ男・高橋慶彦も何枚かシングルを出している（右下）。81年に出した「うわさのセクシークィーン」は、野球選手と思えないほど歌も曲もチャラい。この軽さが俊足巧打のプレーにつながった!?

続いて「男くささ編」（写真下）。４人ともジャケットからしてすでにシブさ全開だ。

75年、カープ初優勝の年にCBSソニーから発売されたのが、主砲・山本浩二の「ひとり」（左上）。「赤ヘル旋風」に合わせ、衣裳を含め赤を意識したジャケになっている。作詞は、南沙織に一連

のヒット曲を書いた有馬三恵子。今も流れる応援歌「それ行けカープ」も有馬の作品で、元祖カープ女子だ。

法政大出身の山本と大学時代からしのぎを削り、親友でもあったのが明治大卒、中日のエース・星野仙一だ（右上）。星野は芸能界にも友人が多かった。現役引退前の81年にビクターから出した「街の灯がゆれる」は、なんと作詞・山口洋子、

作曲・曽根幸明による本格ムード歌謡。雰囲気のある低音で、低めにビシッと決めているのはさすが。

才人・エモやんこと江本孟紀も現役時代に多数レコードを出した。阪神時代の80年に出した「霜降り橋まで」（左下）はフォーク系の曲で、ジャケのギターは伊達ではない。一度、ラジオの生放送でこの曲を弾き語りで披露してくれたことがあり、歌もギターもハイレベルで驚いた。翌81年、首脳陣と衝突し、「ベンチがアホやから」発言で若くして引退。解説者のかたわらベストセラーを出し、国会議員も経験した。70代の今も精力的に活動。ぜひまた新曲を聴かせてほしいものだ。

最後に、激シブの１枚を。70年代の阪急で、１番・福本豊に続く２番を打ち盗塁をアシスト。ブレーブスの黄金時代を支えた大熊忠義だ（右下）。引退前の81年に出した「男の道」は、そんな彼の生きざまを歌った１枚。いぶし銀のプレー同様、歌もシブさ満点でしかもかなり上手い。パ・リーグファンは必携だ。

野球選手が歌を出さなくなって久しいが、阪神・佐藤輝明なんかはアナログ盤が似合いそう。ぜひ豪快に歌ってもらいたい。

●本書掲載1000枚中にセレクトした野球選手のレコードは、田尾安志（P156）、現役引退後の坂東英二（P50）の２枚です。

年表で見る［昭和と歌謡界とヒット曲］

	社会のできごと	歌謡界のできごと	ほかのヒット曲
1959 昭和**34年** 作品No. 001	▶皇太子殿下(現上皇)ご成婚で ミッチーブーム ▶伊勢湾台風。 死者・行方不明者5098人 ▶『少年マガジン』『少年サンデー』 創刊	▶日本レコード大賞創設。 第1回は水原弘「黒い花びら」が 受賞 [P29] ▶「ザ・ヒットパレード」(フジ) 放送開始	▶「東京ナイトクラブ」 フランク永井・松尾和子 ▶「黄色いさくらんぼ」 スリー・キャッツ ▶「南国土佐を後にして」 ペギー葉山
1960 昭和**35年** 作品No. 002	▶安保反対デモで 東大生・樺美智子死亡 ▶石原裕次郎、北原三枝結婚 ▶ダッコちゃんブーム	▶橋幸夫「潮来笠」でデビュー。 爆発的ヒットで レコード大賞新人賞受賞	▶「アカシアの雨がやむとき」 西田佐知子 ▶「月影のナポリ」森山加代子 ▶「月の法善寺横丁」 藤島桓夫
1961 昭和**36年** 作品No. 003 ▼ 008	▶ソ連・ガガーリン少佐、世界初の 有人宇宙飛行「地球は青かった」 ▶赤木圭一郎、日活撮影所内の 事故で死亡 ▶大鵬・柏戸、横綱に同時昇進	▶「夢であいましょう」(NHK)放送開 始。「今月のうた」で、坂本九「上 を向いて歩こう」が大ヒット [P11] ▶「シャボン玉ホリデー」(日テレ) 放送開始。 渡辺プロのスター勢が総出演	▶「スーダラ節」植木等 [P45] ▶「北帰行」小林旭 ▶「東京ドドンパ娘」渡辺マリ
1962 昭和**37年** 作品No. 009 ▼ 010	▶堀江謙一、小型ヨットで太平洋 単独横断に成功 ▶キューバ危機。米ソ核戦争 寸前で回避 ▶ツイストが大流行	▶美空ひばり、小林旭と結婚 ▶中尾ミエ、園まり歌手デビュー。 伊東ゆかりと「スパーク三人娘」 ▶橋幸夫・吉永小百合 「いつでも夢を」が レコード大賞受賞 [P10]	▶「可愛いベイビー」中尾ミエ ▶「遠くへ行きたい」 ジェリー藤尾 ▶「下町の太陽」倍賞千恵子
1963 昭和**38年** 作品No. 011 ▼ 014	▶初の日米間テレビ衛星中継 最初のニュースは 「ケネディ大統領暗殺」 ▶力道山、暴漢に刺され死亡 ▶初の国産連続テレビアニメ 「鉄腕アトム」放送開始	▶坂本九「上を向いて歩こう」が 米ビルボード誌で1位に ▶舟木一夫「高校三年生」 でデビュー。いきなり100万枚超 の大ヒット	▶「こんにちは赤ちゃん」 梓みちよ [P16] ▶「浪曲子守唄」一節太郎 ▶「見上げてごらん夜の星を」坂本九

＊本書掲載1000曲の「アーティスト名50音順」「曲名50音順」「年代順」の全リストがネットで見られます。ページ数付きで。QRコードがP7に。

社会のできごと	歌謡界のできごと	ほかのヒット曲	
▶ 東京オリンピック開催。アジア初の夏季五輪 ▶ 東海道新幹線開業（東京−新大阪間） ▶『平凡パンチ』創刊	▶ 西郷輝彦デビュー 橋幸夫、舟木一夫と「御三家」 ▶ 青山和子「愛と死をみつめて」がレコード大賞受賞 [P54] 三波春夫「東京五輪音頭」が特別賞 [P117]	▶「アンコ椿は恋の花」都はるみ ▶「ウナ・セラ・ディ東京」ザ・ピーナッツ ▶「夜明けのうた」岸洋子 [P137]	昭和 39年 作品No. 015 ▼ 023
▶ 米軍が北爆開始。ベトナム戦争が泥沼化 ▶ プロ野球で初のドラフト会議開催 ▶「11PM」(日テレ)放送開始	▶ ベンチャーズが2度目の来日 エレキブーム席巻 ▶ ザ・スパイダース、初のシングル「フリフリ」発売 [P77] ▶ 高倉健「網走番外地」発売 要注意歌謡曲の指定受ける	▶「女心の唄」バーブ佐竹 [P82] ▶「兄弟仁義」北島三郎 [P98] ▶「さよならはダンスの後に」倍賞千恵子 [P28]	昭和 40年 作品No. 024 ▼ 032
▶ 中国で文化大革命始まる ▶『週刊プレイボーイ』創刊 ▶ 衆議院「黒い霧」解散	▶ こまどり姉妹の妹・葉子、公演中ファンに刺される ▶ ザ・ビートルズ、日本武道館で来日公演。 ▶「バラが咲いた」のマイク真木が、ジーンズで紅白出場 [P70]	▶「君といつまでも」加山雄三 [P30] ▶「二人の銀座」和泉雅子・山内賢 [P48] ▶「こまっちゃうナ」山本リンダ [P18]	昭和 41年 作品No. 033 ▼ 055
▶ 美濃部亮吉が東京都知事に当選。初の革新都政 ▶ ツィッギー来日 ミニスカートが大流行 ▶ 寺山修司「天井桟敷」を結成	▶ ザ・タイガース「僕のマリー」でデビュー [P90]。GSブーム ▶「オールナイトニッポン」放送開始 ▶ ジャッキー吉川とブルー・コメッツ「ブルー・シャトウ」がGS初のレコード大賞受賞 [P125]	▶「小指の想い出」伊東ゆかり [P44] ▶「世界は二人のために」佐良直美 [P32] ▶「君に会いたい」ザ・ジャガーズ [P50]	昭和 42年 作品No. 056 ▼ 083
▶ 日大紛争など全共闘運動が盛り上がる ▶ 川端康成、ノーベル文学賞受賞 ▶ 東京・府中で3億円事件発生	▶ オックス、「失神騒動」で注目 ▶ 深夜放送で話題のザ・フォーク・クルセダーズ「帰って来たヨッパライ」が大ヒット [P53] ▶ 黛ジュン「天使の誘惑」でレコード大賞受賞 [P57]	▶「ブルー・ライト・ヨコハマ」いしだあゆみ [P89] ▶「伊勢佐木町ブルース」青江三奈 [P42] ▶「恋の季節」ピンキーとキラーズ [P30]	昭和 43年 作品No. 084 ▼ 123

	社会のできごと	歌謡界のできごと	ほかのヒット曲
昭和44年 作品No. 124 ▼ 156	▶ 東大・安田講堂攻防戦 ▶ 米・アポロ11号、月面着陸に 成功。人類が初めて月に立つ ▶ プロ野球「黒い霧事件」 八百長発覚で選手数名が 永久追放	▶ 新宿駅西口フォークゲリラ 学生と機動隊が衝突 ▶ 中津川で第1回全日本フォーク ジャンボリー開催 ▶ 皆川おさむ(6歳)が歌う 「黒ネコのタンゴ」が大ヒット [P54]	▶「夜明けのスキャット」 由紀さおり [P14] ▶「長崎は今日も雨だった」 内山田洋とクール・ファイブ [P129] ▶「時には母のない子のように」 カルメン・マキ [P54]
昭和45年 作品No. 157 ▼ 186	▶ 日本万国博覧会(大阪万博)開催 入場者数6422万人 ▶ 赤軍派「よど号」をハイジャック 犯行グループは北朝鮮へ ▶ 三島由紀夫、自衛隊市ヶ谷駐屯 地で割腹自殺	▶ 藤圭子「圭子の夢は夜ひらく」が 10週連続オリコン1位 [P25] ▶ 第1回・東京国際歌謡音楽祭開 催(71年から世界歌謡祭)。ヘドバと ダビデ「ナオミの夢」が初代グラン プリ受賞 [P55]	▶「ドリフのズンドコ節」 ザ・ドリフターズ [P76] ▶「白い蝶のサンバ」 森山加代子 [P32] ▶「愛は傷つきやすく」 ヒデとロザンナ [P107]
昭和46年 作品No. 187 ▼ 221	▶ 大久保清、連続女性誘拐殺人事 件。女性8人の殺害を自供 ▶ ニクソン・ショック。1ドル=360円 から308円に切り下げ ▶ 日清食品「カップヌードル」発売	▶ 天地真理、小柳ルミ子、南沙織の 新3人娘デビュー ▶ 台湾から欧陽菲菲来日 「雨の御堂筋」でデビュー [P51] ▶ 視聴者参加型オーディション番組 「スター誕生!」(日テレ)開始	▶「よこはま・たそがれ」 五木ひろし [P36] ▶「傷だらけの人生」鶴田浩二 [P98] ▶「さらば恋人」堺正章 [P120]
昭和47年 作品No. 222 ▼ 265	▶ グアム島で元日本兵・横井庄一が 発見され帰国 ▶ あさま山荘事件。日本赤軍が 籠城、警官隊突入で人質救出 ▶ 日中国交回復。上野動物園に パンダ2頭来園(カンカン・ランラン)	▶ 宮史郎とぴんからトリオ「女のみち」 が空前のヒット [P83] ▶ よしだたくろう「結婚しようよ」 発売 [P47]。フォークが一般化 ▶ 西城秀樹、郷ひろみデビュー 野口五郎との「新御三家」出揃う	▶「瀬戸の花嫁」小柳ルミ子 [P48] ▶「ひとりじゃないの」天地真理 [P37] ▶「喝采」ちあきなおみ [P9]
昭和48年 作品No. 266 ▼ 308	▶ 第1次オイルショック。トイレット ペーパーの買いだめ騒動起こる ▶ 金大中事件 来日中、韓国に拉致 ▶ "怪物"江川卓(作新学院)が、 春夏の甲子園を席巻	▶ 桜田淳子、山口百恵デビュー 森昌子と「花の中3トリオ」 ▶ 井上陽水のLP「氷の世界」発売 後に初のアルバム100万枚突破 ▶ フィンガー5「個人授業」ヒット 晃の特大サングラス流行 [P26]	▶「学生街の喫茶店」ガロ [P18] ▶「狙いうち」山本リンダ [P70] ▶「神田川」 南こうせつとかぐや姫 [P24]

1969　1970　1971　1972　1973

社会のできごと	歌謡界のできごと	ほかのヒット曲	
▶ ユリ・ゲラー来日 　超能力ブームでスプーン曲げ流行 ▶ 宝塚歌劇団「ベルサイユのばら」 　初演。ベルばらブーム起こる ▶ 巨人・長嶋茂雄が引退 　「巨人軍は永久に不滅です」	▶ 殿さまキングス「なみだの操」が 　200万枚近い大ヒットに [P52] ▶ 青春学園ドラマで人気の中村雅俊 　「ふれあい」で歌手デビュー [P91] ▶ 吉田拓郎作曲、森進一「襟裳岬」 　がレコード大賞受賞 [P63]	▶「あなた」小坂明子 [P16] ▶「うそ」中条きよし [P48] ▶「激しい恋」西城秀樹 [P147]	昭和 49年 作品No. 309 ▼ 352
▶ サイゴン陥落。ベトナム戦争終結 ▶ 沖縄国際海洋博覧会開催 ▶ 広島カープが悲願のセ・リーグ初優 　勝。「赤ヘル旋風」が流行語に	▶ キャンディーズ、「年下の男の子」 　からセンターがランに交代 [P97] ▶ 吉田拓郎、かぐや姫らと「つま恋コ 　ンサート」開催。元祖夏フェス ▶ 矢沢永吉「アイ・ラブ・ユー,OK」 　でソロデビュー [P77]	▶「昭和枯れすゝき」 　さくらと一郎 [P38] ▶「ロマンス」岩崎宏美 [P11] ▶「時の過ぎゆくままに」 　沢田研二 [P119]	昭和 50年 作品No. 353 ▼ 401
▶ 日本初の5つ子が誕生 ▶ ロッキード事件 　田中角栄前首相を逮捕 ▶ アントニオ猪木 vs モハメド・アリ 　「格闘技世界一決定戦」引き分けに	▶ 子門真人「およげ!たいやきくん」 　発売。歴代1位の450万枚超を 　売る驚異的大ヒットに [P32] ▶ ピンク・レディー「ペッパー警部」で 　デビュー [P113]。子供たちに人気 　爆発	▶「木綿のハンカチーフ」 　太田裕美 [P79] ▶「北の宿から」都はるみ [P34] ▶「横須賀ストーリー」 　山口百恵 [P139]	昭和 51年 作品No. 402 ▼ 446
▶ ダッカ日航機ハイジャック事件 　超法規的措置で赤軍メンバー釈放 ▶ エルヴィス・プレスリー、42歳で急逝 ▶ 巨人・王貞治、通算756号の本塁 　打世界新記録。初の国民栄誉賞	▶ キャンディーズ、突然の解散宣言 　「普通の女の子に戻りたい」 ▶ ピンク・レディー、ミリオンセラーを 　連発。社会現象に ▶ 沢田研二「勝手にしやがれ」が 　レコード大賞受賞 [P47]	▶「青春時代」 　森田公一とトップギャラン [P80] ▶「失恋レストラン」 　清水健太郎 [P42] ▶「津軽海峡・冬景色」 　石川さゆり [P26]	昭和 52年 作品No. 447 ▼ 493
▶ 成田に新東京国際空港が開港 ▶ 植村直己、犬ぞりで人類初の 　単独北極点到達に成功 ▶ 巨人、「空白の1日」に江川卓と 　電撃契約。ドラフト破りと批判が	▶ キャンディーズ、後楽園球場に 　5万5千人集め最後のコンサート ▶ ピンク・レディー、「UFO」[P24] 　などで年間売上げトップ3を独占 ▶「ザ・ベストテン」(TBS)放送開始 　久米宏、黒柳徹子司会	▶「君のひとみは10000ボルト」 　堀内孝雄 [P32] ▶「カナダからの手紙」 　平尾昌晃・畑中葉子 [P14] ▶「わかれうた」中島みゆき [P46]	昭和 53年 作品No. 494 ▼ 559

179

		社会のできごと	歌謡界のできごと	ほかのヒット曲
1979	昭和54年 作品No. 560 ▼ 615	▸インベーダーゲーム大流行 ▸大阪・三菱銀行北畠支店で猟銃人質事件 ▸ソ連軍、アフガニスタンに侵攻	▸西城秀樹 「YOUNG MAN(Y.M.C.A)」の人文字サイン大流行 [P27] ▸「3年B組金八先生」(TBS)放送開始。「贈る言葉」がヒット [P28] たのきんトリオ、三原順子も出演	▸「魅せられて」ジュディ・オング [P22] ▸「おもいで酒」小林幸子 [P40] ▸「関白宣言」さだまさし [P67]
1980	昭和55年 作品No. 616 ▼ 672	▸ポール・マッカートニー、成田空港で大麻所持の現行犯逮捕 ▸西側諸国、モスクワ五輪ボイコット。日本も不参加 ▸ジョン・レノン、ニューヨークで射殺される	▸山口百恵、三浦友和と婚約発表 ▸松田聖子デビュー。「青い珊瑚礁」でトップアイドルに [P39] ▸田原俊彦「哀愁でいと」[P18]、近藤真彦「スニーカーぶる〜す」でデビュー [P54]	▸「異邦人 -シルクロードのテーマ-」久保田早紀 [P28] ▸「ダンシング・オールナイト」もんた&ブラザーズ [P44] ▸「大都会」クリスタルキング [P113]
1981	昭和56年 作品No. 673 ▼ 731	▸ロナルド・レーガン米大統領就任 ▸千代の富士、横綱に昇進「ウルフ旋風」 ▸ロッキード事件公判で榎本三恵子、「蜂の一刺し」証言	▸山口百恵、日本武道館で引退コンサート。マイク置きステージ去る ▸ピンク・レディー解散 ▸映画「セーラー服と機関銃」公開薬師丸ひろ子の主題歌 [P61] もヒット	▸「ルビーの指環」寺尾聰 [P42] ▸「奥飛騨慕情」竜鉄也 [P148] ▸「ハイスクールララバイ」イモ欽トリオ [P110]
1982	昭和57年 作品No. 732 ▼ 790	▸日航機が羽田沖に墜落、24人死亡。機長が心神喪失で「逆噴射」 ▸ホテル・ニュージャパン火災で33人死亡 ▸東北・上越新幹線が開業	▸ソニー、世界初のCDプレーヤーを発売。歌謡曲もデジタル時代に ▸ザ・タイガース同窓会。「色つきの女でいてくれよ」がヒット [P58] ▸小泉今日子、中森明菜デビュー女性アイドル、空前の当たり年に	▸「待つわ」あみん [P36] ▸「北酒場」細川たかし [P70] ▸「赤いスイートピー」松田聖子 [P107]
1983	昭和58年 作品No. 791 ▼ 833	▸東京ディズニーランドが開園 ▸戸塚ヨットスクール暴行事件戸塚校長を逮捕 ▸大韓航空機、サハリン沖でソ連軍機に撃墜される	▸映画「時をかける少女」公開主題歌を松任谷由実が担当主演・原田知世が歌いヒット [P16] ▸細川たかし「矢切の渡し」で史上初の2年連続レコード大賞受賞	▸「セカンド・ラブ」中森明菜 [P99] ▸「初恋」村下孝蔵 [P64] ▸「浪花恋しぐれ」都はるみ・岡千秋 [P152]

社会のできごと	歌謡界のできごと	ほかのヒット曲	
▶ 江崎グリコ社長誘拐。企業脅迫の「グリコ・森永事件」に発展 ▶ 『週刊文春』が「ロス疑惑」報道 ▶ ロサンゼルス五輪、山下泰裕が柔道無差別級で金メダル	▶ チェッカーズ「涙のリクエスト」で人気沸騰、ヒットを連発 [P35] ▶ 尾崎豊が新宿ルイードでデビューライブを行う	▶ 「モニカ」吉川晃司 [P127] ▶ 「星空のディスタンス」ALFEE [P40] ▶ 「雨音はショパンの調べ」小林麻美 [P126]	昭和59年 作品No.834▼882
▶ つくば科学万博開催 ▶ 日航ジャンボ機が御巣鷹山に墜落。坂本九ら520人死亡 ▶ 阪神、球団史上初の日本一に	▶ 松田聖子、郷ひろみとの破局告白直後に神田正輝と交際宣言、結婚 ▶ おニャン子クラブ「セーラー服を脱がさないで」がヒット [P80] メンバーが続々ソロデビュー	▶ 「俺ら東京さ行ぐだ」吉幾三 [P153] ▶ 「ジュリアに傷心」チェッカーズ [P96] ▶ 「恋におちて -Fall in love-」小林明子 [P54]	昭和60年 作品No.883▼918
▶ 米・スペースシャトル「チャレンジャー」号が打ち上げ後に爆発 ▶ ソ連・チェルノブイリ原発事故 ▶ ビートたけしが講談社の『フライデー』編集部を襲撃	▶ 岡田有希子が投身自殺 ▶ おニャン子クラブ旋風。関係楽曲が52週中36週でオリコン1位獲得 ▶ 中森明菜、「DESIRE-情熱-」で2年連続レコード大賞受賞 [P86]	▶ 「仮面舞踏会」少年隊 [P65] ▶ 「My Revolution」渡辺美里 [P103] ▶ 「CHA-CHA-CHA」石井明美 [P52]	昭和61年 作品No.919▼953
▶ 国鉄が分割・民営化。JR11社発足 ▶ ニューヨーク株式市場が大暴落「ブラックマンデー」 ▶ 大韓航空機爆破事件。日本人女性になりすました金賢姫を逮捕	▶ 石原裕次郎死去。「わが人生に悔いなし」が遺作に [P106] ▶ おニャン子クラブ解散、工藤静香デビュー。「禁断のテレパシー」で初のオリコン1位に	▶ 「話しかけたかった」南野陽子 [P60] ▶ 「Get Wild」TM NETWORK [P137] ▶ 「難破船」中森明菜 [P145]	昭和62年 作品No.954▼975
▶ 青函トンネル、瀬戸大橋開通 ▶ リクルート事件	▶ 光GENJI「パラダイス銀河」ほかで年間売上げ1～3位を独占 [P81] ▶ BOΦWY、東京ドームでラストギグ ▶ 美空ひばり、東京ドームで「不死鳥コンサート」開催	▶ 「DAYBREAK」男闘呼組 [P31] ▶ 「とんぼ」長渕剛 [P64]	昭和63年 作品No.976▼993
▶ 昭和天皇崩御。「平成」に改元 ▶ ベルリンの壁崩壊 ▶ 天安門事件	▶ 美空ひばり死去「川の流れのように」が最後のシングルに [P135]	▶ 「目を閉じておいでよ」BARBEE BOYS [P105]	昭和64年 作品No.994▼1000

歌謡曲の「続編」の検証で
壮大なサーガが現れた。
3年、5年、7年…
そして33年の時を超え

下井草 秀

映画にせよドラマにせよ、ヒットが出たら続編が作られるのは世の習い。

かなり有名な歌謡曲にも、実は続編が存在する場合がある。ただ、おそらくはコアなファンに対する粋な目配せの意味が濃いのだろう、その手の曲は、アルバムの中にひっそりと身を潜めていることが多いのだ。

たとえば、松田聖子の「続・赤いスイートピー」。松本隆が作詞を、呉田軽穂（松任谷由実）が作曲を手がけた名曲の後日譚に当たる。この曲を聴くと、あの２人は、その後別れてしまったことがわかる。結局、手ぐらい握ってくれたのだろうか……。なお、続編の作曲はユーミンではなく、かのデイヴィッド・フォスターを含む３名の米国人。個人的には、詞曲を「赤いスイートピー」と同じ座組みで制作した綾瀬はるかの名曲「マーガレット」のほうが、その世界観や曲調から「続・赤いスイートピー」を名乗るにふさわしいと思う。

中森明菜には「ドラマティック・エアポート －北ウイング PartⅡ－」があり、荻野目洋子には「続・六本木純情派」がある。

これらはいずれもアルバム収録曲なのだが、シングルで堂々と続編をリリースしたケースもある。正編の半年後に発売されたその作品が、和田アキ子の「続・だってしょうがないじゃない」。この曲名だけ見ると、何度もそんな言い訳ばっかり並べてるんじゃない！とどやしつけたくなるが、よりによって相手は和田アキ子なので、無論、そんな暴挙に出る勇気は毛頭ないと断言しておく。

北島三郎は、「まつり」の翌年に「十九のまつり 〜まつりパート2〜」なるシングルを世に放っている。筆者はこの曲そのものは未聴なのだが、「15の夜」「十七歳の地図」と三部作をなすがごときそのタイトルから、尾崎豊みたいな作風を勝手に妄想している。山車に乗って大暴れする本家「まつり」に負けず劣らず、サブちゃんが「十九のまつり」を歌いながら盗んだバイクで走り出したり夜の校舎窓ガラス壊して回ったりするダイナミックなステージを期待しているのだ。

さて、昭和歌謡には、むしろ続編のほうがヒットしてしまったパターンも見られる。

小林幸子＆美樹克彦の「もしかして PART II」がその代表例だろう。

PART I に当たる「もしかして」は小林のソロ曲として84年1月に発売されているのだが、こちらの売上げは6.5万枚。それに対し、同年7月にリリースされた PART II は29.9万枚のヒットを記録している。昭和の夜の酒場におけるデュエット需要は大きかったので、この手のナンバーは当たるとでかいことを証明しているのではないか。

この2曲、メロディは同一。PART I では愛する男性に好意を打ち明けようとする女性の逡巡をサッちゃんが1人で、PART II では告白が実ったその当夜の男女の心の探り合いを2人の問答形式で歌う。

と、ここまでは昭和歌謡ファン諸賢なら常識の範囲に収まるが、「もしかして PART III」という曲が存在することをご存知だろうか？こちらは I および II から20年後の2004年に発表された。「ゴッドファーザー」シリーズにおける3作目の公開までを彷彿とさせる長いインターバルである。

だが、「もしかして PART III」を歌っているのは小林幸子でも美樹克彦でもない。物真似タレントの岩本恭生（きょうせい）と演歌歌手の早瀬ひとみなのだ。作曲は前2作同様に美樹克彦であるものの、メロディーは異なる純然たる新曲。20年ぶりに再会した2人は、お互い焼け木杭（ぼっくい）に火が点（つ）かないものか、おそらくは身体の一部を熱くしながら期待している。

PART III は、発売の2ヶ月後、エド山口と加賀あすかによるカヴァー版も発売された。互いの名を呼び合う部分の歌詞は岩本・早瀬バージョンとは違うので、いっそのこと「もしかして PART IV」というタイトルにすればすっきりして良かったんじゃなかろうか。しかし、「もしかして PART II」「もしかして PART III」

と自信なさげに言われると、お前ら、第何弾なのか忘れたのかよ！と怒りたくもなるね。

デュエット歌謡のシリーズ化といえば、ヒロシ＆キーボーの「3年目の浮気」に端を発する長大なクロニクルを忘れてはなるまい。

昭和57年に大ヒットしたこのデュオのデビュー曲「3年目の浮気」は、その名のとおり、夫婦が3年目に迎えた危機をコミカルに描いている。それに次ぐ翌年のセカンドシングル「5年目の破局」では、タイトルでこそ破局を匂わせながら、聴いてみると、すんでのところで離婚は回避されたのかなとも解釈し得る。3枚目は、「危険なクラス会（7年目の洒落）」。ということは、やはりまだ別れてはいなかったのだ。この路線に見切りをつけた「マチコ」をリリースしたあと、ヒロシ＆キーボーはあっさり解散する。そして我々は、「カラオケGSスタジオ」のテレビCMで黒沢博を目にする瞬間以外は、ヒロシ＆キーボーのことなぞ意識せずに長らく生きてきた。

「危険なクラス会（7年目の洒落）」から33年を経た2017年、このサーガは突如息を吹き返す。すっかり忘れた頃に第4弾が降臨したその劇的な復活は、「マッドマックス 怒りのデス・ロード」を思わせたものだ。「マッドマックス」の主役がメル・ギブソンからトム・ハーディに代わったように、ヒロシの相方はキーボーからナオミに交代し、「30年目の本気〜懲りない男のPART 2」がリリースされたのだ。ここの旦那は還暦過ぎてもまだ浮気していやがった！

新曲の発売自体はとても喜ばしいことだ。しかし、このシリーズを心から愛する者として、あえて苦言を呈したい。PART 2ってことはないだろう、PART 4でしょうよ。「5年目」と「7年目」はどこ行ったのよ。両手をついてあやまったって許してあげない！

昭和歌謡の作曲家で草野球の
オーダーを組んだら監督は
やはりあの人だったが
理由は「野球が下手そう」!?

スージー鈴木

「**歌**謡曲の作曲家で草野球チームを作る」という謎の設定で、私、音楽評論家のスージー鈴木が、スタメンを考えてみる。作曲家としての作風と、打順・守備位置の兼ね合いを考えてスタメンを組むという、非常に高度な技の披露となるが、そんなバカバカしいこと、誰もやろうとしないという説もある。

打順/選手名/守備位置
1.森田公一　（セカンド）
2.三木たかし（ライト）
3.村井邦彦　（サード）
4.都倉俊一　（センター）
5.宮川泰　　（指名打者）
6.宇崎竜童　（ショート）
7.小林亜星　（キャッチャー）
8.吉田拓郎　（ファースト）
9.鈴木邦彦　（レフト）
先発：中村泰士
監督：筒美京平

1番打者は森田公一に任せたい。俊足で快活なセカンド。想起するのは天地真理、桜田淳子、キャンディーズの初期青春清潔路線。特に桜田淳子「はじめての出来事」「十七の夏」あたりの天にも昇るようなスピード感で、塁上を駆け抜けてほしい。ただし、この人の最高傑作は、阿久悠と組んだ和田アキ子「あの鐘を鳴らすのはあなた」と、河島英五「時代おくれ」だと思っている。たまには、この2曲のような一発長打も見てみたいところだ。

2番にはライト・三木たかしを置いてみた。緻密にして冷静な技巧派。一般的には石川さゆり「津軽海峡・冬景色」の人となるが、私には、これでもかこれでもかという転調が忘れられない岩崎宏美「思秋期」や、白昼夢の世界を、編曲含めて完璧に作り上げた西城秀樹「ラストシーン」、そして「ニューミュージック歌謡」（造語）の完成形＝テレサ・テン「別れの予感」を推したいと思う。

「3番サード・村井邦彦」あたりは、やや私の好みが出過ぎた采配かもしれない。彼の「ザ・洗練」とでも言うべき作風を、プレーの

スピード感と捉え、かつ彼が生んだ数々の名曲を長打と捉えた結果だ。作曲家というより、アルファレコードの経営者のイメージが強いものの、赤い鳥「翼をください」の1曲だけで、クリーンナップを張る理由は十分にある。「3番サード・長島」の時代の音楽は「3番サード・村井邦彦」が受けて立つ。

4番打者は都倉俊一。なんといっても現在の文化庁長官。ここは忖度せざるを得ない、わけではなく、冷静に見て4番は彼しかいない。1にピンク・レディー、2に山本リンダ、3・4がなくて5にフィンガー5で語られがちだが、徹底的にバタ臭いメロディが彼の本質だと思う。麻生よう子「逃避行」や、少女隊「FOREVER～ギンガムチェックstory～」あたりは、バタ臭くパワフルで、まるで助っ人外人のような味がある。

晩年の門田博光のように、ベテラン選手を指名打者として有効活用したい。ザ・ピーナッツ「ふりむかないで」で、日本ポップスの礎を築いた宮川泰選手に、その経験を活かした活躍を期待して5番に。個人的には編曲家としての才覚が印象的で、ささきいさお／ロイヤル・ナイツ「宇宙戦艦ヤマト」は管楽器編曲史上に残ると思う。野球にたとえると、プレー（作曲）だけではなくコーチとして育成（編曲）も兼任するという感じだろうか。

下位打線には、ロック／ニューミュージック勢ながらも歌謡曲の作曲に多大なる貢献をした選手も選んでいく。その代表が、山口百恵の一連の作品で気を吐いた、ダウン・タウン・ブギウギ・バンドの宇崎竜童だ。職業作曲家にはけっしてできない、歌謡曲とロックンロールのブレンドが得意技で、山口百恵「横須賀ストーリー」のイントロから歌い出しに至るロックな切迫感は、ライオンズ・源田壮亮の素早いフットワークとイメージが重なる。

個性的な面々を取り仕切る野村克也のようなキャッチャーとして、小林亜星を選ぶ。けっして体格が理由ではなく、レコード大賞に輝く、都はるみ「北の宿から」のような安定性と、杉並児童合唱団・金森勢「ピンポンパン体操」のような奇抜性を織り交ぜたリードを期待したい。余談だが、ライオンズの応援歌＝松崎しげる「地平を駆ける獅子を見た」の作曲家でもある。さらに余談として、野村克也も選手晩年はライオンズにいた。

「176.5」は吉田拓郎のアルバム名で、彼の身長が由来。日本音楽界の中では高身長ということでファーストに抜擢で8番。スタメンの中ではあきらかに亜流だが、筒美京平に脅威を感じさせた素朴なメロディラインが、歌謡曲に与えた影響はとても大きい。その代表は、レコード大賞に輝く森進一「襟裳岬」だが、キャンディーズ「アン・ドゥ・トロワ」、太田裕美「失恋魔術師」などの個性的な「フォーク歌謡」のほうに、より妙味がある。

ラストバッターは鈴木邦彦。村井・加瀬と並ぶ「作曲家界三大邦彦」（余談だが全員慶応大学出身）の1人。ザ・ゴールデン・カップス「愛する君に」と、ザ・ダイナマイツ「トンネル天国」の作曲家として、ガレージ系ロックファンのリスペクトを浴び続けるレジェンド。ただ守備位置がレフトだけに、打球の「♪トンネルぬけて～」は大量失点につながるので要注意。

先発投手は中村泰士。歌謡史を代表する最高傑作＝ちあきなおみ「喝采」の作曲家というだけで、エースの称号を得るには十分だ。そして監督は筒美京平。これは氏の功績を鑑みてというより、いかにもひ弱で野球が下手そうなことを加味し、監督に奉った。

さぁ、どんなプレーが飛び出すやら。プレーボール！

米軍基地から湧き出た泉が昭和歌謡という大河に。ドローンのように1000枚俯瞰で合流も支流も氾濫!? も見えた

石黒謙吾

「バンド全員で、米軍の輸送機に乗って、横一列に並んでパラシュート背負って沖縄行ったんだよ」高木ブーさんと食事中に出た言葉だ。本人は何気ない雑談だったんだろうけど、あまりの濃いネタに「えっー！」と声が出た。戦後間もなくは楽器が演奏できる人が珍しかった。大学時代にやっていたことで、ブーさんのバンドは縁あって米軍関係者の目に留まり、1週間基地を巡る、いい仕事になったのだとか。

戦後日本の歌謡史は、米軍の影響が大きいことはさんざん語られてきてはいるけれど、その中に身を置いた張本人の言葉はググッとリアルに迫ってくる。

僕にとってもう1つのリアリティは父親だ。戦後すぐ、金沢市内で「警察予備隊、募集」の貼り紙を見て、お、仕事がある！程度で応募。富士山裾野へ集められ自衛隊1期生に。しかしあまりにも訓練がきつく、「音楽隊員募集」に、楽譜も読めないのに潜り込んだ。シロウトだったから、パレードでみんなが嫌がる重たいスーザーフォンを担当。自衛隊をや

めるまでの6年間、全国各地の基地にも演奏に行くなど、とにかく米兵とのやりとりは多く、自然にジャズやラテンが叩き込まれたんだと、よく話していた。

だから僕が小さい頃の家には、風呂ナシの狭い市営住宅なのに、ボロいながらもステレオがあって、「ベニー・グッドマン」「ペレス・プラード」など洋楽のレコードが子守唄代わりにかかり、そこに、フランク永井、ザ・ピーナッツ、ダーク・ダックス、少しあとではピンキーとキラーズなど、昭和歌謡のレコードは少しずつ増えていく。この例だけでも、アメリカと日本のグラデーション的な融合具合を感じる。

歌謡界を築いていった、ナベプロ・渡辺晋氏、ホリプロ・堀威夫氏、芸能事務所創始者両巨頭が進駐軍相手のバンドマン起点ということで当然の成りゆきとして、米軍基地で流れていた音楽が昭和歌謡の源流になったことは間違いない。基地で湧いた泉が昔から流れていた日本の音楽と合流し小川となり、さらに諸外国の音楽が多方向から流れ込み大河を

形成していった。時折増水し、新しいジャンルを生み出す氾濫もしながら。

本書の1000枚をドローンのように俯瞰すれば、その多様な変遷が、あ～あ～川の流れのようにそこかしこに浮かび上がるはずだから、意識しながら読んでもらえると嬉しい。

チャッピー加藤さんのドーナツ盤マニアぶりは昔からよく知っていたけど、その熱情を本に残したいなと思い立ったのは、ヒデとロザンナの逸話（P164）をSNSに書いていた2021年1月13日。伊藤蘭さま誕生日というのも何かの縁（強引…）。半年を待たずに刊行となったが、1000枚という途方もない数、よくぞ書いていただいたなと感謝と感服。僕は2018年にも『昭和歌謡出る単 1008語』という本を企画プロデュース＆編集したのだけど、著者の田中稲さんに1008語の用語解説を書いていただき、もうこんな無体（むたい）な提案はやめようと決めたのに2年後に自主的戒律崩壊。チャッピーさん、申し訳ない……。

この本を作っていて、昭和の終わり＝レコードの歴史31年の終焉（いったんは）という双方の区切りが、見事な偶然で合致しているんだなと痛感した。

僕（61年生まれ）はチャッピーさんの6歳上なので、この1000枚だと年代的な思い入れ曲は前倒し気味。高校時代はキャンディーズの追っかけで金沢から全国100ステージに行くなど青春を賭け、その後の人生が変わった。雑誌編集者時代は、芸能の仕事も多く、本書登場の歌手で取材した人もそこそこいるが、不思議とどうでもいいディティールばかり鮮明に思い出す。編集者生活スタートの半年だけ、薬師丸ひろ子が角川から抜けたあとの雑誌『バラエティ』だったが、初めて仕事で話した芸能人は、群馬から上京間もない井森美幸で、いきなり「上毛かるたって知って

ます？」と聞かれたとか、おニャン子に入る前の横田睦美が編集部に来るとき電話を受けて飯田橋駅まで迎えに行ったなとか。

講談社の『PENTHOUSE』と『Hot-Dog PRESS』時代では、CMで人気が出始めた頃の今井美樹に会ってすぐに「天気いいですねー。洗濯物干してきちゃいました！」とさわやかに切り出されクラクラ来たとか、13歳だった小川範子（谷本重美時代）の水着撮影で、美少女すぎて緊張したとか。などなど、92年まで雑誌を作っていて終盤はCD時代に突入。

2008年には、復活・新生なった「全キャン連」代表となり、元キャンディーズのマネージャーだった、アミューズ・大里洋吉会長と縁もでき、ナベプロ時代やアミューズ創設時代の貴重な話もたくさん聞かせていただいた。中から1つ、歌謡界の華やかさを象徴するエピソードを。ナベプロの渡辺晋氏の奥様・美佐さんは、世界じゅうから音楽ビジネスの要人が集まる超スケールの会合に毎年出ていた。宮殿のような会場で、まるで舞踏会のお姫様然として、お供の若手男性社員数人を従えて会場の階段をしゃなりしゃなりと降りていくと、外国のレコード会社の偉い人がバッと集まってきて商談が始まるんだとか。

ネットがなかった時代、こうして外国とは太い人的パイプができた。そして音楽は「データ」ではないレコードという「物体」となり海を渡って来て、昭和ニッポンの音楽も「物体」となり流通、文化は成熟していった。「もはや戦後ではない」は、56年の経済白書に書かれた言葉。日本の音楽シーンでならば、その表現は「CD時代突入＝平成に」がふさわしいと、この本を作ってあらためて思う。そして現在のアナログレコード人気復活という流れを見て、まさか今が「戦前」!? なんてことにはなるなよなとドキッとしたりして。

昭和の歌謡曲が持つ
曲の魔力と
不思議な引力に
導かれて

　レコード1000枚のジャケットと解説、ご堪能いただけただろうか？

　1000枚の内訳は、60年代が156枚（59年の「黒い花びら」含む）、70年代が459枚、80年代が385枚。年代バランスは考慮せず、曲重視で選んだら自然とこうなった。私が67年生まれということを差し引いても、やはり歌謡曲の黄金時代は70年代だったのだなと感じる。選びたくなる曲がとにかく多いのだ。

　あと、解説を書いていて思ったことは「筒美京平」「阿久悠」「なかにし礼」「松本隆」の出てくる頻度が多いこと！　この4氏がいかに歌謡界に貢献したか、あらためて実感した。筒美氏となかにし氏は2020年に相次いで鬼籍に入られた。両氏の歌謡曲に傾けた情熱に、ただただ感謝。

　解説を書いていて、1つ驚いたことがある。ジャケットの配置は、プロデュース・編集の石黒謙吾氏にお任せした。P133に、キャンディーズ「哀愁のシンフォニー」と、ザ・テンプターズ「エメラルドの伝説」が並んでいるのを見て私は「ああ、気を利かせて同じページに並べてくれたんだな」と思い、前者は後者のアンサーソングではないか、という文を書いた。すると石黒氏から「え、そんなつながりが！」と驚きのLINEが。そういえばその話は、石黒氏にはまだしていなかった……背筋がゾッとした。

　この2曲が同じページに並んだのはけっして偶然ではなく、なかにし作品が持つ「曲の魔力」がそうさせたのだと思う。ほかにも、ランダムに並べているのに、同じページの曲同士に意外なつながりが見つかったり……昭和の歌謡曲、やはり引力がハンパない。

　本からは音が出なくて恐縮だが、おそらく読んでいるうちに曲が聴きたくなり、サブスクやWebなどでつい聴いてしまった方もいらっしゃるはず。……実はそれが、本書の狙いなのだ。もし余裕があれば、ぜひ中古レコード店でドーナツ盤を買い、プレーヤーを買って聴いてみてほしい。昨今のアナログ盤ブームのおかげで、ターンテーブルは1万円以内で買えるものも増えている。車道楽とか着道楽に比べれば、安価で楽しめる趣味なので、ぜひあなたも、ジャケットを愛でつつ、当時の音を楽しんでほしい。

　最後に、石黒氏はじめ本書関連スタッフのみなさん、取材にご協力いただいたアーティスト、また、作詞家、作曲家、関係者のみなさんに感謝。歌謡曲と昭和レコードは永久に不滅です！

参考文献

『歌謡Gメン あのヒット曲の舞台はここだ!』テリー伊藤（宝島社）

『夢を食った男たち 〜「スター誕生」と歌謡曲黄金の70年代』阿久悠（文春文庫）

『ルージュの伝言』松任谷由実（角川書店）

『上を向いて歌おう 昭和歌謡の自分史』永六輔（飛鳥新社）

『GOTTA! 忌野清志郎』連野城太郎（角川文庫）

『東京歌物語』東京新聞編集局（東京新聞出版部）

『筒美京平:HITSTORY Vol.1/Vol.2 付録ブックレット』（ソニー・ミュージックエンタテインメント）

『CANDIES HISTORY 〜 Best Selection Box 1973-1978 付録ブックレット』（ソニーミュージック）

『1968-1997 オリコン チャート・ブック』（オリジナル・コンフィデンス）

『毎日ムック 戦後50年』（毎日新聞社）

『思い出を宝ものに変える 家族史ノート』監修／石原壮一郎（ワニ・プラス）

参考サイト

大人のMusic Calendar

TAP the POP

Musicman

もういちど流行歌（朝日新聞デジタル）

365日 あの頃ヒット曲ランキング（スポニチAnnex）

撮影協力

RETRO MUSIC BAR「KACKY'S」（東横線・学芸大学駅）

よみがえる70年代 なつかしのヒットパレード

目黒区鷹番3-4-13 笹崎ビル1F

090-9960-2759

PROFILE

チャッピー加藤 構成作家

1967年（昭和42年）名古屋市生まれ　上智大卒。現在は
ニッポン放送で、土曜朝のリクエスト番組「八木亜希子
LOVE & MELODY」やスポーツ番組などを担当。歌謡
曲や野球に関するコラム執筆やコメンテーターとしても活
躍中。歌謡曲をこよなく愛し、好きな曲を出た当時のドー
ナツ盤で聴こうとあれこれ買い集めているうちに、5000
枚を突破。部屋が中古レコード店状態に。多くの人に聴
いてもらおうと、本業のかたわら歌謡DJ活動にも勤しむ。
45年来の野球ファンで、毎年「プロ野球全12球場巡り」
を実行。2006年から15年連続で継続中。ドラゴンズ＋
パ・リーグ好き。また、将棋にも造詣が深く、本名、加藤
剛司での著書に『仕事は将棋に置きかえればうまくいく』
（扶桑社）がある。

[STAFF]

コレクション・文 …………………… チャッピー加藤

企画・プロデュース・編集 ……………… 石黒謙吾

デザイン …………………………………… 吉田考宏

撮影・DTP・写真レタッチ … 土屋貴章(303BOOKS)

校正 ………………………… 楠本和子(303BOOKS)

DTP ………………………… 水落直紀(303BOOKS)

制作 ……………… (有)ブルー・オレンジ・スタジアム

協力 ………………………… (株)ニッポン放送
　　　　　RETRO MUSIC BAR「KACKY'S」
　　　　　　　　　　　　　　　(カバー写真)

[以下、敬称略]

テリー伊藤／林家たい平／小山有希子／柴田篤／

八木亜希子／大村博史／若松宗雄／

(株)クリーム・カンパニー／東響希／大山くまお／

伊丹久仁子

2021年6月28日　第1刷発行

昭和レコード超画文報1000枚
～ジャケット愛でて濃いネタ読んで～

発行者　常松心平

発行所　303 BOOKS

　　　　〒162-0842　東京都新宿区市谷砂土原町2-7-19

　　　　tel. 050-5373-6574　fax. 03-5225-3031

　　　　https://303books.jp/

印刷・製本　広研印刷株式会社

発売元　303 BOOKS